무역실무론

이 상 진

청목출판사

머 리 말

21세기 4차혁명시기에 접어든 이 시기에 국제무역환경은 정보통신기술(Information & Communication Technology) 산업의 비약적인 발전으로 모바일, 인공지능, 빅데이터 등을 이용한 구매, 제품생산, 물류, 판매와 해양 항공운송, 서비스업 전반에 혁신적 변화를 불러오게 되었고, 세계경제는 하나의 경제권으로 형성되면서 국경 없는 무차별 무한경쟁시대에 진입하였다.

따라서 세계 모든 국가와 자유롭게 무역거래를 할 수 있도록 제도와 법규도 바뀌고 무역환경도 크게 변화하고 있다.

이에 본 교재는 국제무역의 중요성을 고려하여 무역실무를 총론에 이어 무역계약의 성립, 무역계약의 이행 및 종료의 순서로 체계적이고 종합적으로 서술하는 데 주안점을 두었다. 그리고 10년마다 개정되어 반영되는 무역정형거래조건 인코텀즈(Incoterms) 2020의 내용을 반영하였다.

교재의 구성은 한 학기 교과목으로서의 성격을 고려하여 총 4편 11장의 내용으로 구성하였다.

제1편에서는 무역거래의 구체적 내용을 이해할 수 있도록 무역의 개념, 무역실무의 기초 및 무역실무의 연구범위·접근방법을 기술한 후 무역계약체결을 위한 해외시장조사와 거래처선정을 중심으로 다루었다.

제2편에서는 무역계약의 성립에 관한 내용을 무역계약의 체결, 무역계약의 정형화 및 수출입절차를 각 단계별로 나누어 주요 서식과 함께 Incoterms 2020 개정내용을 중심으로 다루었다.

제3편에서는 무역계약의 이행에 대한 내용을 신용장거래, 국제물품

운송, 해상보험, 우리나라 수출보험 및 수출입대금결제와 선적서류 순으로 최근 개정된 국제법규에 근거하여 설명하였다.

제 4 편에서는 무역계약의 종료단계인 무역클레임의 해결과정을 설명하였다.

끝으로 이 책이 출판되기까지 많은 조언과 격려를 해주신 동료교수님께 감사드리며 특히 본서의 출판에 많은 협조와 정성을 아끼지 않은 청목출판사 유성열 사장님, 심재국 상무님 그리고 임직원 여러분께 깊은 감사를 드린다.

저 자

차 례

제3부 무역계약의 이행

제4부 무역계약의 종료

제 1 부

총 론

제 1 장

무역실무의 개관

제 1 절 무역의 개념

1. 무역의 의의

무역은 재화와 용역의 매매활동을 통한 이동현상을 의미하며 상이한 국가들 사이의 거래 활동으로서 국민경제가 그 활동의 기본이 된다. 이러한 이동현상은 일국 내에서 이루어질 수도 있고 국경을 넘어서 이동할 수도 있다. 일반적으로 무역은 국경을 넘어서 이동하는 것을 의미하며 이것을 국제무역(international trade), 외국무역(foreign trade), 대외무역(external trade) 또는 세계무역(world trade)이라고 하는데, 외국무역과 대외무역은 자국의주관적 입장에서 본 무역을 의미하며, 세계무역이란 사회주의권까지를 포함한 범세계적인 객관적 입장에서 개념의 무역을 의미한다. 또한 국제무역이란 객관적이고 보편타당한 무역의 개념으로서 통상영리를 목적으로 일국의 무역업자와 외국의 무역업자간에 이루어지는 사적인 매매활동을 의미한다.

2. 무역의 형태

1) 내국무역과 국제무역

재화와 용역이 국경을 통과하느냐 또는 일국 내에서 이동하느냐에 따라 내국무역과 국제무역으로 구분되는데, 내국무역(domestic trade)은 일국을 중심으로 볼 때 국경을 통과하지 않는 무역을 말한다. 그러나 일국 내에서 재화와 용역이 이동하더라도 외국인에게 판매하여 그 대가로 외화를 받으면 내국무역이 되고 그 대가를 자국화로 받으면 국내상업이 된다.

국제무역(international)은 재화와 용역이 국경을 넘어 이동하는 경우의 무역을 말하는 것으로 일반적으로 무역이라 하면 국제무역을 말한다.

2) 수출무역과 수입무역

물품의 이동방향에 따라 수출무역과 수입무역으로 구분된다. 수출무역은 물품이 자국의 경제적 영역을 통과하여 타국으로 이동하는 것이고, 수입무역은 물품이 타국으로부터 자국으로 유입되는 경우를 말한다.

3) 민간무역과 국영무역

무역을 경영하는 주체가 누구냐에 따라 민간무역, 공무역, 국영무역, 정부무역으로 구분할 수 있다.

민간무역(private trade)은 기업을 중심으로 한 민간이 주체가 되어 이루어지는 거래로서 자본주의 경제체제하에서 가장 대표적인 거래형태이다.

공무역(public trade)은 공공기관이 주체가 되어 이루어지는 거래형태이다.

국영무역(state trade)은 국가각 주체가 되어 이루어지는 거래로서 국가의 계획과 협정에 의해 무역이 수행되는 거래형태이다. 정부무역(government trade)은 정부가 주체가 되어 이루어지는 거래로서 비영리적으로 수행되며 실제로는 대부분 민간업자를 개입시키고 있다.

4) 관리무역과 협정무역

관리무역과 협정무역은 모두 국가의 간섭을 받는 무역이다. 관리무역(controlled trade)은 수출입거래의 행정적 수단을 통하여 국가의 직접적인 통제하에 운용되는 무역으로 국가가 무역의 전체 또는 일부에 대하여 총액이나 내용, 상대국, 결제방법 등을 규제하는 무역이다. 협정무역(trade by agreement)은 두 국가간 또는 다수국가간의 무역거래에 관한 조약이나 협정을 체결하여 무역량을 조절하거나 국제수지를 조정하는 무역이다.

5) 유형무역과 무형무역

유형무역(visible trade)은 우리의 눈으로 볼 수 있는 구체적인 형태의 상품이 거래되는 것으로서 반드시 세관통관을 거치게 되며 무역통계와 국제수지표상에는 표시된다.

무형무역(invisible trade)은 구체적인 형태를 갖지 않고 우리 눈으로 볼 수 없는 생산요소나 용역이 거래되는 것으로서 세관의 통관절차를 거치지 않으므로 무역통계에는 기록되지 않고 국제수지표상에는 무역외 수지로 표시된다.

6) 자유무역과 보호무역

자유무역(free trade)은 한 나라의 무역정책상 어떠한 통제나 간섭을 하지 않고 무역 및 외환면에서 재화와 용역의 자유로운 수출입을 보장하는 것을 말한다. 보호무역(protective trade)은 국가가 자국의 산업을 보호하기 위하여 전통적인 관세정책을 중심으로 한 수입억제정책에 의하여 대외무역에 적극적으로 개입하는 것을 말한다.

7) 직접무역과 간접무역

국제거래는 제3자 또는 제3국의 개입 여부에 따라 직접무역과 간접무역으로 나눌 수 있다.

(1) 직접무역

직접무역은 양국의 무역업자가 직접거래하는 것을 말한다. 즉 제3자 또는 제3국의 개입이 없이 당사자간의 직접거래는 모두 직접무역이 된다.

(2) 간접무역

간접무역은 무역거래에 개입하는 제3자 또는 제3국의 역할에 따라 중개무역(merchandising trade), 중계무역(intermediary trade), 스위치무역(switch trade), 우회무역(round-about trade) 및 통과무역(transit trade) 등으로 나눌 수 있다.

① 중개무역(intermediary trade)

중개무역은 제3국의 중개업자가 거래의 주체가 되어 이루어지는 무역형태를 말한다. 이 때 중개업자는 수출국의 수출자와는 수입자로서, 수입국의 수입자와는 수출자로서의 각기 다른 두 개의 매매계약을 체결하는 것이 보통이고 중개업자는 자신이 거래위험과 비용을 부담하게 된다. 따라서 대금결제는 중개업자를 통해서 이루어지나 물품은 비용절약을 위해 수출국에서 최종수입국으로 바로 운송되는 것이 일반적이다.

② 중계무역(intermediary trade)

중계무역은 거래물품이 수출국에서 수입국으로 직송되지 않고 일단 제3국에 양륙되었다가 원형 또는 약간의 가공을 거쳐서 최종수입국으로 재수출하는 무역형태를 말한다. 중계무역이 많이 이루어지는 국가로는 관세가 없는 자유무역항의 홍콩, 싱가포르 등과 같은 국가들이다.

③ 스위치무역(switch trade)

스위치무역은 매매계약의 체결과 물품운송이 수출국과 수입국간에 직접 이루어지지만 대금결제에는 제3국의 상인이 개입하여 이루어지는 무역행태이다. 중개무역과 차이는 제3자가 매매계약과 물품운송의 주체는 아니라는 것이다. 이때에 개입하게 되는 제3국의 개입업자를 스위치(switch)라 하며, 스위처는 대가로 커미션을 받게 된다.

④ 우회무역(round-about trade)

우회무역은 수출하고자 하는 국가의 외환통제, 관세 및 비관세장벽 등 각종의 거래장벽이 높을 경우에 이를 회피할 목적으로 제3국을 통해 수출입을 할 때 이용되는 무역형태를 말한다.

⑤ 통과무역(transit trade)

통과무역은 물품이 수출국으로부터 수입국으로 운송되는 과정에 제3국을 통과하게 되는 경우에 제3국 입장에서 본 무역형태이다. 통과무역은 제3국 통과한다는 점에서는 중계무역과 유사하나 통과하는 지역의 국가에서는 무역의 주체적인 역할은 행하지 않고 단지 상품의 통과시에 수반되는 각종의 부대이익인 보험료, 운임, 보험료 등의 획득에 목적이 있다는 점에서 구별된다.

8) 연계무역

연계무역(counter trade)은 현금 이외의 경화(硬貨)에 의해 수출과 수입이 연계되는 무역거래로서 수출에 대응하여 수입자로부터 상품, 서비스, 기술 등을 대응구매하는 무역형태를 말한다. 연계무역에는 바터무역, 구상무역, 대응구매 및 제품환매거래가 있다.

① 바터무역(barter trade)

바터무역은 환거래가 발생하지 않는 가장 초보적인 거래형태로 상품의 교환이 동시에 이루어지는 무역거래방식이다.

② 구상무역(compensation trade)

구상무역은 수출입물품의 대금을 그것에 상응하는 수입 또는 수출로 상계되는 수출입거래이다. 구상무역은 환거래가 발생하고 있다는 점을 제외하고는 바터무역과 같다. 즉 수출입국간에 수출입대금의 결제시 선수출 또는 선수입에 상응하는 물품을 외화로 수취 또는 지급하고, 후수입 또는 후수출에 따른 물품대금을 외화로 지급 또는 수취하는 거래방식이다.

③ 대응구매(counter purchase trade)

대응구매는 연계무역에서 가장 많이 활용되는 보편적인 무역거래 형태로 별도의 두개의 계약 즉 일방의 당사자가 먼저 상품을 수출하고 대응수입계약조건에 따라 수출액의 일정비율에 상응하는 상품을 순차적으로 대응수입하는 무역거래의 형태이다.

④ 제품환매거래(product buy-back)

자본재인 플랜트, 기술, 장비 등을 수출하고 이 설비로부터 생산되는 재화를 구매하는 거래형태이다. 예를 들면 우리나라 기업이 외국에 턴키베이스로 공장을 지어주고 그 공장에서 생산되는 제품을 수입하는 경우의 거래형태이다.

9) 링크제무역

링크제무역(link system)은 수출입링크제(export-import link system)라고도 하며, 수출입을 수량이나 금액으로 연결시키는 무역거래를 말하는 것으로서, 한국에서 자동차를 수출한 회사에게만 일정한 양의 자동차부품 수입을 허용하는 것과 같이 수출과 수입을 연결시켜 수출입을 규제하는 무역이다.

10) 주문자 상표부착((OEM)방식 무역

주문자 상표부착(OEM : original equipment manufacturing)방식의 무역은 수입업자로부터 제품생산을 의뢰받아 주문상품에 상대방의 상표를 부착하여 수출하는 경우로서, 수출업자의 입장에서는 수출확대와 기술축적의 이점이 있지만 수출상품의 이미지 제고나 독자적인 수출시장개척이 곤란한 단점이 있다.

11) 중장기 연지급방식의 무역

중장기 연지급방식의 무역은 수출입대금의 전부 또는 일부를 일정한 기간에 걸쳐 분할하여 영수 또는 지급하는 조건부계약의 무역이다. 이러한 무역방식은 기계류, 선박, 철도, 차량, 발전설비, 탄광기계설비 또는 중화학공업의 공장설비 등에 이용되는 데 개발도상국들이 경제재발계획을 추진하는 과정에서 많이 이용된다.

12) 팩토링 방식에 의한 무역

팩토링(factoring) 방식에 의한 무역은 팩토링회사가 수출업자와 수입업자에 대하여 금융서비스를 제공하는 무역방식인데, 수출업자가 수입업자에게 상품을 외상으로 수출한 후 발생되는 외상매출권을 팩토링 회사에게 일괄양도함으로써 수입업자에 관한 신용조사, 지급보증, 채권의 관리 및 대금회수, 매출채권관리 및 금융제공 등을 혜택을 부여받는 무역이다.

13) 현지조립 방식의 수출

현지조립(knock-down) 방식의 수출은 완제품을 수출하는 것이 아니라 조립할 수 있는 설비와 능력을 가지고 있는 거래처에 대하여 부품이나 반제품을 수출하고 최종소비지 가까이에서 제품으로 완성토록 하는 방식으로 마케팅 기법 상 연기전략과 관련이 깊은 수출이다.

14) 보세창고 반입 인도조건의 무역

보세창고 반입 인도조건(BWT: bonded warehouse transaction)의 무역은 수출입업자가 자기의 위험과 비용부담으로 상대국 정부로부터 허가받은 보세창고에 물품을 무환으로 반출 또는 반입하여 수출입업자와 매매계약을 체결하여 무역거래를 하는 방식이다.

제2절 무역실무의 기초

1. 무역거래의 성립 및 이행과정

서로 다른 국가에 위치한 일국의 무역업자와 외국의 무역업자간에 매매활동이 이루어지려면 무역거래의 이행과정에 필요한 여러 가지 조건을 정하는 계약을 체결하게 된다. 이와 같은 계약을 무역계약 또는 국제매매계약이라고도 한다. 무역계약은 어느 일방의 신청에 대해 상대방이 승낙함으로써 성립되며, 여러 번 협상과정을 거치는 것이 일반적이다. 이와 같은 수출입절차는 아래의 그림과 같이 나타낼 수 있으며, 이러한 일련의 과정에는 다양한 위험과 비용이 따르기 때문에 각종의 무역실무의 기초지식이 필요로 하게 된다.

2. 무역실무의 기초 지식

1) 무역서류에 관한 지식

무역은 서로 다른 국가에 위치한 무역업자간의 거래이기 때문에 다양한 거래위험에 노출되게 된다. 따라서 수출업자는 계약된 물품을 인도(선적)하는 대가인 수출대금을 어떻게 안전하게 회수할 것인가 하는 대금지급불능위험이 가장 큰 문제이다. 반면에 수입업자는 계약된 조건에 합치되게 수출대금을 지급하는 대가로 계약조건에 일치하는 양질의 물품을 어떻게 안전하게 인도받을 것인가 하는 상품입수 불능 위험이 가장 큰 관심사이다.

국제간의 거래에서 무역관련 서류들은 거래의 증거성과 확실성이 보장되기 때문에 수출자와 수입자가 직면한 다양한 위험들을 회피 또는 제거하게 하는 기능을 한다. 또한 대부분의 무역서류는 당사국의 정부 또는 공공단체나 관련기업의 동의나 확인을 필요로 하기 때문에 신뢰성이 확보된다.

예를 들어 수입자가 주문한 상품이 약정된 일자에 정확히 선적되었을까에 대한 위험은 특정의 선하증권의 발행을 통하여 제거하게 된다. 국제간의 매매활동을 위한 수출입업자들이 필요로 하는 무역서류들은 신용장방식에 의한 수출입절차와 같이 크게 다음의 5단계로 나눌 수 있다.

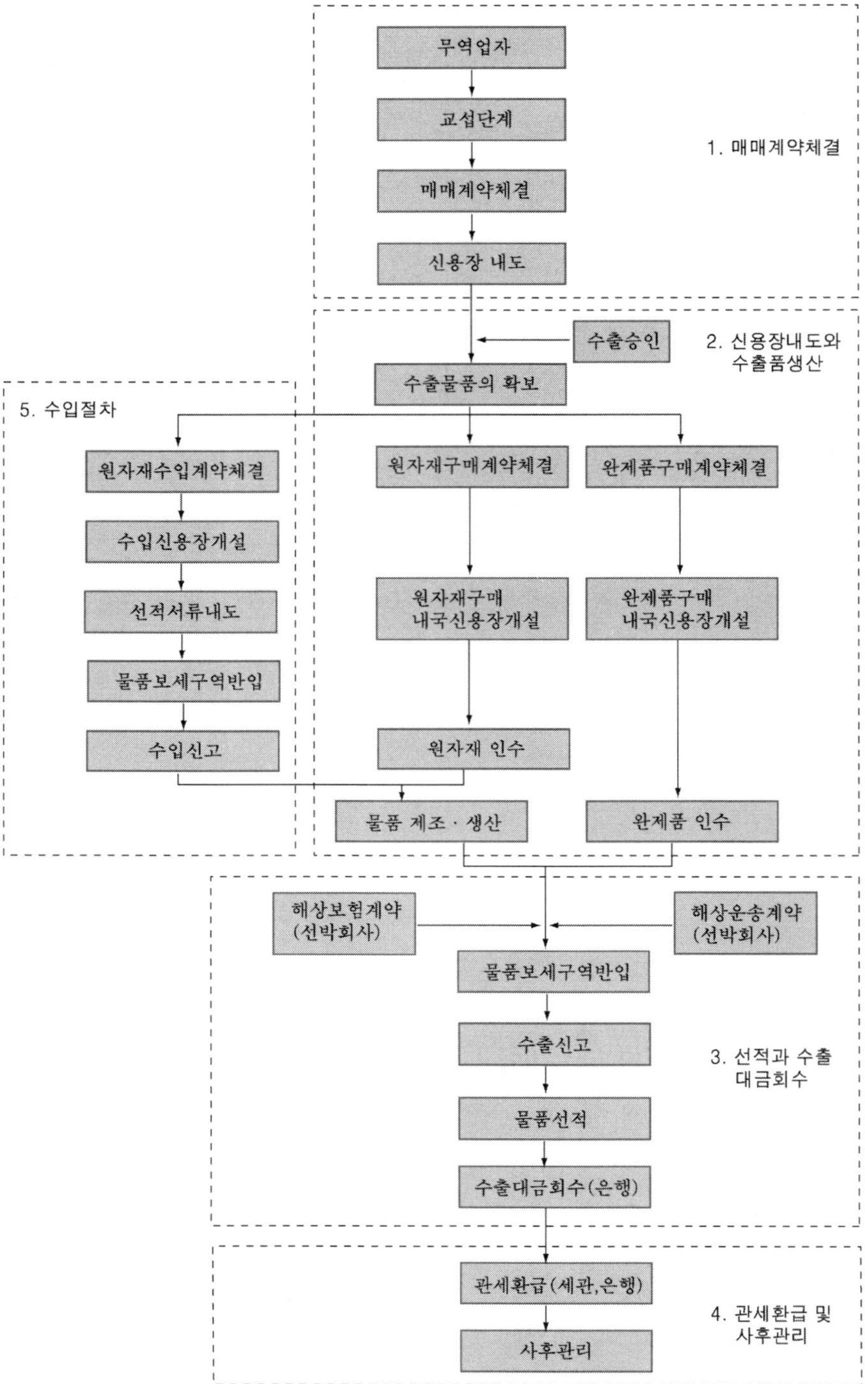

[그림 1-1] 신용장방식에 의한 수출입절차

① 매매계약체결

매매계약의 체결은 당해 계약의 당사자인 수출자와 수입자간의 의무와 권리를 규정한 것으로서 계약당사자의 구속력 발생을 의미한다. 매매계약체결 이전에 무역업자는 대외무역법에 규정된 절차에 따라 관할세무서에서 사업자등록을 하고 한국무역협회에서 무역업고유번호를 부여받아야 한다. 그리고 매매계약의 교섭의 과정을 거치게 된다. 이와 같은 일련의 계약체결과정에 필요한 무역서류 또는 실무지식은 [표 1-1]과 같이 요약해 볼 수 있다.

[표 1-1] 매매계약체결까지 필요한 서류와 지식

구 분	수출업자	수입업자
무역업고유번호 부여	무역업으로 사업자등록(관할세무서) 무역업고유번호 부여받음(무역협회)	
교섭단계	조회장(inquiry) 판매제의 서한(sales letter) 판매오퍼(selling offer) 반대오퍼(counter offer) 가격표(price list) 견적송장(proforma invoice) 이외의 기타 수출교섭 관련서류	조회장(inquiry) 매입오퍼(buying offer) 반대오퍼(counter offer) 이외의 기타 수입교섭 관련 서류
매매계약체결	일반거래약정서(general agreement) 등의 무역계약(서) 기타의 계약서	일반거래약정서(general agreement) 등의 무역계약(서) 기타의 계약서

② 신용장의 내도와 수출물품의 확보

수출자는 신용장의 내도 및 접수에서 생산의 완료 즉 선적준비까지 다양한 많은 임무를 수행해야 한다. 신용장을 접수한 수출자는 당해 품목이 수출승인품목인 경우에는 수출승인을 받은 후 수출물품을 확보하게 된다. 수출물품의 생산에서 수입품의 원자재가 필요한 경우에는 수입계약을 체결하여 수입절차에 따라 수입한다. 원자재나 완재품이 국내구매인 경우에는 원자재 또는 완제품구매계약을 체결한 후 내국신용장 등을 개설하게 된다.

약정된 일자에 원자재를 인수받아 생산하거나 완제품을 인도받아 선적 준비를 하게 된다.

[표 1-2] 신용장의 접수 및 수출품생산에 필요한 서류와 지식

구 분	수출업자	수입업자
신용장	수출신용장(검토) 수입신용장개설신청(서)	신용장개설신청(서)
수출물품의 확보	원자재 수입추천 및 수입승인(서) 무역금융신청(서) 기타의 서류	수입추천(서) 및 수입승인(서)

③ 수출품의 선적과 대금회수

수출품의 생산을 완료한 수출자는 수출품을 선적한 후, 선적서류를 완비하여 수출대금을 회수하게 된다. 선적과 수출대금의 회수단계에 필요한 서류 또는 무역실무지식은 [표 1-3]과 같이 요약할 수 있다.

[표 1-3] 수출품의 선적과 수출대금의 회수에 필요한 서류와 지식

구 분	수출업자	수입업자
선적서류	상업송장(commercial invoice) 포장명세서(packing list) 원산지증명서(certificate origin) 수출신고(export declaration) CIF 등인 경우: - 보험증권(insurance policy) - 선화증권(bill of lading) 기타의 선적관련 서류	FOB 및 CFR 등 양륙지인도조건인 경우 보험증권(insurance policy) 및 선복신청(서)
수출대금회수	환어음(bill of exchange) 기타의 수출대금회수 관련 서류	화물선취보증서(letter of guarantee : L/G) 기타의 수입대금결제 관련 서류

주) 이와 같은 서류들은 대표적인 것들이고, 구체적인 것은 거래조건과 약정에 따라 다를 수 있다.

④ 관세환급 및 사후관리

선적 후 수출자는 수출품의 생산에서 수입원자재를 사용하였다면

관세 환급의 절차를 거쳐 환급을 하게 된다. 관세환급액의 산출방식은 정액환급률표에 따른 정액환급과 정액환급률표에 기재된 물품에 대한 개별환급이 있다. 또한 사후관리는 수입품의 기별 공고에 따라 이행신고 등의 의무를 이행해야 한다.

⑤ 수입절차

한편 수입절차는 원자재 수입이든 완제품의 수입이든 일반적인 절차와 개념은 유사하다. 원자재의 수입은 제한이 전혀 없으며 일반재인 완제품의 수입은 기별공고에 따라 수입에 제한을 받게 된다. 따라서 수입상은 계약을 체결하기 전에 수입물품이 수출입공고나 통합공고 등에 수입제한 품목인지 확인하여야 한다.

2) 무역관계법률에 관한 지식

오늘날 대부분의 국가가 재화와 용역의 자유로운 수출입을 보장하는 자유무역주의를 원칙으로 하고 있으나, 자국의 유치산업 및 사양산업의 보호, 국제수지의 개선, 물가안정 등의 무역정책상의 목적을 달성하기 위해 직·간접으로 무역에 개입하는 무역관계법률을 제정·시행하고 있다. 이는 당사국의 법질서 확립은 물론 국제거래의 활성화를 위해서도 필요한 조치이기 때문에 자유방임과는 구별되는 개념이기도 하다. 따라서 국제적인 상관습도 당사국의 강행법규인 무역관계법률에 위배되는 무역거래는 불법무역으로 간주하여 금지하고 있다.

[표 1-4] 주요 무역관계법률

구 분	내 용	
대외무역법	대외무역에 관한 기본법	
관세법	물품의 이동에 관한 법	
외국환거래법	대외거래의 채권과 채무 및 외국환 관계에 관한 법	
기타 무역법률	무역진흥관계법률	수출보험법, 자유무역지역의 지정 등에 관한 설치법
	소비자이익증대관계법률	식품위생법, 각종의 안전관리법 등

이와 같은 목적의 우리나라 무역관계법률은 대외무역에 관한 기본법인 대외무역법, 물품이동에 관한 관세법 및 대금결제에 관한 외국환거래법 등이 있다. 이외의 무역관계법률로는 수출보험법, 자유무역지역의 지정 등에 관한 설치법 등의 수출진흥 목적의 무역관계법률과 식품위생법, 동·식물검역법 및 각종의 안전관리법 등의 소비자이익증대 목적의 무역관계법률이 있다. 이러한 무역관계법률의 개괄적인 내용을 보면 [표 1-4]와 같다.

① 대외무역법

대외무역법은 대외무역에 관한 기본법이기 때문에 다른 무역관계법률과 혼용 시 대외무역법이 우선하여 적용된다. 이 법의 목적은 『대외무역을 진흥하고 공정한 거래질서를 확립하며, 국제수지의 균형과 통상확대를 도모함으로써 국민경제의 발전에 이바지하는 데 있다』고 규정되어 있다. 이 법의 중심규정은 누가(무역의 주체), 어떠한 물품(무역의 대상)을, 어떻게(무역의 행위), 누구와(거래 지역) 등으로 무역에 관한 전반적인 내용을 규정하고 있다고 할 수 있다. 최근 동법은 전자무역의 증대와 수출입 규제완화 및 외환거래의 자유화 등을 반영하기 위하여 2000년 12월 29일에 개정되어 2001년 4월부터 시행되게 되었다.

대외무역법은 무역주체에 관한 규정과 무역의 객체, 즉 물품의 수출·입에 관한 규정이 중심을 이루고 있다.

그 주요 내용을 살펴보면 ① 전자적 형태의 무체물을 수출입 범위에 포함시켰으며 ② 특정 무역거래형태의 인정 폭을 축소하여 자유롭게 거래할 수 있도록 규제를 완화시켰으며 ③ 2000년 1월 1일부터 무역업 및 무역대리업의 신고제도를 삭제하여 무역고유번호를 승계하도록 하여 수출입 실적승계가 가능하도록 하였으며 ④ 소요량증명서를 폐지하는 대신에 이를 자율소요량 제도로 전환 ⑤ 일반무역거래에 대한 조정제도를 신설 ⑥ 기존의 산업피해조사 및 구제 조치제도를 '불공정무역행위 조사 및 산업피해제도 구제에 관한 법률'을 제정하여 수용 ⑦ '원산지 표시제도'의 실효성을 확보하기 위하여 원산지를 허위로 표시하거나 원산지표시를 손상하는 행위 등을 한 판매자에 대하여 시정조치를 명할 수 있도록 하였다.

이 법은 민법이나 상법 등 일반적인 사법에 대하여 특별법이면서 대외무역거래에 관한 기본법이다. 따라서 국제상거래의 대내적 측면을 규율하는 강제법적 성격을 갖고 있다.

② 외국환거래법

외국환거래법은 대외거래의 지급과 수취를 관리하는 기본법이다. 이 법의 목적은 『외국환거래 기타 대외거래의 자유를 보장하고 시장기능을 활성화하여 대외거래의 원활화 및 국제수지의 균형과 통화가치의 안정을 도모함으로써 국민경제의 벌전에 이바지하는데 있다』고 규정되어 있다. 이 법의 중심규정은 대외거래의 지급과 수취 및 통화가치의 안정을 관리하여 국민경제발전을 달성하고자 하는 내용들이다. 종전의 외국환관리법은 외국환거래 기타 대외거래의 합리적인 조정 또는 관리를 입법목적으로 하였으나, 외국환거래법은 대외거래의 자유보장을 입법목적으로 하여 대외거래에 대한 제한을 최소한의 범위 안에서 행하도록 하였다.

③ 관세법

관세법은 물품이동, 즉 외국으로 수출되고 외국으로부터 수입되는 물품이동을 관리하는 기본법이다. 이 법의 목적은 『관세의 부과·징수 및 수출입물품의 통관을 적정히 하여 국민경제의 발전에 기여하고, 관세수입의 확보를 기함을 목적으로 한다』고 규정하고 있다. 이 법의 중심규정은 관세의 부과·징수와 수출입통관을 적정히 하여 국민경제의 발전을 이룩하고자 하는 규정이 그 중심을 이루고 있다. 이 법은 1967년에 제정되어 수차 개정을 거쳐 오늘에 이르고 있으며 주요내용은 과세와 징수, 운송기관, 보세구역, 통관, 관세사, 세무공무원의 직권 등에 관한 규정이다. 즉 수출입통관과 수입물품에 대한 관세부과가 가장 중요한 기능이라고 할 수 있다.

④ 전자상거래법

전자상거래는 기본적으로 전통적인 상거래와 거래당사자, 거래관행 및 적용법리 등은 동일한 반면 거래가 전자문서로 이루어지기 때문에 이러한 전자문서의 위조, 변조 등 무결성(Integrity)이나 비대면성에서 비롯한 의사표시자의 확인에 관한 진정성(authenticity) 등 특수한 문제가 발생한다. 이러한 문제를 해결하기 위해서는 법적 장치가 필요하며 이에 관한 기본법이 '전자거래기본법'이다. 또한 전자문서의 안정성과 신뢰성을 확보하기 위한 전자서명(electronic signature)에 관한 법이 '전자서명법'이다.

㉠ 전자거래기본법

이 법은 'UNCITRAL 전자상거래모델법'을 모델로 1999년에 제정되었으며, 전자문서와 전자서명의 효력과 전자문서의 보관, 송·수신시기 및 장소, 수신확인 등에 관하여 규정하고 있다.

또한 전자상거래의 안정성을 확보하기 위하여 개인정보보호, 컴퓨터 등의 안정성, 공인인증기관 및 소비자 보호에 대하여도 규정하고 있다. 나아가 전자상거래의 활성화를 지원하기 위하여 전자상거래정책협의회, 전자거래진흥원, 표준화, 기술개발 등에 관하여도 규정하고 있다.

그렇지만 전자거래가 예상보다 빨리 확산됨에 따라 기본법의 한계가 드러나자 전자상거래의 법률관계를 명확히 하고 소비자 보호를 위한 안정성과 신뢰성을 높이며 전자상거래 촉진을 위한 기반조성 및 전자상거래 분쟁조정위원회의 기능을 강화할 필요가 있어 개정작업이 추진되어 개정안이 2001년 9월 국회에 제출되었고, 12월 국회 본회의를 통과하여 2002년 7월 1일부로 시행중이다.

㉡ 전자서명법

이 법은 UNCITRAL 전자서명법(UNCITRAL Model Law on Electronic Signature)을 모델로 1999년에 제정되었다. 그 후 개정안이 2001년 국회를 통과하여 현재 시행중이다.

전자서명법은 전자문서의 안정성과 신뢰성을 확보하고 그 이용을 활성화하기 위하여 전자서명에 관한 기본적인 사항을 규정하고 있다. 1999년 정보통신부가 중심이 되어 제정된 법으로 전자거래의 기술적 선결과제인 진정성, 무결성, 부인봉쇄를 완벽하게 충족시킬 수 있도록 공개키기반구조(Public Key Infrastructure : PKI)를 이용한 비대칭암호화(Asymmetric Encryption) 방식을 수용하고 있다.

전자서명법에서는 전자거래의 활성화를 위하여 전자서명 등에 법적 효력을 부여하고 있으며 공인인증기관의 지정과 인증서의 발급 및 효력에 관하여 규정하고 있으며 인증기관의 책임과 의무, 전자서명인증관리센터의 설립과 운영에 관한 법적 근거, 전자서명생성키의 보호, 개인정보 보호 등에 관하여 규정하고 있다.

전자서명법의 시행 후 디지털서명 뿐만 아니라 생체인식기술 등 다양한 기술이 전자서명에 활용될 가능성이 높아지고 있어 이러한 기술변화에 맞추어 법체계의 재정비가 필요하게 되었다. 개정 전자서명법에는 전자서명의 개념 확대, 공인인증기관의 관리·감독, 공인인증서 발급에 따른 본인확인, 공인인증업무의 안전 및 신뢰성 확보 등이 포함되어 있다.

⑤ 기타의 무역관계법률

우리나라 무역관계법률은 대외무역법, 관세법 및 외국환관리법 이외에도 여러 관계법률이 제정·시행되고 있다. 이러한 무역관계법률은 크게 무역진흥법률과 소비자이익증대와 관계된 법률로 구분해 볼 수 있다.

무역진흥법률은 무역을 진흥하여 국민경제의 발전을 기하고자 하는 법률들로 수출보험법, 자유무역지역의 지정 등에 관한 설치법, 상사중재법 등이 있다.

소비자이익증대법률은 수입으로부터 우리나라 국민의 건강과 후생복지를 증진하고자 하는 법률로 식품위생법, 동식물검역법 및 각종의 안전관리법 등의 법률들이 여기에 해당된다.

3) 무역관계규칙에 관한 지식

무역은 상이한 상관습과 법률이 서로 다른 국가에 위치한 수출자와 수입자간의 거래이다. 이러한 상이한 상관습 및 법률의 차이는 무역의 장애가 될 뿐만 아니라 당사자간의 분쟁의 발생시에 원만한 해결을 어렵게 하였다. 이와 같은 문제점을 해결하고 무역을 증대시키고자 하는 각종의 국제무역관계규칙들이 제정·시행되고 있다. 오늘날 국제적으로 널리 통용되고 있는 주요 무역관계규칙들은 국제거래의 단계를 [표 1-5]에 나타낼 수 있다.

[표 1-5] 주요 무역관계규칙

구 분	내 용
무역계약법규	① 정형거래조건의 해석에 관한 국제규칙(2020) 『Incoterms 2020』
무역결제법규	① 화환신용장에 관한 통일규칙 및 관례(1993) 『Uniform Customs and Practice for Commercial Documentary Credits, 1993』 ② 추심에 관한 통일규칙(URC522) 『Uniform Rules for Collections, 1978』
국제운송법규	① 해상운송에 사용되는 선하증권의 국제적 통일조약 - 선하증권에 관한 약간의 규칙의 통일을 위한 조약(1924) 『Hague Rules 1924』 - 1924년 선하증권 통일조약을 개정하기 위한 의정서 (1968) 『Hague-Visby Rules 1968』 - 해상화물운송에 관한 UN 협약(1978) 『Hamburg Rules 1978』 ② 국제항공에 관한 바르샤바 조약(1955) 『Warsaw Convention 1955』
운송보험법규	① 협회적하약관 (A), (B), (C)(1982) 『Institute Cargo Clause (A), (B), (C)1982』
상사중재법규	① 외국중재판정의 승인과 집행에 관한 UN협약(1959) 『United Nations Convention on the Recognition and Enforcement of Foreign Arbitral Awards 1958』 ② 유엔국제무역법위원회의 중재규칙(1976) 『UNCITRAL Arbitration Rules 1976』 ③ 국제상업회의소 조정·중재규칙(1988) 『ICC Rules of Conciliation and Arbitration 1988』

제 3 절 무역실무의 범위 · 접근방법

1. 무역실무 연구범위

1) 핵심 연구범위 분야

무역거래에서 가장 중요한 연구 분야는 매매당사자간 체결된 국제매매계약과 이를 이행하기 위한 국제운송계약, 보험계약, 대금지급계약으로 구성되며, 매매대상은 재화 등 유형재와 서비스(기술포함)와 전자적 형태의 무형재로 구분할 수 있다.

국제운송계약은 해상, 육상, 항공 및 복합운송이 있으며 국제물류기지(센터) 등을 포함한 국제물류까지 포함한다.

보험계약은 해상보험, 수출보험, P&I Club 및 제3자에 대한 배상책임을 대금지급계약은 포함한 대물책임보험도 경우에 따라서는 포함된다.

전통적 결제방식인 L/C 외에 D/P, D/A 등 계약서거래, BOLERO Net을 이용한 전자결제시스템 및 현금, 수표, 환결제방법 등 매우 다양하다.

이러한 무역관련 계약이 영문으로 작성되기 때문에 무역영어와 IT 기술의 발달에 힘입어 국제적 통신이 인터넷으로 이루어지고 있으며 전자무역 등도 핵심 연구영역에 속한다 할 수 있다.

특히 수출입이 국내의 무역관련법규(대외무역법, 외국환거래법, 관세법)나 국제적인 거래관습 및 법규(INCOTERMS, UCP, Hague Rules, Hamburg Rules, Warsaw Convention, UNCTAD/ICC Rules, CMI규칙, M.I.A., UNCITRAL Model Law)에 제한되거나 준거하기 때문에 이들에 관한 연구도 필수적이라 할 수 있다.

2) 인접연구분야

무역실무와 가장 밀접한 인접 학문분야는 국제거래법 또는 상사법 분야이며, 무역실무가 국제거래 관습에 초점을 두는데 반하여 이들 분야는 실정법에 초점을 두고 있다. 양 분야는 중복되는 경우도 많지만 상호 보완적 관계로 실무와 법리를 함께 연구하여야 한다.

한편 WTO 협정문이나 미국법, EU법 등 국제공법도 무역실무와 매우 긴밀한 관계가 있다. 다자간 협정을 통하여 국제적 통일규범이 확립되어야 각국내의 기업들이 이러한 통일된 규범에 따라 계약을 체결할 수 있다.

또한 무역의 생성원리를 설명하는 무역이론이나 계약체결 전 시장조사와 거래처 발굴 등에 관한 국제마케팅, 물품·자본·기술을 결합하여 해외로 진출하는 해외직접투자 등도 무역실무와 밀접한 분야이다.

마지막으로 국제무역은 2개 이상의 국가가 관련되어 이루어지기 때문에 상대국의 문화, 제도, 법률, 상관습 및 통화 등에 관한 것을 연구하는 지역연구와 이러한 것들을 기초로 하여 체결되는 무역계약은 밀접한 관계가 있기 때문에 이에 대한 검토가 필수적이다.

2. 무역실무의 접근방법

과거나 현재까지도 많은 사람들이 무역을 수출과 수입으로 나누어 수출실무와 수입실무를 절차중심으로 접근하고 있다. 이러한 접근방식에는 다음과 같은 문제점이 있다.

첫째, 내용의 중복이다. 즉 수출의 반대절차가 바로 수입이다. 따라서 수출절차에서 나누어지는 모든 과정이 수입절차에서 그대로 중복되게 된다.

둘째, 절차중심의 학습은 교육의 질을 저하시킨다. 절차는 실무에서 경험을 통하여 익히면 되는 것이지 이를 학습하여 암기하는 것은 바람직하지 않다. 특히 무역자유화가 진전되면서 점차 절차가 간소화되기 때문에 그렇게 될 경우는 학습의 의미가 없어진다.

셋째, 무역실무도 사회과학의 한 영역이라면 논리적 정당성을 확립하기 위한 과학적 방법론이 필요하다. 절차중심의 학습방법에서는 어떤 과학적 접근방법이 있을 수 없다. 따라서 본서에서 무역계약 중심의 접근방식을 사용하며 연구방식은 법리적 연구와 실무적 연구에 중심을 두고자 한다. 여기서의 법리는 국제거래관습과 국제거래법규를 중심으로 하며 실무적 연구는 실무적 관행을 의미한다.

계약중심의 접근방식(contractual approach)은 계약당시의 입장에서 계약성립, 계약이행, 그리고 계약의 사후관리, 즉 무역클레임과 상사중재 등을 중심으로 기술하고 각 단계별 모든 원리를 국제법규·거래관습을 중심으로 고찰하는 것을 의미한다.

그러나 무역실무는 반드시 법리에 따라 계약중심으로 고찰하여야 한다고 주장하는 것은 아니며 연구의 주제나 목적에 따라 사회과학의 다른 방법론 즉 계량적 연구나 실증적 연구도 필요하다고 생각된다.

제 2 장

해외시장조사와 거래처 선정

제 1 절 해외시장조사의 의의

1) 시장조사의 개념

시장조사(market research)는 수출입절차의 최초단계로서 유력한 해외 시장을 탐구할 경우 그 지역의 목적상품에 대한 수요나 공급의 실태, 시장성 및 상관습 등에 관해서 조사하는 것을 말한다. 시장조사의 목적은 일반적으로 첫째, 신시장의 개척, 둘째, 기존시장의 유지 또는 확대, 셋째, 상실한 구시장의 회복 등에 있으나 목적 여하에 따라 조사활동대상에 차이가 있다.

2) 시장조사의 필요성

무역거래는 국내 상거래와는 달리 멀리 떨어져 있는 국가간에 상이한 문화, 종교, 언어 및 상과습의 차이에서 이루어질 뿐만 아니라 상거래에 직접 거래되는 결제통화, 외환제도, 수출입승인 및 통관제도 등에서 국내 상거래보다 훨씬 절차가 복잡하고 위험도 많이 따른다.

따라서 외국과의 무역거래에 있어서 위험을 최소화하고 이익을 극대화하기 위해서는 목적시장에 대한 각종 자료의 수집 · 분석을 통한 신속 · 정확한 시장조사가 필요하다.

3) 시장조사의 내용

시장조사는 그 방법에 있어서 목적시장에 대한 일반적인 사항을 조사한 다음 목적에 따라 세부적인 내용을 조사하는 과정을 거치게 된다.

(1) 일반적인 조사내용

유력시장을 선정하는 단계에서는 다수의 시장에 대하여 조사를 하여야 하므로 일반적인 조사를 통하여 유망한 시장을 선택하게 된다.

① 지리적 여건

위치, 면적, 지형, 기후, 천연자원 등을 고려하여야 한다.

② 사회적 여건

인구분포, 가족과 세대수, 연련계층분포, 성별구성, 생활수준, 교육정도, 직업, 인종, 종교, 언어, 상관습 등을 고려하여야 한다.

③ 정치적 여건

정치형태, 경제정책, 법적 규제, 무역관리제도 등을 고려하여야 한다.

④ 경제적 여건

경제체제, 경제성장, 국제수지, 물가, 통화, 임금, 금융 및 조세제도, 생산구조, 국민소득, 경제정책, 주요 산업 및 자원, 운송수단, 기타 산업 및 무역 일반에 관한 환경 등을 고려하여야 한다.

(2) 세부적인 조사내용

일반적인 조사결과 상대 시장이 선정되면 선정된 시장을 대상으로 거래 활동을 개시하기 위하여 세부적인 사항을 조사하게 된다.

① 수요의 조사

수요구역, 용도, 시기, 소비 또는 수요량, 기호, 기존의 공급방법, 공급량, 공급상태, 대용품의 유무, 수요국 정부의 산업 및 상업정책 등을 고려하여야 한다.

② 공급의 조사

목적상품의 생산지와 공급지, 생산실태 및 공급사정, 공급구역, 일정기간의 공급량, 공급국 정부의 산업 및 상업정책 등을 고려하여야 한다.

4) 시장조사의 방법

시장조사를 하는 방법에는 무역업자나 제조업자가 목적시장에 대한 필요한 정보를 직접 수집하여 조사하는 직접조사방법과 공공기관이나 관련 회사들이 각종 조사자료를 이용하는 간접조사방법이 있다.

(1) 직접조사방법

직접조사방법은 해외출장이나 해외지사, 출장소, 사무소나 거래처를 통하여 직접 조사하는 방법으로 시장정보를 얻기 위한 가장 좋은 방법이나 거래상대국에 출장을 가서 조사하는 경우 언어, 풍속 등이 다르므로 많은 성과를 거두기 어렵고 비용이 많이 드는 단점이 있다.

(2) 간접조사방법

간접조사방법은 우리나라의 기관을 이용하는 방법과 타국의 기관을 이용하는 방법으로 구분된다.

① 우리나라의 기관을 이용하는 방법

가) 한국무역협회(Korea Foreign Trade Association : KFTA)

나) 대한무역투자진흥공사(Korea Trade Promotion Corporation: KOTRA)

다) 대한상공회의소(Korea Chamber of Commerce & Industry: KCCI)

라) 한국신용보증기금(Korea Credit Guarantee Fund : FCGF)
마) 외국주제 한국공관(대사관, 공사관, 영사관)
바) 금융기관 등을 이용하는 방법이 있다.

② 타국의 기관을 이용하는 방법
가) 영국 수출진흥국(Export Promotion Department)
나) 일본 무역진흥회(Japan External Trade Recovery Organization : JETRO)
다) 주한 외국대사관
라) 외국의 금융기관 등을 이용하는 방법이 있다.

(3) 인터넷조사

인터넷을 이용하여 해외 시장조사를 하면 많은 유익한 정보를 얻을 수 있다. 즉 수출·수입하려는 지역과 관련한 정보, 수출입업자에 관한 정보, 수출입통계 및 무역거래 관습 등을 정부기관 사이트나 기업의 웹사이트를 이용하여 쉽게 얻을 수 있다. 기본적인 해외시장 정보를 검색할 수 있는 사이트는 다음과 같다.

① Manufacturing Marketplace(http://www.manufacturing.net)
② Newspage(http://www.newspage.com)
③ Wise DB(http://www.wisedb.co.kr)
④ KINDS(http://www.kinds.or.kr)

제2절 거래처의 선정과 신용조사

1. 거래처 선정과 신용조사의 의의

1) 거래처의 선정

시장조사에 의하여 목적시장이 결정되면 잠재력이 있는 유력한 거래처를 찾아 거래관계를 맺게 된다. 원거리의 해외시장을 상대로 하는 무역거래에서 거래처의 선정은 사업의 성패와 직결되므로 신용있고 능력있는 거래처를 선정하여 거래관계를 맺는 것이 중요하다.

2) 거래처의 선정방법

거래처의 선정에는 아래와 같은 여러 가지 방법이 있다.

① 해외출장에 의한 방법
② 거래은행이나 기존의 거래처를 통하여 소개받는 방법
③ 무역알선기관을 이용하는 방법
④ 홍보매체를 이용하는 방법
⑤ 해외공관을 이용하는 방법
⑥ 각종 사절단 및 전시회에 참가하는 방법
⑦ 상공인명부(dictionary) 이용방법

3) 신용조사

(1) 신용조사의 필요성

시장조사결과 몇 개의 거래처가 선정되면 거래를 개시하기 전에 상대방에 대하여 엄격하게 신용조사를 하여야 한다.

무역거래는 신용을 바탕으로 성립되므로 상대방의 신용상태가 불량한 경우 상품의 인수를 회피하거나 대금지불을 거절하는 경우가 발생할 수 있다.

이러한 실무조사는 거래방식이 신용장인 경우를 포함하여 무신용장 방식(D/P, D/A)이거나 연불방식인 경우 신용조사는 반드시 거쳐야 할 선결과제로서 거래개시 뿐만 아니라 거래 중인 경우에도 정기적으로 실시하여야 한다.

(2) 신용조사의 내용

신용조사는 상대방의 신용도를 조사 및 측정하는 것으로 주요내용은 다음과 같다.

① 상도덕(character)

상대방의 성실성, 평판, 영업태도, 채무이행에 대한 열의 등 계약이행에 대한 신뢰성에 관계되는 사항의 조사를 하여야 한다.

② 거래능력(capital)

상대방의 재무상태, 수권자본금, 납입자본금, 자기자본과 타인자본, 매출액, 손익상태 등 재무제표를 중심으로 하여 자산, 자본, 부채 등 지불능력의 조사를 하여야 한다.

③ 대금지불능력(capacity)

영업형태, 회사연혁, 경영자의 경력, 영업권, 거래처, 거래실적, 취급상품 등 기업운영능력을 조사하여야 한다.

④ 거래조건(conceptions)

현지시장의 정치적 · 경제적 상태, 통관절차나 항만, 운송시설 등 상대회사를 둘러싼 현지시장의 상태를 조사하여야 한다.

⑤ 담보능력(collateral)

위험발생소지를 줄이기 위하여 상대방의 물적 담보와 신용담보인 인적담보(신용담보)의 충족 가능성 조사를 하여야 한다.

(3) 신용조사의 방법

신용조사의 방법에는 은행 및 동업자 조회, 해외지사를 통한 조회,

상업흥신소를 통한 조회, 국내신용기관을 통한 조회 등이 있다.

① 은행 및 동업자 조회

일반적으로 많이 활용되는 방법으로 해당 업체의 환거래계약체결은행(correspondent bank)이나 상대국의 거래처에 신용조사를 의뢰하는 방법이다.

② 해외지사를 통한 조회

상대국에 위치한 본사 등의 해외지사를 통하여 신용조사를 의뢰하는 방법이다.

③ 상업흥신소를 통한 방법

신용조사를 전문으로 하는 회사(commercial credit agency)에 의뢰하여 조사하는 방법이다.

④ 국내 신용기관을 통한 방법

국내에서 활용 가능한 공공기관을 통하여 조사의뢰하는 방법이다.

제 2 부

무역계약의 성립

제 3 장

무역계약의 체결

제 1 절 무역계약의 성격

1. 무역계약의 의의와 법적 성격

1) 무역계약의 의의

무역계약인 국제물품매매계약(contract for international sale of goods)은 국적을 달리하는 당사자간의 합의를 기초로 하여 발생되는 매도인과 매수인의 법률상의 권리 및 의무를 규정한 것으로서 매도인이 그 물품의 제공을 약속하고 매수인이 화폐를 물품의 대가로 지불할 것을 약속함으로 성립하는 국제간의 물품매매계약을 의미한다. 따라서 매매계약은 당사자간의 채권적인 매매행위라고 할 수 있다. 이를 법리적으로 해석하면 일정한 채권관계의 발생을 목적으로 국제간에 복수당사자간의 대립적인 의사표시가 합치되어 성립되는 법률행위라고 할 수 있다.

2) 무역계약의 법적 성격

(1) 승낙계약(consensual contract)

승낙계약(consensual contract)은 당사자 일방의 청약에 대하여 상대방이 승낙함으로써 성립하는 계약을 말한다.

(2) 쌍무계약(bilateral contact)

쌍무계약 (bilateral contact)은 계약성립과 동시에 매매당사자가 채무를 부담하는 계약으로서 수출자는 수입자에게 상품인도의 의무가 있고 수입자는 수출자에게 대금지급의무가 있다. 그러므로 계약성립에 따라 쌍방이 채무를 부담하게 되는 계약을 말한다.

(3) 유상계약(remuneration contract)

유상계약(remuneration contract)은 당사자 쌍방이 서로 대가적 의미를 가지는 급부를 하는 계약이며 무상계약에 반대되는 개념이다. 즉 일방의 물품급부의 제공에 대하여 상대방이 금전으로 반대급부를 제공한다. 따라서 수출자의 물품인도에 대하여 수입자가 대금지급을 하는 계약이다.

(4) 불요식계약(single contract)

불요식계약(single contract)은 요식에 의하지 않고 구두로나 서면으로나 형식에 상관없이 당사자간 의사표시에 의하여 성립하는 계약이며 요식계약에 반대되는 개념이다.

2. 무역계약의 종류 및 특수성

1) 무역계약의 종류

무역계약은 당사자간에 어느 일방이 상대방의 청약을 승낙(acceptance)함으로써 이루어지는 데 다음과 같은 3가지 종류가 있다.

(1) 개별계약(case by case contract)

매거래시마다 매도인과 매수인이 새로이 계약을 체결하는 것이다. 대부분의 무역계약은 여기에 속한다.

(2) 포괄계약(master contract)

매매당사자 사이에 오랜 시간 거래를 하여 서로를 잘 알고 있고 또 지정된 상품을 계속하여 거래할 때 일정기간 또는 연간계약을 체결해 놓고 필요할 때마다 거래상품을 선적해 주는 경우의 계약이다.

(3) 독점계약(exclusive contract)

어떤 수출입물품을 거래함에 있어 수출업자는 수입국의 지정 수입업자 외에는 계약물품을 제공하지 않으며 수입업자 역시 수출국의 다른 수출업자로부터는 계약물품을 취급하지 않는다는 조건으로 이루어지는 계약이다.

2) 무역계약의 특수성

무역계약은 거리와 시간의 원격성, 상이한 법률제도, 상이한 주권국가, 상이한 문화·풍습·언어 등으로 인하여 국내물품 매매계약과는 다른 다음과 같은 특성을 가진다.

첫째, 주권국가의 법이 복합되어 적용에서 동일적 기준이 존재하지 않기 때문에 법적용상의 불확실성이 발생한다.

둘째, 당사자의 상관습을 존중하는 경향이 있다.

셋째, 주권적 간섭이 내재함으로써 당사국의 경제질서에 영향을 미친다.

넷째, 분쟁야기시 재판관할권의 장소적 문제가 있다.

다섯째, 국제거래를 주도하는 법원칙은 주로 영미법을 따르기 때문에 통일적 성문법이 존재하지 않는다.

여섯째, 국제적인 정형계약의 동일화 운동이 전개되고 있다.

3. 무역계약의 성립과 소멸

1) 무역계약 성립의 요건

무역계약은 일방의 청약에 따라 상대방의 당사자가 계약을 승낙함으로써 이루어지는 것이 일반적이다. 이는 매매계약에 적용되는 원리이며 법적 구속력을 갖는 계약이 성립되기 위해서는 당사자간 의사표시가 일치하여야 한다. 따라서 계약이 유효하고 그 계약을 체결하는 목적이 실질적인 효과를 발생시키기 위해서는 다음과 같은 요건을 갖추어야 한다.

첫째, 계약을 성립시키려는 의사가 있어야 한다. 자유의사에 의한 상호합의인 매매 당사자가 자유의사에 의한 합의로 계약을 성립시켰다는 동의의 진실성에 대한 표시가 있어야 한다. 이것은 계약자유의 원칙에 따르는 것으로 강압에 의한 계약은 무효가 된다.

둘째, 약인이 있어야 한다. 모든 매매계약의 당사자는 상대방의 약속에 대하여 약인을 제공해야 한다. 여기서의 약인은 일반적이 상거래에서 수행되는 채권계약과 호의적인 증여를 구별하기 위해 발달한 영미식 제도로서 무역계약에서 매도인의 물품인도의 약속에 대해 매수인은 대금지급을 약속하거나 매수인의 대금지급약속에 대해 매도인이 물품인도를 약속하는 것과 같이 계약에 대해 소송을 제기할 수 있는 약속이거나 또는 복수의 약속을 의미하는 것이기 때문에 대가의 상호교환(bargained-for-exchange)이라고 말할 수 있다.

셋째, 거래의 목적이나 방법이 합법적이어야 한다. 매매의 목적물이 장물이거나 밀수 등과 같이 거래방법이 비합법적일 경우에는 무효계약이 된다.

넷째, 매매당사자의 이행능력이 있어야 한다. 미성년자, 금치산자, 한정치산자등이 계약을 했을 경우 무효가 된다.

2) 무역계약의 성립

(1) 계약의 성립과정

계약의 성립을 위하여 필요한 상호동의는 반드시 청약과 승낙을 통하여 이루어지고 있다. 계약당사자 중에서 어느 일방이 매매계약을 제의하게 되면 상대방이 합의하게 되는 과정을 통하여 상호동의가 이루어지게 된다.

청약되지 아니하면 승낙을 얻을 수 없고 승낙이 없다면 청약만으로 계약이 성립될 수 없다.

(2) 청약(offer)

① 청약의 의의

청약은 청약자가 피청약자와 일정한 조건으로 계약을 체결하고 싶다는 취지의 의사표시로서 청약자가 승낙과 결합하여 특정한 내용을 가지는 계약을 성립시키려는 것을 목적으로 하는 일방적이고 확정적인 의사표시를 말한다. 청약은 원칙적으로 별도의 형식을 필요로 하지 않는다. 따라서 청약은 서면뿐만 아니라 구두로도 행할 수 있는데, 다만 요식계약의 경우에는 청약도 보통 그 형식을 필요로 한다. 또한 청약내용은 일반적으로 확정된 것 또는 적어도 확정될 수 있는 것이어야 한다.

청약이 확정적인 의사표시라는 점에서 청약의 준비행위에 지나지 않는 청약의 유인(invitation to offer)이나 계약체결의 예비교섭의 단계에 있는 표시와는 구별해야 한다. 여기에는 청약의 유인은 상대방으로 하여금 청약을 하도록 유도하는 것을 의미하나. 청약이 법적으로 구속력을 가지고 상대방에게 보내는 확정적인 의사표시인데 비해 청약의 유언이란 청약을 위한 예비교섭으로서 상대방이 이를 수락하더라도 계약이 성립되는 것이 아니다.

② 청약의 종류

청약의 당사자가 매수인인 경우 구매청약(buying offer), 매도인인 경우에는 매도청약(selling offer)이라 한다.

가) 확정청약(firm offer)

청약의 효력 존속기간인 유효기간이 정해져 있는 청약 또는 유효기간을 정하지 아니한 청약이라도 'firm' 또는 'irrevocable'이라고 표시한 청약을 말한다. 일단 청약하여 유효기간 내에 승낙하면 계약이 체결되는데 오늘날, 각국 법제의 공통된 의견은 유효기간까지는 취소할 수 없다는 의미로 받아들여지고 있다. 이 유효기간은 청약자가 대개 임의로 결정한다. 그러나 무역실무 면에서는 거래관습, 시세의 변동 등을 고려해서 적당한 청약의 유효기간을 정하여 청약에 명시할 필요가 있다.

나) 불확정 또는 자유청약(free offer)

유효기간이 명시되지 않은 청약으로서 이 경우에도 청약에 대하여 합리적인 기간 내에 피청약자가 승낙하면 계약은 성립된 것으로 간주된다. 그러나 청약자의 자유의사에 따라 언제든지 취소가 가능하다.

다) 교차청약(cross offer)

당사들이 같은 내용을 가지는 계약의 청약을 서로 행한 경우를 말한다. 이에 대하여 영미법에서는 교차청약에 의한 계약의 성립을 인정하지 않는 반면에 우리 민법에서는 명문으로 교차청약에 의한 계약의 성립을 인정하고 있다.

라) 반대 또는 대응청약(counter offer)

피청약자가 청약에 대해서 그 조건을 변경하거나 혹은 새로운 조항을 추가한 청약을 청약자에게 한 것을 말하며 반대청약은 원청약의 거절임과 동시에 피청약자가 청약자에게 행하는 새로운 청약으로 보아야 한다. 따라서 반대청약은 승낙이 아니기 때문에 계약을 성립시킬 수가 없다.

마) 조건부 청약(conditional offer)

(가) 무확약 청약(offer without engagement)

청약에 제시된 가격이 미확정적이어서 시세변동에 따라 변경될 수 있다는 조건을 붙인 청약으로 offer subject to market fluctuation이라 한다.

(나) 재고잔류 조건부 청약(offer subject to being unsold)

청약에 대한 승낙의 의사가 피청약자로부터 청약자에게 도달했다 하더라도 바로 계약이 성립되는 것이 아니라 그 시점에서 당해 물품의 재고가 남아 있는 경우에 한하여 계약이 성립되는 오퍼로서 선착순매매 조건부 청약(offer subject to prior sale)이라고도 한다.

(다) 점검매매 조건부 청약(offer on approval)

청약과 함께 물품을 송부하여 피청약자가 물품을 점검해 보고 구매의사가 있으면 그 대가를 지급하고 그렇지 않으면 반품해도 좋다는 조건의 청약이다.

(라) 반품허용 조건부 청약(offer on sale or return)

청약과 함께 물품을 대량으로 송부하여 피청약자가 이를 판매하게 하고 팔리지 않은 재고품은 다시 반납하도록 하는 조건의 청약으로써 잡화류 등의 위탁판매에 주로 사용된다.

(마) 확인조건부청약 sub-con offer(offer subject to our final confirmation)

형식적으로도 매도청약이지만 상대방에 대한 청약의 유인에 지나지 않기 때문에 엄밀한 의미에서는 청약이 아니다. 청약자가 청약을 할 때 단서로서 계약의 성립에는 청약자의 확인을 필요로 한다는 내용이 명시된 조건부 청약이다. 이런 청약의 경우 계약을 성립시킬 것인지 아닌지는 청약자의 자유이며 계약을 성립시키고자 한다면 그런 취지를 반드시 상대방에게 통지해야 한다.

③ 청약의 효력발생시기와 유효기간

청약이 효력을 발생하기 위해서는 청약의 내용이 상대방에 전달되어야만 그 효력이 발생한다. 따라서 청약의 내용이 피청약자에게 도달하기 이전에 철회되면 그 청약은 무효가 된다. 또한 청약의 조건으로 승낙기간을 정하고 있는 경우에는 그 기간 내에 승낙이 있어야만 효력이 발생한다. 승낙기간을 정하지 않았을 경우에는 상당한 기간(a reasonable period of time)동안 이를 철회할 수 없다. 다만 피청약자가 승낙의 의사표시를 발신하기 전에 청약내용의 철회 또는 조건변경의 통지가 피청약자에게 도달할 경우에는 철회 또는 조건변경을 인정한다. 영미법과 우리 민법은 도달주의 원칙을 따르고 있으므로 청약은 상대방에게 전달되어야 하며 상대방에게 도달됨으로써 그 효력이 발생한다. 따라서 그 도달 이전에 철회하면 그 청약은 무효가 된다.

④ 청약의 효력상실

가) 승낙

청약은 승낙에 의하여 합의가 성립하기 때문에 그 효력을 상실한다.

나) 청약의 거절 또는 반대 청약(rejection of offer or counter offer)

피청약자가 청약을 거절하면 청약의 효력은 소멸하며 그 후에는 그 청약을 승낙하여도 계약을 성립시킬 수 없다.

한편 청약의 내용에 조건을 붙여 그 일부만의 승낙은 반대청약이 되어 최초의 청약에 대하여 거절하는 효과를 가지므로 최초의 청약의 효력은 상실된다. 그러나 피청약자가 청약자에 대하여 청약의 내용을 바꾸어 주기를 바라거나 문의하는 정도로는 반대청약이 아니기 때문에 청약의 효력에 영향을 미치지 않는다.

다) 청약의 철회(revocation of the offer)

청약의 철회는 청약의 효력을 소멸시키는 의사표시이다. 이것은 반드시 상대방에게 통지되어야 하고 그 통지는 상대방이 청약을 승낙하기 전에 상대방에게 도달해야 한다.

라) 당사자의 사망(death of parties)

피청약자나 청약자가 청약이나 반대 청약의 승낙 이전에 어느 일방이 사망했을 경우 청약이나 반대청약은 그 효력을 상실한다.

마) 시간의 경과(lapse of time)

청약은 그 내용에 승낙기간이 정해져 있을 경우에는 그 기간이 경과하거나 그와 같은 기간이 정해져 있지 않을 경우에는 상당한 기간(a reasonable time)이 경과하면 효력이 소멸한다.

바) 후발적 위법

청약이 이루어진 후에 계약의 이행이 위법일 때 청약의 효력은 상실한다.

예를 들면 알코올음료를 판매하겠다는 청약이 이루어진 후 그 청약을 승낙하기 전에 알코올음료 판매를 금지하는 법률이 제정된 경우를 들 수 있다.

(3) 승낙

① 승낙의 의의

청약에 응하여 계약을 성립시키고자 청약수령자가 청약자에 대하여 행하는 의사표시이며 계약을 성립시킬 목적으로 특정의 청약에 대해 수행하는 의사표시이다. 승낙은 피청약자가 청약자의 청약에 대하여 그 청약의 내용 또는 조건을 모두 수락하고 계약을 성립시키겠다는 의사표시를 하는 것으로서 계약을 유효하게 성립시키기 위해서는, 첫째 승낙의 내용은 청약내용과 완전히 일치(mirror image rule)해야 하고, 둘째 승낙은 무수정, 절대적, 최종적, 무조건이어야 하며, 셋째 승낙은 청약이 그 효력을 가지는 기간 내에만 할 수 있다. 넷째, 승낙의 방법은 자유이며 제한이 없지만 승낙 방법이 지정되어 있다면 그 방법에 따라야 한다. 따라서 청약내용에 대하여 변경을 요구하거나 일정한 단서를 붙이는 경우에는 승낙이라고 보지 않고 반대청약(counter offer)이라고 한다. 청약에 대한 반대청약이 있을 경우에 계약은 성립되지 않는다. 즉 부분적 승낙, 조건부 승낙, 신뢰부 승낙, 애매한 승낙은 반대청약에 해당하는 것으로서 계약을 성립시키지 못한다.

② 승낙의 방법

승낙의 방법이 지정되어 있는 경우에는 지정된 통신수단을 이용하여 승낙하여야 한다. 이때 다른 통신수단을 이용하게 될 때는 청약자의 승인이 없다면 그 계약은 무효가 된다. 이와는 달리 지정통신수단이 없는 경우에는 합리적인 방법으로 승낙하면 된다.

③ 승낙의 효력발생시기와 승낙의 철회

승낙의 철회는 불가능하다. 승낙의 효력발생 시기는 계약이 언제 성립되는가와 관련된다. 일반적으로 청약자의 청약을 피청약자가 승낙함으로써 계약은 성립하지만 청약자와 피청약자는 공간적으로 떨어져 있기 때문에 승낙의 의사표시가 피청약자로부터 발송되어 청약자에게 도달하기까지의 어느 시점에 계약이 성립하느냐 하는 문제가 생긴다. 따라서 우리 민법, 일본 및 영미법은 대면, 전화, 텔렉스, 팩시밀리 및 EDI와 같이 거의 동시 상황으로 이루어지는 대화자간에는 도달주의를 채택하고 우편, 전보와 같이 시차가 있는 통신수단으로 이루어지는 격지자간에는 발신주의를 채택하고 있다. 그러나 국제물품 매매계약에 관한 UN협약은 도달주의를 채택하고 있다.

Sukjung Corporation

SAN65, BODJUNG-DONG, SOOJUNG-KU, SUNGNAM-SHI

KYUNGGI-DO, KOREA

TEL:28-342-750-8702

OFFER SHEET

Offer No. ______________

Date ________________

Messrs:

We are pleased to make you the following firm offer on behalf of and for account of our principals.

Commodity & Description	Quantity	Unit Price	Amount

Shipment :
Shipping Port:
Discharge :
Origin :
Payment :
Packing :
Validity
Remarks :

Very truly yours.

Acceptance Date:
Accepted By:

Sukjung Corporation

승낙의 효력발생시기에 관하여 다음 3가지 이론이 있다.

첫째, 발신주의(post-mail rule)는 피청약자가 승낙의 의사표시를 발신했을 때 계약이 성립한다고 보는 입법주의, 둘째, 도달주의(receipt rule)는 피청약자의 승낙의 의사표시가 청약자에게 도달한 때에 계약이 성립한다고 보는 입헌주의, 셋째, 요지주의(了知主義)는 단순히 물리적으로 승낙의 의사표시가 도달될 뿐만 아니라 현실적으로 청약자가 그 내용을 인지한때에 계약이 성립한다고 보는 입법주의를 말한다.

3) 무역계약의 소멸

(1) 무역계약 소멸의 의의

무역거래에서 계약이 소멸(종료)된다는 것은 여러 가지 사유로 인해 처음에 성립되었던 무역계약의 효력이 소멸하고 계약이 없었던 상태로 환원하게 되는 것으로 일반적으로 무역계약에서 대부분의 계약이 정상적으로 이행되어 계약이행에 의해 계약이 해제되는 동시에 그 효력은 소멸된다. 그러나 계약을 이행하는 가운데 당사자의 일방이 불만으로 인해 상사분쟁이 야기됨으로써 중재나 소송에 계류되게 되면 중재나 소송이 끝날 때까지 연장될 수밖에 없다.

(2) 국제물품 매매계약의 소멸요건

계약소멸의 목적은 계약성립에 따라 일어나는 의무의 종료를 의미하는데 다음과 같은 사유에 의해서 소멸한다.

① 계약의 취소

계약사실의 존재에 대한 특별한 법적 근거로 중대한 계약상 착오나 사기, 부당위협, 타방 당사자의 부실표시를 기준한 착오 등의 사유가 발생한다면 이를 알고 있거나 알게 된 당사자가 상대방에게 통고하고 취소함과 더불어 계약상 얻은 이익은 반환할 수 있다. 이것을 법률행위에 근거한 계약해제라 한다.

② 합의에 의한 소멸

기존계약을 해제하기로 당사자간에 합의한 경우 계약의 효력은 소멸한다. 예를 들면 계약상 당사자간에 미이행의무를 갖고 있는 경우 당사자 상호간의 권리포기의 약인에 따라 상호해제 가능하고 당사자의 일방은 채무를 이행하고 타방의 채무가 남아 있는 경우 전자가 채무면제를 약속함으로써 계약은 해제 가능하다. 교차계약의 경우 합의에 따라 기존계약을 해제하고 신계약의 성립이 가능하며 계약위반에 대해 채권이나 청구권을 명시적・묵시적으로 포기할 때 계약은 해제 가능하며 계약이 소멸하게 된다.

③ 이행에 의한 소멸

계약에 그 존속기간을 정해 두고 있는 경우 그 기간이 만료할 때 계약관계가 해제된다. 이 경우 당사자에게 계약갱신의 권한을 부여한다면 갱신청구가 있을 때 계약은 연속되고 계약의 당사자가 계약상 명시된 의무를 완전히 이행했을 때 계약이 소멸하게 된다.

④ 계약위반에 의한 소멸

계약상 당사자의 책임있는 사유로 중대한 계약위반인 이행지체, 이행불능, 불완전이행이 발생할 때 상대방이 해제의 의사표시를 함으로써 계약을 해제하여 소멸시킬 수 있다.

⑤ 계약이행불능에 의한 소멸

계약을 성립시킨 후 예상하지 못했던 중대한 사태의 발생으로 인하여 계약의 목적달성불능이 되었을 때나 처음부터 불가항력 조항을 삽입하고 이에 해당하는 사태가 발생했을 때 계약을 해제하여 소멸시킬 수 있다.

제 2 절 무역계약서의 작성

1. 무역계약의 기본조건

상관습이 서로 다른 국가간에 이루어지는 무역거래에서는 매매당사자간에 거래내용에 따른 상세한 사전합의가 다시금 필요하고 후일 야기될지 모르는 분쟁(claim)에 대비하여 법적 구제조항 등을 망라하여 무역계약서를 작성하여야 한다.

물품매매에서 일반적이고 기본적인 거래조건의 내용을 협정하여 문서로 교환하는 「일반무역조건협정서」(Agreement on General Terms and Conditions of Business ; Memorandum of Agreement)를 계약기준으로 한다.

일반무역조건협정서의 내용은 계약의 본질 즉 거래형태에 대한 조건, 청약과 승낙에 의해 계약이 성립되는 조건, 품질・수량・선적・지급・보험・포장 등 계약물품에 대한 조건, 그리고 분쟁의 해결 및 법적구제조건 등을 협정하게 된다.

실무적으로는 매매당사자간에 표준화 내지 정형화된 매매계약서를 이용하고 있다.

매매계약서 전면(face)에는 계약물품의 가격조건 등 기본조건에 대한 제목만 인쇄하고 약정할 내용은 당사자가 합의하여 작성하도록 공란으로 두고, 계약서 이면(back)에는 거래관련 일반적인 조건과 법적구제조항 등을 인쇄하고 있다.

무역매매계약 약정품에 관한 기본조건

① 품질조건(terms of quality)

② 수량조건(terms of quantity)

③ 가격조건(terms of price)

④ 선적조건(terms of shipment)

⑤ 결제조건(terms of payment)

⑥ 보험보건(terms of insurance) 등이 있는데 이들 6대 조건 중 어느 한 조건에 대하여 상이한 점이 있으면 거래당사자 사이에 분쟁이 야기되어 원활한 거래가 이루어질 수 없다.

1) 품질조건(terms of quality)

무역계약 체결 시 품질조건에는 무역거래에서 당사자 간 분쟁이 발생하는 대부분의 원인이며 수출국 상품의 국제경쟁력을 평가하는 기준이다. 따라서 품질을 결정하는 방법, 품질을 결정하는 시기, 품질을 증명하는 방법 등을 분명하고 명확하게 명시할 필요가 있다.

(1) 품질결정 방법

① 견품매매(sales by sample : sales by pattern)

일방이 견품을 제공하거나 또는 견품을 요구해서 제시된 견품에 의하여 약정품의 품질을 결정하는 방법이다. 그리고 제시된 견품에 대하여 상대방이 수정을 요하여 새로운 견품을 제시하는 경우가 있는데 이를 반대견품(count sample)이라고 한다. 이 품질방법은 견품에 의해서 결정되기 때문에 무역거래에서 가장 널리 사용되고 있으며 만약 견품이 상위할 때에는 수출상이 손해를 부담해야 한다.

② 명세서에 의한 매매(sales by specification)

중기계류나 선박, 의료기구 등의 무역거래에서 견품을 사용할 수 없는 경우에 소재, 구조, 성능 등에 대하여 상세히 설명한 명세서에 의하여 이루어지는 매매를 말하나, 실무적으로 유의해야 할 사항은 약정품에 따라서 설명서(specification)나 설계도(plan) 등에 의한 설명매매이면서 동시에 견본을 요구하는 경우 양쪽을 전부 일치시켜야 한다.

영국 물품매매법(Sale of Goods Act) 제13조에 의하면 「설명에 의한 물품매매계약에 있어서는 그 물품이 그 기재(설명) 내용과 일치한다는 것을 묵시의 조건으로 한다. 만일 계약이 기재(설명)에 의함과 동시에 견본에도 의할 경우 물품이 그 설명과 일치하지 않으면 견본과 일치하더라도 그것만으로는 불충분하다」라고 명시되어 있다

③ 상표매매(sales by brand : sales by trademark)

메이커의 상표가 국제적으로 널리 알려져 있는 경우에는 견품을 제시할 필요 없이 품질의 기준을 상표나 품명에 의해 결정하게 된다(Parker 만년필, Rolex 손목시계, Benz 자동차 등).

④ 표준품 매매(sales by standard)

수확예정의 농산물이나 목재 등은 수확 또는 제작전에 선물매매(sales of future goods)로 이루어지기 때문에 해당물품의 물질기준은 표준품에 의하여 계약을 체결할 수밖에 없다.

표준품 매매의 대부분은 공인기관의 공인표준품에 의해 품질을 결정하기도 하지만 당사자간의 특약에 의해 결정할 수도 있다.

가) FAQ(fair average quality ; 평균중등품질 조건)

당해 연도의 당해지역에서 생산되는 동종 상품 가운데 중등(中等)의 품질을 선정하여 인도하기로 약정하는 방법으로 주로 곡물과 천연과실 등의 농산물에 사용되는 품질조건이다. 일반적으로 인도할 상품은 당 계절의 그해 수확물의 중급수준을 의미한다.

나) GMQ(good merchantable quality ; 판매적격품질조건)

목재, 냉동어류 등과 같이 견본 이용이 곤란하고 계약당시 잠재적으로 하자가 발생할 수 있는 상품거래에 이용되는 방법으로 매도인이 인도한 상품은 판매적격성을 지닌 것임을 보증하는 조건이다. 따라서 수입지에서 현물을 검사하여 시장성이 없는 품질인 것이 판명되면 그 책임은 매도인이 부담하여야 한다.

⑤ 규격매매(sales by type or grade)

국제적으로 규격이 정해져 있거나 수출국의 공적규격으로 특정되어 있는 경우에는 견품에 의할 필요없이 규격에 의하여 매매가 결정된다.

- ISO(International Organization for Standardization), 일본의 JIS(Japan Industrial Standard), 영국의 BSS(British Standard Specification), 한국의 KS(Korea Standard)

(2) 품질결정시기

무역거래의 상품운송은 보통 장거리 운송을 필요로 하기 때문에 선적지에서의 품질과 목적지에서의 품질이 차이가 날 우려가 있다. 따라서 이로 인한 분쟁을 예방하기 위하여 사전에 품질의 결정시기에 대하여 명확히 약정해야 한다.

① 선적품질조건(shipped quality terms)

약정품에 대한 책임이 매도인에 의해서 선적시까지만 책임지게 되는 조건이다. 일반 공산품에서 가장 널리 사용되는 조건으로, FCA, FAS, FOB, CFR, CIF, CPT, CIP 거래조건은 이 조건에 따른다고 할 수 있다.

② 양륙품질조건(landed quality terms)

약정품의 일치여부를 매도인에 의해서 양륙시까지 책임지게 되는 조건으로 DAP, DPU, DDP 등이 이 조건에 해당한다.

③ 품질의 증명방법

약정품의 품질검사는 매매계약서 당사자간의 협의에 다려 있으나, 일반적으로 선적품질조건은 매도인이, 양륙품질조건은 매수인에게 품질검사의 책임이 있다. 약정품의 품질문제로 인하여 상대방이 클레임을 제기하게 될 경우를 대비하여 가급적 약정품이 도착한 후 일정기간을 설정하여 클레임 제기하는 기간을 정해두는 것도 대단히 중요하다.

2) 수량조건(terms of quality)

무역거래에서는 국내거래의 경우와 달라 약정품의 수량단위가 국가에 따라서 이들의 거래기준이 다르므로 사전에 명확하게 매매계약 쌍방이 약정해야 한다.

(1) 수량 단위

무역거래에서 매매수량은 물품의 종류, 성질 및 관습에 따라 중량(weight), 길이(length), 용적(measurement), 포장개수(piece) 등으로 구분한다. 예를 들어 중량의 표시 경우 국가별로 일정한 관행이 있으므로 이에 대한 명시적 표현이 다음과 같이 필요하다.

- 영국계 : L/T(long ton, english ton, gross ton) = 2,240lbs
- 미국계 : S/T(short ton, american ton, net ton) = 2,000lbs
- 프랑스계 : M/T(metric ton, french ton, kilo ton) =2,204lbs(1,000kgs)

(2) 수량의 결정시기 및 증명방법

수량의 결정시는 품질조건의 결정시기 및 증명방법과 동일하게 선적수량조건(shipped quantity terms)과 양륙수량조건(landed quantity terms)이 있다.

(3) 수량의 과부족인용조건

유류와 같이 휘발성이 있거나 석탄, 광물, 곡물 등과 같이 그 수량의 자연적으로 소모나 손실이 불가피한 상품(bulk cargo)을 대량으로 수송하는 경우 화물의 성질상 정확하게 인도한다는 것은 불가능하다. 따라서 이 경우 일정비율만큼의 과부족에 대하여는 매수인이 이것을 용인하고 과부족량에 대해서는 클레임을 제기하지 않는다는 약정을 사전에 하게 되는데 이것을 과부족 인용조건(more or less clause)이라고 한다. 통상 계약서상에 「5% more or less at seller's option」라고 체결함으로써 차액분에 대해서는 계약가격에 의해서 사후에 대금을 정산하게 된다.

실무상 유의해야 할 사항은 신용장거래방식에서는 특약이 없는 한 5%의 과부족을 허용하는 것으로 간주하나, 신용장거래방식 이외의 대금결제 방식에서는 필히 계약서상에 more or less clause를 명기하여야만 과부족이 인용되는 것이다. 그러나 짧은 기간에 단번에 대량생산이 불가능할 경우의 수량을 상대방이 요구할 시는 최대인수가능수량(maximum quantity acceptance)을 약정해야 한다. 또한 그 반대인 경우에는 최소인수가능수량(minimum quantity acceptable) 조건, 즉 「An order shall be accepted so long as the quantity exceeds 1,000 dozen」 등과 같이 약정해야 한다.

3) 가격조건(terms of price)

(1) 무역가격의 설정

무역거래에서는 국제적으로 무역거래관습상 형성된 정형화된 거래조건으로서 매매당사자간의 권리・의무인 법률관계를 정해 놓았는데 이것을 정형거래조건(trade terms)이라 한다. 즉 가격은 계약 물품의 인도장소와 매매가격에 포함되는 비용의 종류에 따라 구분된다. 일반적으로 실무에서 많이 사용하고 있는 가격조건은 FOB와 CIF가격조건이다. 그리고 가격은 당사자간 매매계약의 중심을 이루는 것이라고 할 수 있다.

(2) 무역가격의 표시통화

거래통화는 국가마다 고유의 통화를 사용하기 때문에 거래통화의 종류에 주의해야 한다. 따라서 환위험을 회피할 수 있는 가치가 인정된 통화이어야 한다. 무역거래에 사용되는 통화는 안정성(stability)과 교환성(convertibility) 및 유통성(liquidity)을 고려하여 결정하여야 한다.

4) 선적조건(terms of shipment)

신용장통일규칙상 선적(shipment)이라는 뜻과 선적일자의 해석기준은 본선적재(loading on board), 발송(dispatch), 운송수리(accepted for carriage), 비행일(flight data), 우편수취일(data of post receipt), 입수일(data of pick-up) 및 복합운송의 경우는 인수(taking in charge)의 뜻과 일자를 표현하는 것으로 명시하고 있기 때문에 상당히 광범위하다.

무역거래에서 실무적으로 무역계약을 체결하는 경우에는 무역정형조건인 FOB Pusan 또는 CIF New York 등과 같이 인도장소가 명시되기 때문에 수출품의 인도장소는 큰 문제가 없으나, 선적시기, 선적방법 등에 대해서는 당사자간에 서로 약정해야 한다.

(1) 선적시기의 약정

선적시기의 약정은 다음과 같이 정할 수 있다.

① 단월조건(端月條件) : "March shipment", "During March" 등으로 표시되는데 이 경우 매도인은 3월 1일부터 31일까지 사이에 수출품은 1회에 선적하는 것을 의미한다.

② 연월조건(延月條件) : "shipment to be made from March to May" 등과 같이 월의 연속으로 정하는 방법이다.

③ 특정일자조건 : "shipment to be made within 45 days after receipt of L/C"

"Shipment to be effected within 3months after(from) date of this contract" 등이 있다.

④ 신용장상의 일자와 관련된 용어로서는

-to, from, fill(until) : 해당일 포함

-After : 해당일 제외(다음날)

-특정달의 first half(1-15), second half(16-말일)

-특정달의 beginning(1-10일),middle(11-20일), end(21-말일)

-on or adout xxx일 전후 5일씩

또한 실무적으로 유의할 선적일에 대한 해석기준으로는 「즉시」 선적조건에 대하여 확실하게 약정할 필요가 있다. 즉, "prompt shipment", "immediate shipment", "as soon as shipment" 등은 막연하고 그 해석기준이 국가마다 상이하므로 매매 당사자 사이에 분쟁이 발생할 수 있으므로 이러한 표현은 선적일로 사용하지 않아야 한다.

(2) 선적방법의 약정

선적방법에는 분할선적(partial shipment)과 환적(transshipment)을 기준으로 하여 신용장통일규칙상 다음과 같이 규정하고 있다.

① 분할선적의 허용여부

무역계약 체결시 분할선적을 허용하는 표현은 "partial shipments are allowed" 그 반대는 "prohibited"라고 약정하면 된다. 이러한 표현이 없을 경우에는 분할선적을 허용하는 것으로 본다. 분할선적은 계약물품을 여러 차례 시간적 간격을 두고 나누어서 선적하는 것으로 선적기간 이내에서 그 회수는 매수인의 이익을 고려하여 매도인에게 선택권이 있다는 것이 국제적인 관례이다.

② 환적의 허용여부

단일 운송증권에 의한 복합운송이나, 신용장 상에 환적금지에 대한 명시가 없는 한 운송인이 환적할 권리를 갖는 것으로 규정되어 있다. 그러나 실무적으로 환적금지의 명시가 없어도 매도인 자신의 안전과 환적으로 인한 분쟁의 소지를 예방하고 계약물품의 특성을 고려하여 환적이 금지된다고 보는 직항선(direct vessel by customary route)으로 약정하는 것이 바람직하다.

환적은 물품운송과정 중에 어느 한 운송수단으로부터 다른 운송수단으로 이전하여 재선적하는 것을 의미하는데 도난·분실 및 파손의 위험이 높은 물품은 환적을 금지하는 경우가 많다.

5) 결제조건(terms of payment)

무역거래는 매매당사자가 장소적으로 원격지간에 떨어져 있는 특수성이 있기 때문에 일반적으로 계약체결시 대금의 결제 방법, 결제시기 그리고 결제통화 등에 대하여 상세하게 약정하여야 한다.

(1) 무역대금의 결제방법

무역대금의 결제방법으로는 송금방식(remittance basis)에 의한 결제, 추심방식(collection basis)에 의한 결제 그리고 신용장방식(L/C basis)에 의한 결제 등으로 대별할 수 있다.

① 송금방식에 의한 결제

송금방식을 수입상이 물품을 받기 전 또는 받은 후에 송금하여 주는 방식으로 사전송금방식과 사후송금방식이 있다.

가) 사전송금방식(payment in advance)은 수출상의 입장에서 무역대금의 회수불능 등과 같은 위험부담은 없어 좋은 조건이라 할 수 있으나 수입상은 대금만 먼저 지급하고 그 후에 물품을 받지 못하는 위험을 부담하게 된다.

나) 사후송금방식(sales on consignment)은 물품을 받은 후 대금을 지급하는 수입상은 안전하나 수출상은 대금 미회수의 위험을 부담하게 된다.

② 추심방식에 의한 결제

추심방법에는 어음지급운송서류인도조건(document against payment ; D/P)과 어음인수운송서류인도조건(document against acceptance ; D/A)이 있다.

가) D/P 조건일 경우에는 환어음을 일람불어음(at sight bill of exchange)으로 발행하여 수입상에게 제시하여 그 어음금액을 추심을 통해 결제받는 방법이다.

나) D/A 조건일 경우에는 기한부어음(usance bill of exchange)을 발행하여 수입상에게 제시하면 수입상은 일람불 조건식으로 결제하는 것이 아니라 환어음의 결제유예 기간(at 30 days after sight) 등 확인(인수)만 함으로써 운송서류를 인도받은 후 약정기간(만기일)에 대금을 추심에 의해 결제하는 방법이다.

추심에 의해서 대금결제가 이루어지는 D/P, D/A 조건은 관련은행의 지급확약이 없이 오직 매매당사자의 책임 하에 거래가 이루어지고, 거래전에 상대방의 신용조사가 선결되어야 한다.

또한 D/A, D/P 계약서에는 신용장에 준해서 일반적으로 수입상이 작성하게 되는데, 특히 D/A 조건일 경우에는 가격산정시 유예기간에 대한 원금의 이율을 어떻게 포함할 것인가를 약정해야 한다.

그리고 운송서류의 발송처는 상대방의 거래운행 즉 지점명까지 분명하게 기재하여야 하는데 이를 기재하지 않을 경우 거래은행의 본점으로 운송서류가 송부되는 경우가 빈번하여 운송서류의 행방에 따른 시간을 낭비할 수 있기 때문이다.

③ 신용장의 결제

신용장은 수출상(applicant)의 요청에 의하여 신용장개설은행(issuing bank)이 신용장조건에 일치하는 운송서류와 상환으로 수출상(beneficiary) 또는 그 지시인에게 무조건 대금을 지급하거나 만기일에 인수한 어음에 대한 대금지급을 약정하는 증서이다.

신용장에 의한 무역대금의 결제는 송금방식이나 추심방식이나 추심방식의 단점을 해결함으로써 금융기능과 지급보증의 기능을 갖고 있기 때문에 무역대금 결제방식 중 가장 많이 이용되는 결제방식이다.

(2) 무역대금의 결제시기

무역대금의 결제시기는 환어음의 지급(payment by bill of exchange), 선지급(payment in advance), 동시지급(concurrent payment), 후지급(deferred payment)그리고 선지급, 후지급, 동시지급 중 2가지 이상을 혼합한 혼합지급시기가 있다.

① 환어음의 지급

무역거래에서 환어음(draft)에 의해 결제가 이루어지는 방식은 신용장과 추심결제가 대표적인 경우이다.

가) 일람지급어음(sight draft ;sight bill of exchange ; demand bill)

이는 수출상이 발행한 어음이 지급인(drawee)에게 제시되면 즉시(한국은 7일, 미국은 3일 내)어음금액을 지급하는 어음을 말한다.

신용장에 의해 발행되는 환어음은 수출상(beneficiary)이 거래은행에 어음매입(negotiation)과 동시에 신용장과 운송서류가 일치하면 즉시 무역대금을 지급하게 되는데, 실무상 수출상 입장에서는 이를 at sight라고 한다. 즉 매입은행은 어음의 지급인에게 매입채권을 상환받기 위해서 어음과 운송서류 발송의 우편일수 기간만큼의 환가료를 수출상에게 미리 받고 우편일수 기간에 어음의 지급인으로부터 대금결제를 받는 것은 at sight라 한다.

나) 기한부어음(usance bill ; term bill ; time bill)

이는 수출상이 발행한 어음이 어음지급인에게 제시되면 지급된다. 그 어음을 인수(acceptance)하여 일정기간 지급유예를 확인받고 일정기간후 만기일에 지급하는 환어음을 말한다.

ㄱ) 일람후 정기출급(at xxxdays after date) : 어음지급인에 의해 인수된 날로부터 기산하여 어음면에 기재된 일정기간 이내 지급하는 것을 말한다.

ㄴ) 일부후 정기출급(at xxxdays after date) : 어음의 발행일로부터 기산하여 어음면에 기재된 일정기간내에 지급하는 것을 말한다.

ㄷ) 확정일출급(at xxxdays after(or from) B/S date or fixed date) : 정해진 일자(fixed date)로부터 기산하여 어음면에 기재된 일정기간 내에 지급하는 것을 말한다.

한편 기한부 어음에 의한 대금결제시에는 계약서상에 일정기간의 유예기간 동안의 이자부담에 관한 약정을 사전에 체결하여야 하는데, 예컨대 「usance interest(or discount charges) are for the account of buyer」와 같이 분명한 이자부담에 관한 약정을 하여야 한다.

② 선지급(payment in advance)

수출대금을 선적 또는 인도하기 이전에 미리(in advance) 결제하는 조건이다.

가) 주문과 함께 매수인이 은행수표(bank check), 우편송금, 전신환송금 등으로 송금하는 사전송금방식(remittance basis)이 있다.

나) 주문과 동시에 송금하여 현금결제가 이루어지는 주문불(cash with order : CWO)방식이 있다.

다) 수출상이 신용장 수취와 함께 상품 선적전에 미리 대금의 일부

가 결제되는 전대(선수금)선용장(red clause L/C ; packing L/C)방식이 있다

③ 후지급(deferred payment)

수출대금의 결제가 상품의 선적이나 인도 또는 환어음의 일람후 일정기일내에(at xxxdays after sight) 이루어지는 외상거래방식의 연지급 조건이다.

일반적으로 기한부신용장(usance L/C)이나 D/A 거래와 같이 1년 이내에 대금이 지급되는 것을 단기, 그리고 1년 이상의 거래를 중장기 연지급이라고 한다.

외상판매(sales on credit), 위탁판매(sales on consignment) 등이 가장 대표적인 후지급조건인데, 이는 수출상이 환어음을 발행할 수 없으므로 자금이 고정되어 수입상의 신용이 확실한 경우에 이용되며, 또한 수입상의 지점 등이 수출지에 있을 경우에 많이 이용된다.

④ 동시지급(concurrent payment)

현물 또는 현물과 동일시되는 선적서류를 인도받음으로써 동시에 대금지급이 이루어지는 방식이다.

가) 운송증권을 포함한 수입상이 요구하는 운송서류를 수출지에 상주하는 수입상의 지점이나 대리인에게 넘겨주면서 동시에 대금결제가 이루어지는 서류상환인도(cash against document : CAD)방식이 있다.

나)수출상이 자기의 비용과 위험부담으로 수입지에 상주하는 수출상의 지점이나 대리인에 현품을 인도하고 현지에서 수입상의 검품을 통하여 현물을 인도와 동시에 대금결제가 이루어지는 현물인도방식(cash on delivery : COD)이 있다.

⑤ 혼합방식

이는 누진불(progressive payment) 또는 할부지급(instalment payment)이 대표적인 방식인데 수입상이 현품을 주문과 동시에 대금의 일부를 지급하고 선적시 또는 현품이 도착 후 수년에 걸쳐 일부씩 누진적으로 지급하는 것으로 플랜트 등 대형거래에서 많이 이용되는 조건이다.

6) 보험조건(terms of insurance)

무역상품을 운송하는 과정에서 좌초(stranding) 등과 해상고유의 위험이나 전쟁 등과 같은 인위적 위험을 커버하기 위하여 적하보험(cargo insurance)에 부보하여야 한다. 적하보험은 무역조건상 CIF나 CIP로 무역계약이 체결될 경우에는 수출상이 자기의 비용으로 부보를 하여야 하나 FOB, FCA 및 CFR일 경우에는 수입상이 적하보험계약을 체결하여야 한다.

(1) 보험금액의 결정

보험금액(insured amount)은 보험사고 또는 소정의 손해가 발생한 경우 보험자(insurer ; assurer)간에 상호협의하여야 정하도록 되어 있다.

그러나 실무적으로는 상업송장 금액에 희망이익(expected profit)을 가산한 금액을 보험금액으로 정하고 있다. 즉 수출상과 수입상이 무역계약을 체결시 보험조건상에 "the amount of invoice plus 10%" 또는 "110% of invoice value"와 같이 송장금액에 10%를 가산한 금액으로 또는 그 이상으로 할 것인지의 희망이익을 약정해야 한다.

적하보험체결을 피보험자(수입상) 또는 보험계약자(CIF 조건일 경우 수출상)가 보험회사의 정형화된 청약서 양식에 보험증권상 기재내용을 포함하여 보험회사에 제출하면 보험회사가 이를 승낙함으로써 성립하게 된다.

(2) 보험조건의 선택

적하보험에서의 보상범위는 계약에서 명시한 보험조건에 따라서 발생한 멸실이나 손상에 한정되어 있기 때문에 보험에 부보하고자 하는 화물의 성질, 포장상태, 운송방법 등을 충분히 고려한 후 가장 경제적이면서도 화물의 안전운송에 효과적으로 대체할 수 있는 가장 적합한 보험조건을 선택하여야 한다.

해상적하보험의 경우에는 구약관인 「협회적하약관」(institute cargo clause ; ICC)에서는 기본약관인 전위험담보조건(all risk : A/R)인 ICC(A/R), 분손담보조건(with average : WA)인 ICC(WA), 단독해손부담보조건(free from particular average : FPA)인 ICC(FPA) 등이 있고 신약관으로는 ICC(A), ICC(B) 그리고 ICC(C) 등으로 구약관과는 차이가 없이 현재까지 세계적으로 구약관과 신약관을 병행해서 사용하고 있다.

한편 기본조건 중 물품의 성질과 운송의 사정에 따라 추가로 부보해야 할 부가위험을 부보하기 위해서는 부가위험(extraneous risks)을 추가해야 하며, 기본조건과 부가조건 이외에 특약을 해야만 담보가 되는 ICC(wars/strikes, riots and civil commotions : 전쟁 및 파업·폭동·소요)조건 등도 있다.

7) 포장조건과 화인(packing terms & cargo mark)

포장(parking)은 제품의 보호(공업포장)나 판매촉진(상업포장)의 의미를 갖는다. 포장은 내용물을 보호하는 견고성과 포장비용 자체의 절감, 그리고 운임절감을 고려한 경제성을 감안하여 포장조건을 약정한다. 화인의 주요부분은 기호 및 번호(marks and numbers)이며 이는 선하증권, 송장 등에도 기재되어 화물과의 대조를 용이하게 한다.

한편 포장의 불완전으로 인한 약정품의 손상은 적하보험약관상 보험자의 면책조항에 적용되므로 세심하게 포장을 수행하여야 하며, 화인에 있어서도 기호와 번호가 불완전하게 표시된 포장으로 인한 사고는 수출상이 책임을 져야 됨에 유의해야 한다.

(1) 포장의 종류

① 개장(unitary packing)

일반적으로 소매를 위해 물품의 최소단위를 하나하나 포장한다.

② 내장(inner or interior packing)

개장된 물품을 수송상 취급하기 좋도록 적절한 재료로써 싸거나 용기에 수용한다.

③ 외장(outer packing)

한 개의 포장물의 외부용기 대한 포장, 즉 용기의 종류에 따라 상자(carton) 또는 부대(bag)에 넣은 것과 같은 것이다.

(2) 화인

다른 화물과 식별을 용이하게 하기 위한 일정한 기호나 그림으로 나타내는

① 주화인(main mark)

② 품질표시 들의 부화인(counter mark)

③ 중량표시(weight mark)

④ 도착항표시(port mark)

⑤ 화물의 일련번호(case number)

⑥ 원산지표시(country of origin mark)

⑦ 주의표시(caution mark)

⑧ 지시표시(attention mark) 등을 일렬로 표시한다.

8) 기타 무역조건

무역계약을 체결할 때는 물품매매와 관련된 기본적인 조건 외에도 무역계약이 종료된 후에 발생될지도 모르는 분쟁과 계약내용에 대해 약정해 두는 것이 대단히 중요하다.

(1) 불가항력조항

불가항력(force majeure)에 의해 계약의 이행이 지체되거나 불능이 되었을 때를 대비한 면책조항이다.

(2) 권리침해조항

공업소유권 등에 관한 권리침해(infringement)에 대해서는 면책문언

을 약정해야 한다.

(3) 중재조항

무역거래에서 계약이행이 종료된 상사분쟁이 야기되는 경우를 대비하여 소송에 들어가기 전에 인단 중재(arbitration)에 의해 분쟁을 해결한다는 약관을 삽입해야 한다.

이는 무역분쟁의 해결을 중재에 의한다는 중재조항을 계약서에 약정해 두지 않거나 나중에 중재에 의해 해결할 것을 합의하지 못하면 이를 이용할 수 없기 때문이다.

(4) 준거법조항

무역계약의 성립과 이행 그리고 그 해석에 관해서는 어느 나라의 법을 적용시킬 것인가의 준거법(governing law ; applicable law ; proper law)을 약정해 두어야 한다.

별도의 명시가 없으면 계약과 가장 밀접한 국가의 법이 준거법으로 채택될 것이다. 이러한 밀집성의 판단기준은 계약체결 장소, 계약이행 장소, 중재지 및 재판관할지가 고려될 것이다.

[표 3-1] 무역계약의 주요내용

기본사항	-계약체결일 -계약확정문언 -계약 유효기간 -당사자 서명
개별약정사항	-품질조건 : 품질결정방법, 시기 -수량조건 : 수량의 단위 및 결정시기, 과부족용인조건 -가격조건 : 선적시기, 분할선적 및 환적 -보험조건 : 보험조건, 보험금액 -결제조건 : 결제방법 및 시기 -포장조건 : 포장의 방법 및 종류, 화인
일반약정 사항	-개별약정사항의 해석기준 -불가항력조항, 클레임조항, 중재조항, 준거법조항

2. 무역계약서의 작성

1) 무역계약의 기본조건

(1) 조건의 개념

계약내용이나 조항은 계약당사자의 여러 가지 진술과 약속(statements and promises)으로 구성되는 데 이러한 진술과 약속 중에 계약의 목적을 달성하기 위한 필수적인 사항으로 간주되면 조건에 해당한다. 보통 품질조건, 수량조건, 선적조건, 결제조건 등을 의미한다. 진술내용이 사실이 아닌 것으로 판명되거나 약속을 불이행하는 경우와 같은 조건 불이행은 계약위반이 되기 때문에 계약취소권이 발생한다.

(2) 조건이 종류

① 명시조건과 묵시조건

명시조건(express terms)은 당사자가 서로 확약하여 계약에 서면으로 삽입한 조건으로서 어떠한 법률상의 임의규정이나 관례보다도 계약자유의 원칙에 따라 우선한다. 즉 당사자 자치의 원칙에 따라 특정한 계약조항을 '조건'으로 합의하면 조건으로 인정된다. 따라서 별로 중요하지 않은 것을 정지조건으로 한다는 명시적 합의가 있으면 정지조건이 될 수 있다.

묵시조건(implied terms)은 법 또는 관습에 의하여 계약에 명문화한 조항이 없더라도 당사자가 당연히 따를 것으로 간주되는 조건으로서 국제 상관습을 바탕으로 하는 묵시조항에 의하여 무역계약이 보완된다. 묵시조건은 계약의 해석과 당사자의 의사를 추정하여 판단할 무제이므로 주로 법원의 판결에 의해 알 수 있다.

② 정지조건과 해제조건

정지조건(conditions precedent)은 그 성취에 따라서 법률행위의 효력을 발생시키는 조건, 즉 상대방의 계약상 의무가 먼저 충족되어야 비로소 채무가 발생되는 경우 이러한 상대방의 계약상 조건을 정지조건이라 한다. 예를 들면 "A학점을 받으면(정지조건) 장학금을 준다." 이 학생은 정지조건이 충족되어야 비로소 장학금을 받을 수 있다.

해제조건(condition subsequent)은 이미 발생하고 있는 법률행위의 효력을 그 성취에 따라 소멸시키는 조건을 말한다. 예를 들면 "장학금을 먼저 지급하는 대신 A학점을 받아야 한다." 이 학생은 A학점을 받을 때 자신의 의무가 해제되기 때문에 이런 조건을 해제조건이라 한다.

2) 무역계약서의 작성

청약에 의한 승낙에 따라 당사자는 바로 계약조항을 상세하게 기재한 매매계약서를 작성・서명하여 정・부 2통을 상대방에게 발송하고 상대방이 서명한 부본(duplicate)을 받는 것이 통례로 되어 있는데 이것은 계약서가 작성되지 않아도 법적구속에는 변화가 없으며 계약서는 당사자가 청약과 승낙에 의해 합의된 계약내용을 확인하는 의미를 지니는 데 지나지 않지만 후일의 오해와 분쟁을 방지하는 데 필요할 뿐만 아니라 중요한 계약인 경우 "계약서의 작성을 조건으로 하는 승낙(acceptance subject to contract)"인 경우 법적으로 정식계약서가 작성되어 양 당사자가 서명할 때까지 효력은 발생하지 않는 것으로 해석된다.

즉 무역거래에 있어 당사자들은 그 거래의 기준이 되는 일반적 조건을 결정하고 이것을 계약서 이면에 명시하는 데 이를 일반무역 조건협정서라고 한다. 일반무역 조건협정서는 통상 "Memorandum of Agreement"라는 제목을 사용하지 않고 "Terms and Conditions between"・・・ 또는 "Contract for・・・" 에 관한 계약 등의 문구를 서두의 제목으로 사용하며 그 내용은 매매당사자가 본 계약에서 적용되는 무역거래조건, 계약의 해석기준이 되는 조건을 결정한 합의내용이다. 따라서 거래를 실현하는 데 있어서 수입업자가 발송하는 주문서

(order sheet)에서도, 수출업자가 작성하는 계약서(contract sheet)에서도 이것을 기본으로 하여 작성된다. 또한 거래에 수반되어 발생되는 여러 가지 문제도 이 협정서에 의하여 해결된다.

협정서(agreement)의 내용을 구성하는 것은, 첫째 거래의 기본에 관한 조건, 둘째 거래품목에 관한 기초조건, 셋째 매매계약에 관한 조건, 넷째 무역분쟁의 해결에 관한 조건이다. 이 중에서 거래상품에 관한 협정은 무역계약의 기본조건, 즉 품질(quality), 수량(quantity), 가격(price), 선적(shipment), 보험(insurance), 결제(payment) 등의 조건을 포함하고 있고 이 중 어느 조건도 계약구성상 빼놓을 수 없는 것이며 이들 조건의 불완전 및 이해의 불일치는 클레임(claim)을 발생시킨다.

Confirmation of order

Sales Note No

To Messrs :

Seoul, Korea

Reference :

Contracted through :

Order No :

Commodity :

Quantity :

Price :

Amount :

Payment :

Packing :

Shipment :

Destination :

Remarks :

We confirm our sales as specified herein, Subject to the terms and conditions set forth herein, the confirmation of order("the Contract") constitutes a contract between Dyungwon Corporation ("Seller") and the addressee("buyer"). Other terms and conditions of the Contract are on the back here of, If necessary by cable or telegram. Kindly sign and return the duplicate after confirming the above.

Name of address :	Sukjung Corporation
By : ______	By : ______
Typed name : ______	Typed name : ______
Date : ______	Date : ______

General Terms and Conditions

1. Principal to Principal Basis : This Contract recognizes the fact that it is of a principal to principal basis between Seller and Buyer.
2. Quantity : Quantity is subject to a variation of five percent (5%) plus or minus at Seller's option.
3. Shipment : The date of bill of lading shall be taken as the conclusive date less otherwise stated on the face hereof. Seller shall not be responsible for non-shipment or late shipment in whole or in part by reason of Force Majeure, such as fires, floods, earthquakes, tempests, strikes, lockouts and other industrial disputes, mobilization, war, threat of war, riots, civil com-motion, hostilities, blockade, requisition vessel, and any other contingencies beyond Seller's control.
4. Price : The price(s) is(are) on the rate of freight and insurance premium prevailing at the time of acception the order, and any increase in the rate of freight and insurance premium at the time of shipment shall be borne by Buyer.
5. Inspection : Inspection performed under the export regulation of Korea is final respect of quality and/or conditions of the contracted goods, unless otherwise stated on the face hereof.
6. Trade Terms : The trade terms used in this Contract shall be governed and interpreted by the provisions of Incoterms(1990) unless otherwise specifically stated.
7. Infringement : Buyer shall hold Seller harmless from liability for any infringement with regard to patent, trade mark, design and/or copyright originated or chosen by Buyer.
8. Claim : Any claim by Buyer must be made in writing fourteen(14)days of receipt of the goods at destination stated on the face hereof, and no claim will be recognized if they are used.
9. Arbitration : All disputes, controversies, or differences which may arise between Seller and Buyer, out of or in relation to or in connection with the contract, or for the breach thereof, shall be finally settled by arbitration in Seoul, Korea accordance with the commercial Arbitration Rules of The Korean Arbitration Board be final and binding upon both parties.
10. Governing Law : This Contract shall be governed in all respects by the laws of Korea.

제 4 장

무역계약의 정형화

제 1 절 무역거래관습

1. 무역거래관습의 의의

관습은 어떠한 특정 집단의 속하는 사람들의 장기간에 걸친 상습적 행위에 의한 총체적인 것으로서 이들 사람들에게 널리 승인된 행동양식을 말한다. 이와 마찬가지로 상업에 종사하는 모든 사람들이 승인하고 준수하려고 하는 거래양식을 상관습(mercantile custom)이라 하고 이와 같은 상관습이 무역거래에서 이용되고 있는 경우에는 이를 국제상관습 또는 국제무역관습이라 한다.

국제상관습은 무역거래에 종사하는 모든 사람들이 승인하고 준수하려는 전통적인 거래양식으로서 국제성에 따르는 불확실성과 불안정성의 문제를 해소시켜 주는 해석기준으로서 기능을 하게 된다. 따라서 그 효력은 양 당사자간의 계약해석기준에 불과한 것이기 때문에 구속력은 없다.

2. 무역거래관습의 기능

국제상관습은 다음과 같은 두 가지 기능을 가지고 있다.

첫째, 무역계약에 대한 보완적 기능을 갖는다. 무역거래는 물품매매이므로 매도인은 약정품을 인도하고 그 소유권을 양도하며, 매수인은 이것을 수령하고 그 대금을 지급함으로써 계약이 이행된다. 따라서 물품매매거래인 오늘날의 무역은 격지거래형태로 이루어지고 매매당사자의 국적과 관계없이 일반적으로 "다른 나라에 영업소를 가지고 있는 당사자간에 체결되는 계약이며 그 계약에 의하여 목적물이 국제운송인에 의하여 국제적으로 이동되는 물품매매" 또는 "한 국가의 영역으로부터 타국의 영역으로 관세선을 넘어 물품이 이동되어 그 소유권의 국제적 이전이 발생한다. 이러한 물품매매를 이행하기 위해 계약을 체결하는데 무역계약의 내용 또는 조항은 당사자 상호간이 확약하여 계약에 삽입한 명시조합(express term)과 법 또는 관습에 의하여 당사자가 당연히 따를 것으로 생각되어 계약내용의 일부를 차지하는 묵시조항(implied term)으로 구성되어 있다. 묵시적 조항은 국제상관습에 의하여 규정되어 있기 때문에 국제상관습은 무역계약의 보완적 기능을 한다. 즉 계약은 당사자가 반드시 합의한 후 몇 개의 기본 조항을 포함시키는데 이러한 내용은 극히 간결한 형태로 표현되고 있음에도 불구하고 대량의 화물을 멀리 해상으로 운송하여 외국시장에 판매하는 무역거래가 신속·안전하게 행하여질 수 있는 것은 주로 국제무역관습에 바탕을 둔 묵시조항에 의하여 무역계약에 의하여 무역계약이 보완되고 있기 때문이다.

둘째, 국제상관습은 무역계약의 해석기준으로서의 기능을 한다. 19세기에 접어들면서 과학기술의 진보에 의하여 교통기관과 통신수단이 발달함에 따라 매도인 및 매수인은 각각 자국에 영업소를 설치하고 우편 또는 전신을 이용하여 해외 각지의 거래상대방과 계약을 체결하며 운송, 보험, 금융 등의 여러 가지 제도를 이용함으로써 화물을 안전하게 국제적으로 이동시키는 범세계적인 격지거래형태로서 무역이 행하여지게 되었다. 다른 한편으로는 각국의 독자적인 이론체계하에 법전이 편찬되어 국내법과 외국법이 명확하게 구별됨에 따라 격지거래형태의 무역거래에 있어서는 계약의 성립지, 이행지, 지급지, 분쟁지, 중재지 및 집행지 등이 각각 다른 이유로 여러 나라의 국내법이 관계된다. 그 결과 계약불이행에 의하여 국제소구를 행사하는 경우에 어느 나라의 법률을 적용하는가에 따라 각각 필요한 절차가 달라진다는 불확실성의 문제와 또 어떤 나라에서 행하여진 중재판정이 다른 나라에서는 승인되지 아니한다는 불안정성의 문제가 발생한다.

오늘날의 무역거래는 몇 개의 서로 다른 국내법과 관계를 지니고 있으므로 발생하는 불확실성 또는 불안정성의 문제이다. 이것을 해결하기 위하여 무역거래에 적용되는 물품매매법의 국제적 통일화의 노력이 추진되어 왔다. 그러나 무역거래는 통일적인 법규범이 없는 까닭에 주로 국제상관습에 의하여 행하여지고 있다. 이러한 국제상관습이 매매당사자간의 역학관계의 균형을 유지하거나 또는 계약의 체결, 이행, 분쟁의 해결에 있어서의 판단의 기준으로 그 기능을 수행하기 위해서는 국제적으로 통일화가 필요하다.

제 2 절 정형거래 조건의 의의

1. 정형거래조건의 제정

국제간의 무역거래는 국내에서의 일반상거래와는 달리 법률, 상관습, 언어, 제도 등이 상이한 국가간의 상거래이므로 무역계약의 당사자가 무역계약을 체결할 때 무역조건의 세밀한 부분까지 규정하고 이것을 문서화한다는 것은 매우 곤란하다. 이러한 것은 무역의 효율성과 교역량의 증대에 대한 기본적인 제한요소가 된다. 따라서 이러한 문제점을 극복하기 위하여 각 지역별・국가별로 현행 무역거래관습에 의거하여 거래조건에 대한 표준화 또는 통일화 작업이 이루어지게 되었으며 그러한 작업을 통하여 형성된 표준화된 거래조건을 정형거래조건이라 한다.

정형거래조건은 국가간의 상이한 상관습으로 인한 해석상의 차이와 매매당사자간의 법률관계에 대한 오해로 분쟁을 야기할 가능성이 있다. 따라서 이러한 분쟁을 사전에 방지하기 위한 통일된 해석기준이 필요하게 되어 국제상업회의소(ICC : International Chamber of Commerce)는 1936년에 무역조건의 해석에 관한 국제통일규칙(International Rules for the Interpretation of Trade Terms → International Commercial Terms : Incoterms)을 제정하였으며 이를 Incoterms라 한다. Incoterms는 매도인과 매수인의 권리와 의무를 국제적으로 통일하여 규정한 규칙이나 강제력은 없다.

2. 인코텀즈 2020

1) Incoterms의 제정목적

인코텀즈(Incoterms)는 세계 각국에서 관용되고 있는 무역조건의 용어나 약어를 잘못 해석함으로써 무역업자간에 발생하는 오해나 분쟁 및 마찰을 미연에 방지하여 국가마다 다른 거래관행에 대한 불안전성을 해소하고 국제무역거래의 관습 및 용어의 국제적 통일을 기하기 위한 목적으로 만들어진 것이다.

2) Incoterms의 발전과정

인코텀즈는 파리에 본부를 두어 1920년에 창설된 국제상업회의소(ICC)가 주도한 여러 작업과정을 통해 1936년에 최초로 11종의 조건이 규정된 후 국제무역환경의 변화와 운송기법 및 거래관행의 변화에 따라 1953년, 1967년, 1976년, 1980년, 1990년 그리고 2010년 그리고 2020년 되어 현재 Incoterms 2020을 2020년 1월 1일부터 사용하고 있다.

3) Incoterms 2020의 개정사항

Incoterms 2020 제8차 개정의 주요 내용은 다음과 같다.

(1) DAT 삭제, DPU 신설

기존 DAT(Delivered at Terminal)을 없애고 새롭게 추가된 조건으로 인도장소가 터미널뿐만 아니라 어떤 장소든지 목적지가 될 수 있도록 현실을 반영한 것이다.

(2) FCA에서의 본선적재 의무 후 선적식 선하증권 발행의무

매도인과 매수인이 선적 후 선하증권을 매도인에게 발행하도록 운송인에게 지시하고 매도인은 은행을 통하여 매수인에게 선적식 선하증권을 제공할 의무를 부여했다.

(3) CIF 및 CIP에서의 부보범위 이원화

기존 CIF와 CIP 조건은 매도인의 최소담보제공 의무를 규정하고 있었는데 Incoterms 2020에서는 CIP 조건에서는 협회적하약관 A 조건과 같은 최대담보조건으로 부보하도록 매도인의 의무를 강화하였다.

(4) FCA 및 D 규칙에서 매도인 또는 매수인 자신의 운송수단 허용

기존 조건에서는 매도인 또는 매수인이 운송을 위하여 제3자 운송인이 상품을 운송하는 것으로 되어 있었으나, Incoterms 2020에서는 상황에 따라서 매도인 혹은 매수인이 자신의 운송수단을 통해서 운송할 수 있도록 규정하고 있다.

(5) 개별규칙 조항순서 변경

Incoterms 2020에서 기존의 의무규칙 순서를 바꾸고 내용을 정리하는 방향으로 개정되었는데, 특히 비요부문에서 A9/B9에서 매도인과 매수인의 비용부담 내용을 모두 열거하여 이용자들에게 비용에 관한 일람표를 제공하도록 규정했다.

(6) 이용자를 위한 설명서

Incoterms 2020에서 "이용자를 위한 설명서(explanatory notes for users)"가 있는데 이것은 위험의 이전 시점 매도인과 매수인의 비용부담 문제와 같은 개별 규정을 두었다. 이 설명서의 목적은 첫째, Incoterms 규정을 정확하고, 효율적으로 찾도록하는 것, 둘째는 Incoterms 2020 적용관련 분쟁이나 계약서에 관하여 의사결정을 하거나 조언하는 사람들에게 해석이 필요한 사항에 관하여 지침을 제공한다.

(7) 운송/비용조항 보안관련 의무조항 신설

보안관련 문제의 확산으로 개정 필요성이 대두되어 Incoterms 2020에서는 명시적으로 운송관련 보안요건 준수의무(A4), 수출을 위한 보안통관 관련규정(A7) 등을 추가하였고, 비용관련에서도 A9/B9에 규정하도록 하였다.

(8) 조달규정 확대

기존에는 FSA, FOB, CFR, CIF 조건에서만 조달이 인정되었으나 Incoterms 2020에서는 FCA, CPT, CIP, DAP, DPU, DDP 조건에 대해서도 이미 인도된 물품을 조달하여 인도할 수 있도록 하였다.

4) Incoterms 2020의 기본체계

(1) 위험부담의 분기점

매도인과 매수인의 물품에 대한 위험부담이 어느 시점과 장소에서 이전되는지를 규정하고 있다. 즉 당사자간 물품의 멸실이나 손상에 대한 책임 및 면책의 분기점을 말한다.

(2) 비용부담의 분기점

매도인과 매수인간의 물품수출에서부터 최종 목적지까지 발생되는 여러 가지의 소요비용 중에서 어느 시점을 기준으로 그 부담을 각자 나눌 것인지를 규정하고 있다.

3) 서류제공의무

(1) 필수서류

매수인의 요청이 없더라도 당연히 제공하여야 할 서류를 말한다(Commercial Invoice, Packing List).

(2) 임의서류

매수인의 요청에 의해 매수인의 위험과 비용부담으로 매수인에게 협조할 의무만을 부담하는 서류를 말한다(Certificate of Origin, Inspection Certificate).

4) 기타

운송계약체결과 부보 등에 관한 의무의 귀속, 당사자의 의무를 이행하지 않을 시에 대한 상대방이 할 수 있는 조치 등을 규정하고 있다.

5) Incoterms 2020의 주요내용

Incoterms 2020의 무역거래규칙은 총 11개로 구성되어 있으며 이는 크게 모든 운송방식을 위한 규칙(rules for any mode or modes of transport)과 해상 및 내륙수로운송을 위한 규칙(rules for sea and in land waterway transport)이 가운데 해상 및 내육수로 운송과 관련된 무역거래규칙은 FAS, FOB, CFR, CIF 4가지 규칙이다.

이들 규칙은 화물이 배송되는 지점과 매수인에게 운반되는 장소가 둘다 항구이다. 그래서 해상 및 내륙수로 조건의 표제가 붙어 있는 규칙들이다.

그리고 Incoterms 2020의 무역거래규칙 11개 중 복합운송을 포함한 모든 운송수단에 활용 가능한 무역거래규칙은 EXW, FCA, CPT, CIP, DPU, DAP, DDP 7가지이다.

이들 규칙은 어떤 운송수단도 적용 가능한 규칙(rules for any mode or modes of transport)이다. 심지어는 해상운송이 전혀 없고, 운송의 일부를 위해 선박이 이용되는 경우에도 활용 가능하다.

매도인과 매수인 사이의 가격산출에 있어서 매 계약시 비용부담과 관련하여 정하는 것이 복잡할 뿐 아니라 분쟁의 소지가 발생할 가능성이 높기 때문에 Incoterms는 비용부담과 위험의 이전시기를 11가지 핵심적 무역거래조건(trade terms)에 대하여 매도인의 의무(A1-A10), 매수인의 의무(B1-B10)를 각각 10가지씩 규정하고 있다.

매도인과 매수인의 의무 중에서 가장 중요한 의무는 A4/B4, A5/B5 그리고 A6/B6인 인도, 위험의 이전, 비용의 분기이다.

A4/B4는 어느 장소, 어느 시점에 매도인에게서 매수인으로 물품을 인도하여야 하는지, A5/B5는 운송중인 물품의 멸실, 손상에 대한 위험이 어느 시점, 어느 장소에서 매도인에게서 매수인에게 이전되었는지, A6/B6는 물품이 매수인에게 도착하기까지 발생하는 여러 가지 비용들이 어느 장소, 어느 시점에 매수인 또는 매도인에게 귀속되는지를 결정한다.

참고로 C 규칙(CIF, CIP 등) 위험부담의 분기점과 비용부담의 분기점이 일치하지 않으므로 주의해야 한다.

[표 4-1] Incoterms 2020 무역거래규칙

Group	Trade Terms
1	EXW, FCA, CPT, CIP, DPU, DAP, DDP
2	FAS, FOB, CFR, CIF

6) 해상 및 내륙수로운송을 위한 규칙

(1) FAS(free alongside ship : 선측인도조건)

선적항에서 본선의 선측 또는 부선(lighters)에서 계약물품을 인도하면 매도인의 물품인도 의무가 완료되는 조건으로서 선적항에서 본선의 선측까지만 매도인이 위험과 비용을 부담한다. 주로 본선에 양륙하는 데 비용이 많이 소요되는 부피가 큰 물품(bulky cargo)에 많이 적용되고 해상운송 또는 내륙수로운송에만 사용된다.

표기방법은 FAS + 선적항("sea port" 또는 내수로 "harbour")
ex) FAS Pusan.

(2) FOB(free on board : 본선인도조건)

선적항에서 계약물품이 본선난간을 통과하는 시점에서 매도인의 인도의무가 완료되는 조건으로서 선적항에서 본선의 난간(ship's rail)을 통과한 시점까지 매도인이 비용과 위험을 부담한다.

표기방법은 FOB+선적항("sea port" 또는 내수로 "harbour"(FOB Pusan))의 형태를 띤다.

(3) CFR(cost and freight : 운임포함인도조건)

목적항까지 물품을 운송하는 데 필요한 비용과 운임을 매도인이 부담하는 조건이다. 그러나 위험부담과 비용분기점이 다르므로 운송비용과 운임은 매도인이 부담하지만 계약물품이 선적항에서 본선에 적재 이후의 멸실, 손상위험과 그에 따른 추가비용은 모두 본선 난간을 통과한 시점부터 매수인에게 인정된다.

표기방법은 CFR + 목적항("sea port" 또는 내수로 "harbour"(CFR New York))로 표시한다.

(4) CIF(cost insurance and freight : 운임 · 보험료포함 인도조건)

CFR조건에 매도인이 운송중의 물품의 멸실과 손상에 대한 매수인의 위험을 담보하는 해상보험을 부보할 의무가 추가되는 조건이다. 즉 양륙항까지 해상운임 및 보험료의 비용을 매도인이 부담하며, CFR조건과 마찬가지로 위험은 선적항에서 물품이 본선의 난간을 통과한 시점까지만 매도인이 부담한다.

매도인과 매수인의 위험, 비용의 부담이 비교적 균형을 이루므로 현재의 무역거래에서 가장 많이 이용하는 거래조건이다.

표기방법은 CIF + 목적항("sea port") 또는 내수로 "harbour"(CIF New York))로 표시한다.

7) 모든 운송방식을 위한 규칙

(1) EXW(ex works : 공장인도조건)

매도인의 영업장소나 작업공장, 창고 등에서 계약물품을 매수인에게 인수 가능한 상태로 두었을 때 매도인의 물품인도의무가 완료되는 조건으로서 비용과 위험의 분기점은 매도인의 영업장소나 작업공장, 창고가 된다.

따라서 수출입절차를 잘 모르는 매도인의 입장에서 가장 편리하고 유리한 조간이다.

표기방법은 EXW + 인도장소 공장 : Ex Factory
창고 : Ex Warehouse

예) EXW Abc Co. Ltb. , Seoul

(2) FCA(free carrier : 운송인 인도조건)

매수인이 지정한 장소에서 매도인의 책임하에 수출통관된 물품을 매수인이 지정한 운송인에게 인도했을 때 물품인도 의무가 완료되는 조건이다. 이 조건은 철도운송, 육로운송, 해상운송, 항공운송, 복합운송 등 어떤 운송형태에서도 이용 가능하다. 이 조건에서 비용과 위험의 이전시기는 수출지에서 매수인이 지정한 최초의 운송인에게 물품을 인도할 때 비용과 위험도 매도인에서 매수인으로 이전한다.

(3) CPT(carriage paid to : 운송비지급인도조건)

수출국에서 수입업자가 지정한 최초의 운송인에게 물품을 인도하는 조건이지만 앞서 설명한 FCA조건과는 달리 매도인이 지정 목적지까지의 운송비를 지급하는 조건이다. 이 조건에서는 위험부담과 비용부담의 분기점이 다르므로 물품인도 이후 발생하는 추가비용과 물품의 멸실손상위험은 운송인의 보관장소로 인도되는 시점에 매수인에게로 이전된다. 즉 운송인에게 인도되기 전까지의 비용 및 물품의 멸실, 손상에 대한 위험은 매도인이 부담하고 운송인에게 인도된 후의 목적지까지의 운임은 매수인이 부담하며 추가비용 및 물품의 멸실, 손상에 대한 위험은 매수인이 부담하는 조건이다.

표기방법은 CPT + 지정목적지(항구, 공항, 철도역, 부두터미널, 창고 등)로 표시되며

항공운송의 경우 CPT New York Airport,

CPT Abc Container Terminal, New York,

CPT Chicago Station,

CPT Def Cargo Truck Terminal, Chicago,

CPT Xyz Warehouse(or Customs Warehouse), Chicago로 표시할 수 있다.

(4) CIP(carriage and insurance paid to : 운송비 · 보험료지급 인도조건)

매도인이 지정된 목적지까지 운송비를 지급함은 물론 목적지까지 복합운송기간 동안 물품의 멸실 혹은 손상에 따른 매수인의 위험에

대비하여 보험계약을 매도인이 체결하여 보험료를 지급하는 조건이다.

위험과 비용의 분기는 선적지에서 최초의 운송인에게 인도하기 전까지의 비용 및 물품의 멸실, 손상에 대한 위험은 매도인이 부담하고 운송인에게 인도된 이후 목적지까지의 운임 및 보험료는 매도인이 부담하고 추가비용 및 물품의 멸실, 손상에 대한 위험은 매수인이 부담하는 조건이다.

표기방법은 CIP + 지정목적지(항구, 공항, 철도역, 부두터미널, 창고 등)로 표기한다.

(5) DAP(delivered at place : 목적지 인도조건)

목적지 인도란 지정 목적지에서 수입통관을 하지 않은 계약물품을 도착된 운송수단으로부터 양하되지 않은 상태로 매수인의 임의처분상태로 인도하는 것으로 매도인은 지정장소까지의 물품운송에 포함된 모든 위험을 부담한다. DAP 뒤에 지정 목적지를 삽입한다.

예를 들어 "DAP Chicago Station"으로 표시할 수 있다.

(6) DPU(delivered at place unloaded: 도착지 양하인도조건)

기존 DAT(delivered at terminal: 목적지 터미널 양하 후 인도조건)를 변경하여 Incoterms 2020에 반영된 조건으로 DAT의 경우 운송수단에서 양하하여 터미널에 두고 인도해야 하는 조건이므로 터미널 이외에 매수인이 지정한 장소에서 물품을 양하하여 인도하고자 하는 경우에는 사용할 수 없다는 단점을 보완하여 터미널 뿐만 아니라 어떤 장소든지 목적지가 될 수 있도록 규정하고 있다. 주의해야 할 점은 그러한 목적지가 터미널에 있지 않는 경우 매도인이 물품을 인도하고자 하는 장소에서 물품의 양하가 가능한 장소인지 확인하여야 한다는 것이다.

(7) DDP(delivered duty paid : 관세지급인도조건)

수입국내의 지정장소에서 매도인이 약정물품을 매수인의 임의처분상태에 인도할 때에 매도인의 의무가 완료되는 조건이다. 수입관세 및 기타 수입에 수반된 제세공과금은 매도인이 부담하는 조건이며, 수입 통관의무는 매도인이 부담한다.

전제조건으로 매도인이 직·간접적으로 수입승인의 취득이 가능해야 한다. 즉 매도인이 수입지에 상주 또는 출입을 자유롭게 할 수 있거나 수입지에 매도인의 대리인이 상주하고 있는 경우에 가능하다.

EXW 조건은 매도인의무가 최소이고 매수인의무는 최대조건인 반면에 DDP 조건은 반대로 매도인의무가 최대이며 매수인의무는 최소의 조건이다.

표기방법은 DDP + 운송방식에 따른 도착지(항구, 공항, 철도역, 터미널, 세관, 창고 등)이름을 표시하게 된다.

[표 4-2] 각 조건의 위험의 분기점]

	위험의 분기점
FAS	물품이 약정된 시기에 지정된 선적항의 적재장소에서 본선의 선측, 또는 부두상 또는 부선내에서 매수인이나 그 대리인에게 인도된 때
FOB	passed over ship's rail(물품이 본선의 난간을 유효하게 통과한 시점)
CFR	passed over ship's rail(물품이 본선의 난간을 유효하게 통과한 시점)
CIF	passed over ship's rail(물품이 본선의 난간을 유효하게 통과한 시점)
EXW	물품이 약정된 시기에 매도인의 영업장 구내에서 매수인의 임의처분하에 인도된 때 (대부분 매수인에게 직접 인도되는 것이 아니라 매수인이 의뢰한 운송인에게 인도된다.)
FCA	매도인이 약정된 시기에 지정된 장소에서 물품을 지정된 운송인의 관리하에 인도한 때
CPT	선적지에서 최초 운송인에게 인도된 때
CIP	선적지에서 최초 운송인에게 인도된 때
DAP	약정된 기일이나 기간내에 지정된 인도장소에서 도착운송수단에 실린 채 양하 준비된 상태로 매수인의 임의처분하에 적치한 때에 매도인에게서 매수인에게 위험이 이전되며 비용도 같이 분기되나 수입통관 관련 비용은 매수인이 부담한다.
DPU	약정된 기일이나 기간내에 지정된 인도장소에서 도착운송수단으로부터 양하된 상태로 매수인의 임의처분하에 둘 때 위험과 비용이 함께 분기된다.
DDP	약정된 일자나 기간내에 수입국가의 지정된 장수에서 매수인의 임의처분하에 적치된 때

[표 4-3] 각 조건의 매수인과 매도인의 비용부담의무

EX: 매도인 부담 Im: 매수인 부담		제조 원가	포장 및 검 사	내륙 반출비	수출허가 및 통관비	주운임	보험료	수입허가 및 통관비	내륙 반입비
해상운송과 내륙수로 운송	FAS	Ex	Ex	Ex	Ex	Im	Im	Im	Im
	FOB	Ex	Ex	Ex	Ex	Im	Im	Im	Im
	CFR	Ex	Ex	Ex	Ex	Ex	Im	Im	Im
	CIF	Ex	Ex	Ex	Ex	Ex	Ex	Im	Im
모든 운송수단	EXW	Ex	Ex	Im	Im	Im	Im	Im	Im
	FCA	Ex	Ex	Ex	Ex	Im	Im	Im	Im
	CPT	Ex	Ex	Ex	Ex	Ex	Ex	Im	Im
	CIP	Ex	Ex	Ex	Ex	Ex	Ex	Im	Im
	DAP	Ex	Ex	Ex	Ex	Ex	Ex	Im	Ex
	DPU	Ex	Ex	Ex	Ex	Ex	Ex	Im	Ex
	DDP	Ex	Ex	Ex	Ex	Ex	Ex	Ex	Ex

[표 4-4] 각 조건의 이용가능한 운송수단

FAS	해상운송 및 내수로 운송
FOB	해상운송 및 내수로운송
CFR	해상운송 및 내수로운송
CIF	해상운송 및 내수로운송
EXW	복합운송을 포함한 모든 운송방식
FCA	복합운송을 포함한 모든 운송방식
CPT	복합운송을 포함한 모든 운송방식
CIP	복합운송을 포함한 모든 운송방식
DAP	복합운송을 포함한 모든 운송방식
DPU	복합운송을 포함한 모든 운송방식
DDP	복합운송을 포함한 모든 운송방식

또한 Incoterms 2020에서는 각 조건별로 매도인과 매수인의 각 상대방에 대한 의무를 각 10개항으로 대칭되게 분류하여 매도인의 의무와 매수인의 의무로 나열하고 있으며 전자통신문의 사용증가에 대비

하여 전자통신문도 인도증빙 또는 운송서류와 동등한 효력이 있는 문서로 인정하고 있다.

[표 4-5] 거래조건별 당사자 의무조항

A 매도인의 의무	B 매수인의 의무
A1 계약에 일치하는 물품의 제공	B1 대금의 지급
A2 허가, 승인 또는 통관 절차	B2 허가, 승인 또는 통관절차
A3 운송 및 보험계약	B3 운송 및 보험계약
A4 인도	B4 인도의 수령
A5 위험의 이전	B5 위험의 이전
A6 비용의 분담	B6 비용의 분담
A7 매수인에 대한 통지	B7 매도인에 대한 통지
A8 인도증거, 운송서류 또는 동등한 전자통신문	B8 인도증거, 운송서류 또는 동등한 전자통신문
A9 점검 및 화인	B9 물품의 검사
A10 기타의 의무	B10 기타의 의무

제 3 절 FOB 계약조건

1. FOB계약조건의 의의

FOB(free on board: 본선인도)조건은 매도인의 물품이 지정 선적항에서 본선의 선측난간(ship's rail)을 통과할 때에 그의 인도의무가 이행되며 매수인은 그 지점으로부터 물품의 멸실 또는 손상에 대한 모든 비용과 위험을 부담하여야 하는 조건이다.

이 조건은 국제무역계약에서 가장 많이 사용되는 계약조건이면서 가장 오래된 역사를 지니고 있는 해상운송에 관한 무역조건이다. 따라서 이 조건은 해상 또는 내수로운송에서만 사용될 수 있으며, 매도인이 수출을 위한 통관수속절차를 하여야 한다.

2. FOB계약조건의 특성

1) 선적지매매조건

FOB 조건은 매도인이 자기의 위험과 비용으로 약정기간 내에 지정 선적항에서 약정된 물품을 매수인이 수배한 선박에 선적함으로써 인도를 완료하는 조건이다.

여기서 당해 물품의 소유권과 위험은 물품이 본선에 적재될 때 매도인으로부터 매수인에게 이전되고, 매수인은 그 시점 이후에 발생하는 위험과 모든 비용을 부담하고 계약에서 약정한 대금을 지급하여야 한다. 이와 같이 FOB조건은 선적지에서 물품을 매매하는 선적지매매 조건인 것이다.

2) 현장인도 조건

FOB조건은 현실적 인도조건으로서 매도인이 매수인 또는 매수인이 지정하는 운송인에게 현실적으로 물품의 점유를 이전시켜 계약을 이행한다.

FOB조건에서는 보통 운송인에게 인도하게 되는데 이 경우 운송인은 매도인에 대한 관계에서 매수인의 이행보조자이다. 그러므로 매수인이 선박의 지정을 게을리하거나 또는 그 이행보조자인 운송인의 귀책사유에 의하여 선적이 불가능한 경우에는 매수인이 이에 대하여 책임을 지지 않으면 안 된다.

3. FOB계약조건의 위험과 비용의 분기점

1) 위험부담의 분기점

FOB조건에 의할 경우에 매도인은 약정된 선적일자나 선적기간 내에 항구에서의 관습적인 방법에 따라 지정된 선적항에서, 매수인이 지정한 본선의 선장(on board)에 물품을 인도해야 한다. 여기서 문제는 "본선상"이란 구체적으로 어느 곳이냐 하는 것이다. 다시 말하면 매도인은 물품을 갑판상(on deck)에 내려놓아야 하느냐 아니면 본선의 영역내에 진입시키기만 하면 되는가 하는 문제이다. 이에 관하여 Incoterms는 물품에 대한 위험부담의 분기점 내지 인도지점을 본선의 난간으로 하고 있다.

따라서 선적을 위하여 물품이 매수인이 지정한 본선의 난간을 통과한 때(such time as they have passed the ship's rail)에 물품의 멸실이나 손상에 대한 위험부담은 매도인으로부터 매수인에게 이전된다. Incoterms에서는 이 점을 감안하여 위험부담의 분기점을 본선의 난간으로 하기에 적합하지 않은 경우에는 FCA조건을 사용하도록 권고하고 있다.

2) 비용부담의 분기점

FOB조건은 물품에 대한 위험부담의 분기점과 비용부담의 분기점을 동일하게 하고 있다. 따라서 매도인과 매수인의 비용부담을 [표 2-5]에 나타내면 다음과 같다.

[표 4-6] FOB조건에서 당사자의 비용부담 범위

매도인 부담	매수인부담
① 물품인도 완료시까지의 비용 a. 선적항까지의 물품운송비용 b. 선적비용 c. 부두설비사용료(wharfage) ② 수출제세 · 수출통관비용 ③ 수출허가 · 정부인증의 취득비용 ④ 인도물품의 포장비용 ⑤ 인도물품의 검사비용 ⑥ 본선수취증 등 무고장서류의 조달비용	① 운임지급 a. 적입비용 b. 적부비용 c. 항비(port charge) ② 선박장애에 따른 추가비용 ③ 선하증권의 취득비용 ④ 원산지증명과 영사관계서류의 비용 ⑤ 해상보험료

제 4 절 CIF 계약조건

1. CIF 계약조건의 의의

무역거래에서 가장 많이 사용되고 있는 무역조건 중의 하나가 CIF(cost insurance and freight; 운임 · 보험료 포함가격)조건이다.

CIF계약의 가격조건은 수출항에서 본선에 선적을 완료할 때까지의 제비용을 포함한 수출원가(export cost : C)인 FOB가격과 목적항까지의 해상 보험료(marine insurance premium : I) 및 해상운임(ocean freight : F)의 비용을 가산한 금액이 된다.

따라서 CIF조건에 의한 계약에서는 해상운송 및 내수로 운송을 전제로 하여, 매도인은 자기 위험과 비용으로 지정 목적항까지의 운송계약을 체결한 후 약정기간 내에 계약물품을 선적하며 선적 후의 물품의 위험에 대비하여 해상보험계약을 체결하고 운송서류를 정비하여 이것을 매수인에게 제공할 의무를 부담하여야 하며, 매수인은 선적 이후의 계약물품에 관한 모든 위험을 부담하는 동시에 운송서류와 상환으로 대금을 지급할 의무가 있다.

2. CIF계약조건의 특성

1) 서류에 의해 이행되는 상징적 인도형식

CIF조건에 있어서 매도인은 선적항에서 계약물품을 선박에 적재하고 매수인에게 운송서류를 제공함으로써 인도의무를 완료하게 된다.

CIF조건에 있어서의 매도인의 인도는 상징적 인도를 절대적이 조건으로 하고 있다.

2) 복합가격으로 구성된 조건

CIF조건에서의 매도인의 물품에 대한 위험은 선적지에 이전하지만, 인도 후의 비용, 즉 목적항까지의 운임과 보험료는 수출가격에 포함되어 매도인이 부담하게 된다. 그러므로 CIF가격은 선적항까지의 선적원가(cost)에 목적항까지의 해상보험료 및 해상운임으로 구성된 복합가격이기 때문에 "CIF = C +I +F = FOB원가 + I +F"의 관계가 성립한다.

3) 서류필수의 물품에 관한 매매계약

CIF거래에서 매도인은 약정기일 내에 계약물품의 선적을 완료한 후 선적된 물품을 상징하는 운송서류와 상환으로 대금을 지급받는다. 따라서 CIF조건은 물품매매계약이라기보다는 서류매매계약의 특성을 가지고 있다.

그러나 CIF거래의 본질은 궁극적으로 선주가 발행하는 선하증권에 있는 것이 아니라 계약에서 매수인이 요구하는 선적물품 그 자체에 있다고 하겠다.

그러므로 CIF거래는 매수인이 매매의 목적물로써 운송서류 그 자체를 구입하는 것이 아니라 운송서류가 상징하고 있는 물품을 구입하는 것, 즉 운송서류가 수반되는 것을 조건으로 하는 물품에 관한 매매계약이라고 볼 수 있다.

4) 계약이행지가 선적지인 매매계약

CIF거래는 최종적으로 운송서류와 상환으로 대금이 결제되는 특성을 가지고 있기 때문에, 그 본질적인 이행지에 의해 구분할 때 선적지매매인가 양륙지매매인가라는 점이 한때 논쟁의 대상이 되었다.

또한 CIF는 통상 CIF라는 용어 다음에 도착항이 명시되기 때문에, 그 지명은 물품이 양륙되는 목적항을 뜻하고 목적항에 물품이 송부되어 거기까지의 운임이나 보험료를 매도인이 부담하므로 CIF조건을 양륙지 매매계약으로 오해할 수도 있다.

그러나 CIF조건에서 다음에 표시되는 지명은 단순히 목적항이지 계약이행지가 아니기 때문에 경우에 따라 필요하다면 선적항을 거기에 명시해도 된다고 할 정도 CIF조건은 분명히 선적지매매계약이다.

3. CIF계약조건의 당사자의무

1) 매도인의 의무

(1) 계약물품인도 및 통지의무

CIF조건에 의한 매매에서 가장 중요한 매도인의 의무는 계약의 목적에 부합하는 물품을 매수인에게 인도하는 일이다. 따라서 매도인은 계약에서 정한 기간 내에 또는 그 기간이 계약에 명시되지 않을 때는 합리적인 기간내에, 물품을 매수인에게 인도하기 위하여 계약에서 정해진 본선에 계약물품을 적재하여야 한다. 또한 매도인은 선적이 행해지면 매수인에게 약정물품이 본선에 인도되었다는 사실에 대한 충분한 통지뿐만 아니라 매수인이 물품을 인수하는 데 통상적 필요한 조치를 취할 수 있도록 요구되는 기타 모든 통지를 하여야 한다.

이러한 통지의무를 태만히 하였을 때는 계약위반에 대한 책임을 져야 한다. 이와 같이 매도인에게 선적통지의무를 부담시키고 있는 이유는 매수인이 적기에 물품인수준비를 할 수 있도록 하고 매도인이 부보한 보험증권에 의해 담보되지 않는 위험을 매수인이 커버할 수 있도록 매수인에게 추가보험을 부보할 기회를 주기 위한 것이다.

(2) 운송서류제공의무

CIF매매상의 매도인은 매매계약상의 의무를 이행하는데 필요한 운송서류 및 증거서류를 구비하여 매수인에게 제공하여야 할 의무를 부담하여야 한다.

이는 CIF매매가 서류매매라는 특성에 기인하는 것이기 때문에 이러한 운송서류의 제공을 불이행하면 매도인은 계약위반책임을 면할 수 없게 된다.

통상 매도인이 제공하여야 할 서류들은 선하증권, 상업송장, 그리고 보험회사나 보험업자가 발행한 보험증권으로 구성되며 그 밖에 추가적인 서류가 요구되는 경우에는 이것을 함께 취득하여 매수인에게 제공하여야 한다.

(3) 운송계약체결과 부보의무

CIF거래에서 매도인은 목적항까지 운송계약을 체결하고 운임을 지급하여야 하며 계약에 합의된 대로 보험계약을 체결하고 보험료를 지급하여야 할 계약 의무를 부담한다.

따라서 매도인은 자신의 비용부담으로 물품을 운송하는데 사용되는 선박에 합의된 조건으로 지정된 목적항까지 통상에 조건으로 운송계약을 체결하여야 한다.

또한 매도인은 물품의 운송도중의 손상이나 멸실의 위험에 대하여 명시적인 반대의 특약이 없는 한, 런던보험자협회 제정의 협회적하약관 또는 이와 유사한 약관들의 최소한의 담보조건에 의하여 계약상의 대금에 10%를 가산한 금액을 보험금액으로 신용이 있는 보험회사와 해상보험계약을 체결하고, 양도가 가능한 형식의 보험증권이나 기타 보험계약의 증거를 매수인에게 제공하여야 한다.

(4) 위험과 비용부담의 의무

CIF조건에 의한 매매에서 매도인은 계약물품에 대한 멸실, 손상의 위험을 부담할 의무가 있다. 즉 CIF매매에 있어서의 위험은 선적시 또는 선적시에 소급하여 매도인으로부터 매수인에게 이전되기 때문에 본선난간을 유효하게 통과할 때까지 계약물품에 대한 모든 멸실, 손상의 위험을 부담할 의무가 있다.

또한 매도인은 정부허가, 승인 및 통관절차 등 수출지에서 선적할 때까지 소요되는 제비용과 목적항까지의 해상운임과 해상보험료, 그리고 운송서류를 구비하여 매수인에게 제공하는 데 필요한 비용을 부담할 뿐 아니라 선적항에서 본선의 갑판상에 물품을 인도하기 위하여 필요한 물품검사업무의 비용을 부담하여야 한다.

2) 매수인의 의무

(1) 계약물품 및 서류의 수령의무

서류인도매매를 본질로 하는 CIF조건에서 매수인은 매도인이 운송서류를 제시하면 그것이 계약과 일치한지의 여부를 검사한 후에, 만일 일치될 때에는 즉시 서류를 수령하고 계약조건에 따라 대금을 지급해야 할 의무가 있다.

그러나 CIF조건에 의한 매매는 어디까지나 물품의 매매를 그 목적으로 하고 있기 때문에 매도인이 제공한 운송서류가 계약조건과 부합된다 하더라도 실제 수취한 물품이 서류와 상의할 때에는 매도인은 계약위반을 면하지 못하게 된다.

(2) 대금지급의무

CIF조건에서의 인도는 물품의 인도 그 자체보다는 물품을 대표하는 운송서류의 인도를 그 본질로 하기 때문에 매수인의 물품이 목적지에 도착할 때까지 또는 물품이 계약에 합치되어 있는지의 여부를 확정하기 위한 검사를 행할 기회를 가질 때까지 어음의 지급 또는 인수를 지원하는 것은 허용되지 않는다.

따라서 매수인은 계약과 일치하는 서류가 제시되면 도착물품과는 관계없이 이를 반드시 인수하여 대금을 지급한다. 만약 계약과 일치하지 않는 서류가 제시된 경우에는 비록 계약과 일치하는 물품이 도착하였다 하더라도 서류상의 하자를 이유로 서류 인수 및 대금지급을 거절할 권리가 있다.

(3) 위험과 비용부담의무

CIF매매에서 위험은 물품의 선적과 동시에 매수인에게 귀속되므로 매수인은 물품이 지정된 선적항에서 본선난간을 통과한 때로부터 그 물품의 멸실 또는 손상의 모든 위험을 부담하여야 하며, 물품이 본선난간을 통과한 때로부터 물품이 지정된 목적항에 도달할 때까지의 해상운송중에 그 물품에 관하여 발생한 모든 비용을 부담하여야 한다.

그러나 해상운송에 필요한 운임 및 보험료는 원칙적으로 매도인이 부담하여야 할 비용이므로 제외되고 매수인은 수입통관과 관련하여 발생하는 관세 및 기타 제세금 등을 부담하여야 한다.

4. 변형된 CIF조건

1) CIF & C

여기서 "C"는 국내외의 중개무역상 또는 대리점, 위탁매매인 등에게 지급할 수수료(commission)를 의미하며 이것이 가격에 포함한 것을 말한다.

2) CIF & I

여기서 "I"는 화환어음 할인비용, 즉 이자(interest)를 의미하는데, 화환어음을 기한부어음으로 발행하였을 경우 매도인이 대금결제를 하는 날 사이의 일정한 기간의 이자를 미리 가격에 포함시킨 조건이다.

3) CIF & E

이 조건은 CIF가격에 외환비용을 포함시킨 조건으로 수출입대금을 타국통화로 결제할 때 외환비용을 매도인이 부담하는 경우와 매도인이 매수인 앞으로 발행한 추심어음에 대한 은행의 추심수수료를 매도인이 부담하고 그 비용을 E가격으로 포함시킨 경우이다.

5. CIF조건의 이점

1) 매도인의 측면

CIF조건을 이용한 매도인은 다른 무역조건에 비하여 다음과 같은 이점을 가진다.

첫째, 매도인은 선적항에서의 선적완료와 동시에 그 계약물품에 대한 모든 위험으로부터 벗어날 수가 있다. 즉 매도인은 계약물품이 선적항에서 본선난간을 유효하게 통과할 때까지 계약물품에 대한 모든 위험을 부담하여야 하며, 만일 매도인이 수취선하증권을 제공하는 권리를 가지고 있는 경우에는 운송인의 보관하에 유효하게 인도되었을 때부터 위험이 매수인에게 이전되기 때문이다.

둘째, CIF조건에서 매도인은 운송서류와 상환으로 대금을 지급받기 때문에 물품이 도착하기 전에도 운송서류를 외국환은행에 제출하여 물품대금을 회수할 수 있고, 서류를 이용하여 금융상의 편익을 받을 수 있다.

셋째, 매도인은 선적항에서의 선적원가와 목적항까지의 운임 및 보험료를 추산하여 매매가격을 결정하므로, 실제 매매가격과 대금결제시 가격간의 차액을 이익으로 향유할 수 있다.

넷째, 매도인은 선적한 물품이 운송 중 멸실되어도 대금을 회수할 수 있다. 특히 신용장거래를 한다면 매도인은 선적 후 운송중 물품이 멸실되어도 그 손해가 매도인이 부보한 해상보험에 의하여 담보하지 않은 위험으로 인하여 발생한 경우에도 매도인의 대금회수에는 영향을 주지 않으므로 매수인에 대하여 대금지급의 청구를 행사할 수 있다. 이밖에도 CIF조건에 의한 거래는 수출국입장에서는 FOB조건에 비하여 보험료와 운임만큼 외화수입을 가져올 수 있다.

그러나 CIF조건은 이를 이용하는 매도인에게도 다음과 같은 불리한 점이 있다.

CIF조건을 이용하면 매도인은 해상운임과 보험료를 합리적으로 정확히 계산하여야 하고 당초 예상치 못했던 추가적인 비용이 발생하면 이를 감당하여야 한다. 또한 매도인은 해상운송과 보험계약체결의 의무가 있으므로 이러한 의무의 이행시 선복(ship's space)의 수배와 부보의 복잡한 수출절차를 직접 이행하여야 하는 어려움이 있다.

2) 매수인의 측면

CIF조건을 이용한 매수인의 입장에서는 다른 무역조건에 비하여 다음과 같은 이점을 가진다.

첫째, 국가간에 물품이동과 관련하여 운송, 보험 등의 여러 가지 수출절차를 매도인이 처리하므로 매수인은 물품구매에 따른 여러 가지 절차를 생략하여도 된다.

둘째, CIF조건의 거래상품은 수입항에 도착할 때까지의 비용을 가산한 가격이므로 매수인은 선적항에서의 운임 및 보험료를 구체적으로 조사한 후에 수입채산을 할 필요는 없으며 오직 매도인의 청약가격만을 기준으로 하여 쉽고도 정확하게 수입가격을 견적할 수가 있다.

셋째, CIF조건에서 매수인은 물품을 상징하는 선하증권을 포함한 운송서류의 합법적 수리에 의하여 소유권을 취득하면 이를 자유로이 처분할 수 있는 권리를 갖기 때문에, 물품이 도착하기 전이나 항해 중 또는 도착화물의 인수전의 상태라 하더라도 그 운송서류를 양도하는 것에 의해 이 화물을 제 3자에게 전매 또는 처분하거나 매입위탁자에게 인도함으로써 이윤을 획득할 수 있다.

넷째, 매수인은 매도인이 부보, 취득하여 양도한 보험증권을 합리적으로 양수하여 적법한 보험사의 권리를 취득하게 되므로 그 계약물품이 전부 멸실되거나 손상되더라도 보험자로부터 보상을 받을 수 있다 또한 이때 부보되는 보험가액은 송장가격에 10%의 희망이익을 가산하게 되므로 계약이 후에 그 물품의 시가가 폭락하여 손실이 예상되는 경우에도 보험사고로 인한 전손을 오히려 손실을 이익으로 전환시킬 수도 있다.

그러나 CIF조건은 이를 이용하는 매수인에게 다음과 같은 불리한 점도 있다.

첫째, CIF조건은 매도인과 매수인이 부담하여야 하는 위험의 분기점을 수출지에서의 본선의 난간으로 하기 때문에 매수인으로서는 수출지로부터 수입지의 목적항까지의 모든 위험을 부담하여야 한다.

또한 해상운송구간에서의 약정물품의 멸실이나 손실에 대해 부보되어 있어도 운송계약 및 보험계약에 의해 보상되지 않는 원인으로 물품이 멸실 또는 손상을 입은 경우에 예측할 수 없는 손해를 입을 가능성이 있다. 그리고 실제 보험사고가 발생하면 타인이 계약한 보험으로서 손해배상을 요구하는 데 수수료와 비용을 부담하여야 한다.

둘째, CIF조건은 서류상환에 의한 대금결제방식이기 때문에 현물을 인수한 후에 내용을 검사하게 되므로 내용에 결함이나 파손을 발견하게 되면 그것이 선적이전의 것임을 증명하여야 하므로 사실상 불리한 입장에 놓이게 된다.

셋째, CIF조건에서의 가격채산은 매도인이 운송계약과 보험계약을 체결할 때 운임과 보험료를 여유있게 계산한 금액이 되므로 이 점도 매수인에게는 불리하게 된다.

제 5 장

수출입절차 실무

제 1 절 수출절차의 기초

1. 수출절차의 개념

수출이란 매매 · 교환 · 임대차 · 사용대차 · 증여 등을 원인으로 국내에서 외국으로의 물품의 이동(우리나라의 선박에 의하여 외국에서 채취 또는 포획한 광물 또는 수산물을 외국에 매도하는 것 포함)과 유상으로 외국에서 외국으로 물품을 인수하는 것으로서 산업자원부장관이 정하는 것 그리고 거주자가 비거주자에게 전자적 형태의 무체물을 정보통신망을 통한 전송 기타 산업자원부장관이 정하여 고시하는 방법으로 인도하는 것을 말한다. 수출절차라 함은 이러한 수출을 위하여 수입자와 수출계약을 채결하고 신용장이 도래하면 계약상품을 생산 또는 구매하여 수출승인과 수출검사를 필한 후 통관절차를 거쳐 물품을 선적하여 발송하고 수출대금을 결제받는 일련의 법률적 · 행정적 · 상관습적 절차를 말한다.

1) 법률적 : 대외무역법, 외국환관리법 및 관세법을 비롯한 제반 국내무역 법규와 국제상호무역규칙이 유기적으로 적용
2) 행정적 : 산업자원부를 비롯한 무역관련 정부기관, 은행, 운송회사, 보험회사 등의 유기적인 협조와 수출절차에 필요한 다양한 소정양식의 서류작성 필요
3) 상관습적 : 국가간의 상관습과 거래관행에 따라 전개

2. 수출절차의 단계

1) 수출신용장의 접수

수출계약이 채결되면 계약서에 명시된 조건에 따라 해외 수입자는 수출상 앞으로 신용장을 개설하여 국내통지은행(외국환은행)을 통하여 송부한다. 이 신용장은 수출자가 계약서에 명시된 조건에 따라 수출을 이행하였을 때, 신용장개설은행에서 수출대금의 지급을 보증해 주는 비유통증권으로서 수출자에게는 대금회수의 안정성과 수입자에게는 화물인수의 안정성을 확보해 주는 제도로서 현재 가장 널리 이용되고 있는 방법이다.

따라서 신용장을 접수한 수출자는 계약서 조건과 신용장과의 일치성을 비롯한 대금확보에 위험을 초래하는 조건의 유무를 철저히 분석하고 검토하여 사전에 그 위험을 예방하여야 한다.

2) 수출승인

우리나라 대외무역법에서는 수출입거래에 있어서 「원칙자유 · 예외제한」의 네가티브제(negative system)를 채택하고 있다. 따라서 긴급을 요하는 물품 기타 수출입의 절차 간소화를 위하여 필요한 물품의 경우에는 승인면제제도를 운용함으로써 예외적 승인제를 더욱 완화하고 있다.

수출입승인이란 예외적으로 제한하는 품목에 대해 승인절차라는 방

법으로 그 품목의 수출입이 가능하도록 해 주는 제도이다. 즉, 수출입 승인대상물품의 경우 수출입승인을 받아야 수출입이 가능하게 된다.

3) 수출품의 확보

수출승인을 받은 수출업자는 계약에 따른 수출물품을 자가생산 또는 완제품의 구매 등에 의해 물량을 확보하여야 한다. 수출품목을 확보하는 방법에는 수출물품을 수출자의 자가공장에서 직접 제조·생산하는 방법과 수출물품 자체를 국내에서 구매하는 방법이 있다. 또한 수출물품을 제조·생산하기 위해서는 당해 물품의 생산에 소요되는 원료를 확보하여야 하는데 그 원료의 확보방법도 외국에서 원료를 수입하는 방법과 국내에서 구매하는 방법이 있다. 자가생산의 경우에는 물품제조에 필요한 원자재를 국내에서 조달하거나 해외에서 수입하게 된다.

수출용 원자재의 국내 구매의 경우 수출자의 자금부담을 완화하고 수출촉진을 위하여 국내 구매에 소요자금이나 생산 및 제조비용을 수출신용장(또는 내국신용장)을 근거로 하여 무역금융을 융자해 주고 있다. 무역금융은 수출증대를 목적으로 한 정책금융지원제도이다.

4) 수출검사

생산 및 구매를 통한 수출물품이 확보되며 대외 가치와 품질향상을 도모하여 대외 신용을 제고하고 건전한 교역을 달성하기 위한 수출검사법에 의한 수출검사를 받는다. 수출검사는 검사대상품목으로 지정받은 경우에만 정부가 지정한 검사기관에서 품질, 재료, 제조공정, 포장 등에 대한 검사를 받아 합격된 물품만 수출할 수 있도록 하는 제도이다. 현재에는 품질이 우수한 품목, 품질관리우수업체, 외국유명규격획득품 등에 대해서 수출검사를 면제해 주고 있다.

5) 운송 및 보험계약의 체결

수출검사가 완료된 물품은 해상운송일 경우에는 선박회사, 항공운송일 경우에는 항공회사, 복합운송일 경우에는 복합운송인과 운송계약을 체결하고 물품을 운송하기 위한 준비를 한다. 아울러 수출계약조건에 따라(예를 들면 CIF계약) 보험회사와의 보험계약(해상운송보험)을 체결한다.

6) 수출신고 및 통관

수출검사가 완료 또는 면제된 모든 수출물품은 통관절차를 수행 위해 제조공장 등 신고자가 원하는 장소에 장치한 후 세관장에게 수출신고를 하며 세관장은 구비서류 및 기재사항의 누락 여부, 수출승인조건과 수출신고내용의 일치 여부, 신고된 서류상의 물품과 실제물품의 일치 여부 등을 심사한 다음 수출신고필증을 교부한다.

이같이 관세법에서 규정한 모든 절차를 마치고 세관에서 수출신고필증을 교부받는 절차를 수출통관(customs clearance)이라고 한다. 이 시점이 수출물품이 내국물품에서 외국물품으로 되는 시점이며 보세구역에서 반출하여 선박이나 항공기에 적재할 수 있는 시점이기도 하다.

7) 선적

수출신고필증이 발부되고 수출물품이 본선에 적재되어 세관공무원의 확인절차가 끝나면 비로소 통관절차가 완료되며 선박회사는 선적완료 후 선하증권(B/L : bill of lading)을 발행하여 수출자에게 교부한다.

8) 수출대금의 회수

수출자는 통관절차를 필하고 선적을 완료한 후, 신용장에서 요구하는 운송서류를 갖추어 환어음을 작성하고 거래 외국환은행에 환어음의 매입을 의뢰한다. 해당 외국환은행은 제반 서류가 신용장조건과 일치하는지의 여부를 면밀히 검토한 다음 이상이 없으면 그 화환어음을 매입하고 수출대금을 지급한 후 즉시 수입지의 신용장개설은행에 운송서류를 송부하여 거래대금을 추심하게 된다.

9) 관세환급 및 사후관리

수출완료 후 자가생산을 위해 수출용 원자재를 수입한 경우에는 이미 납부한 관세를 환급받게 된다. 환급신청은 수출면허를 받은 후 2년 내 신청하여야 하며 외화획득용 원재료로 수입승인을 받아 수입한 원재료를 제조·가공 또는 원상태로 직접 수출한 때에 한하여 관세환급이 가능하다.

수출절차가 완료되면 수출승인을 한 외국환은행은 수출자가 수출승인유효기간 내에 수출이행과 대금회수 여부를 검토하는 사후관리를 하게 된다.

또한 외화획득용 원자재를 수입할 때 납부한 관세를 환급한 경우에는 원재료의 외화획득 이행 여부, 무역금융을 수혜한 경우에는 무역금융의 상환여부 등도 사후관리의 대상이 된다.

3. 수출승인

1) 수출승인서류검토

(1) 수출승인신청서와 신용장의 검토

수출승인신청서의 상품명세, 가격조건, 대금지급방법 등은 발급근거가 되는 신용장 또는 계약서의 내용과 일치하여야 한다. 신용장이나 계약서상의 상품명이나, 규격, 단위, 가격조건 등이 포괄적으로 명시되어 있는 경우에는 해당 계약서, 물품매도확약서, 주문서 등과 일치하도록 하여야 한다.

(2) 수출품목분류 검토

수출물품의 품목분류는 정확히 이루어져야 한다. 품목분류가 잘못된 경우 수출입공고상 수출허용품목인지 여부의 판단에 어려움이 있기 때문이다. 상품분류는 수출입공고와 관세율표해설서를 참조하여 분류한다.

(3) 수출입공고 등의 검토

수출품목은 수출입공고 및 대외무역관리규정에 의한 수출허용품목이어야 한다. 따라서 수출제한품목이거나 통합공고에 의하여 허가 등이 필요한 경우에는 제한조치에 합당한 허가 등을 받아야 한다.

(4) 대금결제 검토

대금결제방법과 관련하여 외국환거래법 등의 규정에 따른 절차와 방법에 합당한지를 검토하여야 한다.

2) 수출입승인의 유효기간

대외무역법에서는 대외신용의 유지로 수출을 촉진하고 물자수급의 원활화를 도모하고자 수출입에 대한 유효기간을 채택하고 있다. 이것은 수출입의 승인을 얻은 자가 당해물품의 수출대금의 회수 또는 수입대금의 지급을 하고자 하는 경우에는 수출입의 유효기간내에 이행해야 한다.

수출입 승인의 유효기간은 1년으로 한다. 다만, 산업자원부장관은 국내의 물가안정 · 수급조정 · 물품의 인도조건 기타 거래상 특성에 따라 필요하다고 인정하는 경우에는 유효기간을 달리 정할 수 있다(대외령 제26조 2항). 따라서 다음의 하나에 해당하는 경우에는 1년 이내 또는 20년의 범위안에서 유효기간을 단축 또는 초과하여 설정할 수 있다(규정 제 3-1-5조).

① 산업자원부장관이 물가안정 또는 수급조정을 위하여 1년 이내로 유효기간의 단축이 필요하다고 인정하는 경우

② 물품의 제조 가공기간이 1년을 초과하는 경우 등 물품의 선적 또는 도착기일을 감안하여 1년 이내에 물품의 선적이나 도착이 어려울 것으로 수출입승인기관의 장이 인정하는 경우

③ 수출입이 혼합된 거래로서 수출입승인기관의 장이 부득이하다고 인정하는 경우

수출승인(신청)서
Export License(Application)

<table>
<tr><td colspan="2" rowspan="2">① 수출자 무역업신고번호
(Exporter) (Notification NO.)
상호, 주소, 성명
(Name of Firm, Address, Name of Rep)
(서명 또는 인)
(Signature)</td><td colspan="3">④구매자 또는 계약당사자
(Buyer or Principal of Contract)</td></tr>
<tr><td colspan="3">⑤신용장 또는 계약서번호
(L/C or Contract No.)</td></tr>
<tr><td colspan="2" rowspan="3">②위탁자 사업자등록번호
(Requester) (Business No.)
상호, 주소, 성명
(Name of Firm, Address, Name of Rep.)
(서명 또는 인)
(signature)</td><td colspan="3">⑥금액(Total Amount</td></tr>
<tr><td colspan="3">⑦결제기간(Period of Payment)</td></tr>
<tr><td colspan="3">⑧가격조건(Terms of Payment)</td></tr>
<tr><td colspan="2">③원산지(Origin)</td><td colspan="3" rowspan="2">⑨도착항(Port of Dispatch)</td></tr>
<tr><td rowspan="2">⑩HS 부호
(HS Code)</td><td rowspan="2">⑪ 품명 및 규격
(Description/Size)</td></tr>
<tr><td>⑫단위 및 수량
(Unit/Quantity)</td><td>⑬단가
(Unit Price)</td><td>⑭금액
(Amount)</td></tr>
<tr><td colspan="5">⑮ 승인기관 기재란(Remarks to be filled out by an Approval Agency)</td></tr>
<tr><td colspan="5">⑯유효기간(Period of Approval)</td></tr>
<tr><td colspan="5">⑰승인번호(Approval No.)</td></tr>
<tr><td colspan="5">⑱승인기관 관리번호(No. of Approval Agency)</td></tr>
<tr><td colspan="5">위의 신청상황을 대외무역법 제14조 제2항 및 동법 시행령 제26조 제1항의 규정에 의하여 승인합니다.
(The signed hereby approves the above-mentioned goods in accordance with Article 14(2)of the Foreign Trade Act and Article 26(1) of the Enforcement Decree of the said Act.)

년 월 일
승인권자 (인)</td></tr>
<tr><td colspan="5">승인기관이 2이상인 경우 ⑮-⑱의 기재사항은 이면에 기재하도록 합니다.
이 서식에 의한 승인과는 별도로 대금결제에 관한 사항에 대하여는 외국환거래법령이 정하는 바에 따라야 합니다.</td></tr>
</table>

제 2 절 수입절차의 기초

1. 수입절차의 개념

수입(import)은 매매의 목적물인 물품을 외국에서 구매하는 행위를 말한다. 수입에 관한 개념은 법률상 그 목적에 따라 정의를 달리하고 있다.

즉 대외무역법상 수입은 처음 단계인 수입승인으로부터 최종 단계인 수입통관까지, 관세법은 최종 단계인 국내로 물품을 들려오는 수입면허시점을 기준으로 하여 수입의 개념을 파악하고 있다.

수입절차는 수입계약이 체결된 후 계약을 체결한 외국의 수출자 또는 등록된 그의 국내 판매대리점으로부터 물품매도확약서(offer sheet)를 수령하여 수입승인을 받고, 수입신용장을 개설한 후 수출상으로부터 수입화물과 선적관련 서류와 수입어음이 도착하면 수입대금을 지불하고 서류를 인도받아 수입통관절차를 거쳐 물품을 인수하는 일련의 절차를 말한다.

이러한 수입절차는 수출절차와 마찬가지로 대외무역법, 외국환관리법 및 관세법 등 각종 법규에 의해서 규제를 받고 있다.

수입거래의 일반적인 형태로는 화환수입신용장 및 D/P, D/A에 의한 수입이 있으며, 특정 거래형태로는 송금방식에 의한 수입, 수탁판매수입, 위탁가공무역에 의한 수입, 수탁가공무역에 의한 수입, 임차수입, 연계무역에 의한 수입, 중계무역에 의한 수입, 제 3국 도착수입 및 미분류 수입 등이 있다.

2. 수입절차의 단계

1) 수입승인

물품을 수입하려면 수입하려는 물품이 대외무역법규정에 의한 수출입공고상 수입제한품목인지 여부를 검토하여 제한품목인 경우 승인기관에서 수입승인을 받아야 하며, 또한 통합공고상 특별법의 규제품목인 경우에는 법에 따라 당해 품목을 주관하는 부서로부터 수입에 앞서 사전허가 등을 하여야 한다.

(1) 수출입공고

수출입공고란 산업자원부장관이 수출입 승인대상 물품의 품목별 수량 금액 규격 및 수출 또는 수입지역 등의 한정 등 물품의 수출 또는 수입지역 등의 한정 등 물품의 수출 또는 수입의 제한 및 절차 등을 정하여 공고하는 것으로, 수출입품목관리를 위한 기본공고이다.

산업자원부장관은 물품의 수출입에 관하여 다음과 같이 제한하고자 하는 경우에는 당해물품을 지정, 고시한다(대외령 제24조 25조) (수출입의 제한, 수출입 승인물품).

① 헌법에 의하여 체결 공포된 조약이나 일반적으로 승인된 국제법규상의 의무이행을 위하여필요한 물품

② 생물자원보호를 위하여 필요한 물품

③ 교역상대국과의 경제협력증진을 위하여 필요한 물품

④ 방위산업용 원료 기재, 항공기 및 동 부분품 기타 원활한 물자수급

- 과학기술의 발전 및 통상 산업정책상 필요하다고 인정하여 산업자원부장관이 당해 품목을 관장하는 관계행정기관의 장과 협의한 물품

수출입공고에 의한 수출 또는 수입승인대상 품목은 신품과 중고품(선박의 경우는 선령 1년 이상의 것으로서 운항실적이 있는 선박)을 구분하지 아니한다. 다만 중고품에 대하여 산업자원부장관이 별도로 수출입요령을 정한 경우에는 동 조건을 충족한 경우에 한하여 수출입승인할 수 있다.

수출입공고에는 수출입공고, 수출입 별도공고 등이 있는데 이는 대외무역법상에 의한 규정이며 특별법에 의한 통합공고제도가 있다.

(2) 수출입 별도공고

수출의 지속적인 증대와 무역의 균형화를 촉진하기 위하여 필요한 경우에는 용도, 지역 절차의 규제 및 완화에 대하여 수출입공고의 해당규정을 적용하지 않고 별도공고를 적용할 수 있다. 수출입 별도공고란 수출입공고와 통합공고에도 불구하고 통상정책상의 필요에 의하여 산업자원부장관이 수출입요령 및 절차 등을 따로 정하는 공고로서, 특정사안별로 수출입요령을 정하고 있다.

이에 따라 별도공고의 적용범위에 있어서 통상정책과 관련된 사항으로서, 수입제한품목이라 하더라도 다음 각호의 하나에 해당하는 수입은 산업자원부장관이 별도로 공고하는 수입요령에 따라 수입승인을 하여야 한다(수출입공고 총칙 제5조 2항).

- 항공기 및 동 부분품의 수입
- 대외무역법 제28조에 의한 한시적 수입제한품목 및 동법 제29조의 규정에 의한 잠정조치품목의 수입 통상정책상 필요한 물품 등의 수출입

2) 신용장개설

외국환은행의 수입승인을 받은 수입자는 수입승인서를 첨부하여 승인일로부터 30일 이내에 은행 소정양식은 수입신용장발행의뢰서(application for letter of credit)에 신용장조건 등을 기재하여 거래은행에 신용장개설을 의뢰하게 된다.

신용장의 내용은 수입계약서 및 수입승인서상의 조건과 일치되도록 개설되어야 하며, 이렇게 개설된 신용장은 개설은행(issuing bank)에 의하여 전신(cable) 또는 우편(mail)으로 통지은행(advising bank)에 송부하게 되고 이를 받은 통지은행은 수출자에게 신용장도착을 통지하게 된다. 신용장통지를 접수한 수출자는 신용장개설은행의 신용을 믿고 정해진 기간 내에 물품을 선적하게 된다.

3) 선적서류인수와 대금결제

신용장을 접수한 수출자는 물품을 선적 또는 인도완료한 후 신용장에서 요구하는 서류와 함께 환어음을 발행하여 거래은행에서 매입하고, 매입은행은 이러한 서류를 발행은행 앞으로 송부하게 된다. 개설은행은 신용장상의 조건과 일치여부를 검토한 후 발행의뢰인인 수입자에게 수입어음결제와 도착된 수입서류의 수령을 통지하게 된다.

수입대금결제가 이루어지면 수입자는 거래은행으로부터 선적서류를 인수하게 되고 인수된 선하증권을 선박회사에 제시하고 수입물품의 통관절차를 밟게 된다. 한편 수입물품보다 선적서류가 은행을 통하여 늦게 송부되어오는 경우에는 수입자는 거래은행인 발행은행으로부터 일정한 조건하에 수입화물선취보증서(Letter of Guarantee : L/G)를 발급받아 운송회사에 제시함으로써 물품을 미리 인도받을 수 있다.

4) 수입신고 및 통관

선적서류원본이나 수입화물선취보증서를 받은 수입자는 관세법 또는 기타 법령이 정하는 바에 따라 소정의 통관절차를 거쳐 수입신고필증을 받아야 한다. 수입통관신고는 화주 관세사 관세사법인 및 통관법인 등이 할 수 있다.

수입신고를 받은 세관은 수입승인서상의 물품과 동일 여부 및 구비서류 기재사항의 누락 여부를 검사하고 현품을 검사한 후 수입화물에 대한 과세가격을 평가하여 관세 등을 부과하고, 해당 세금을 은행에 납부하면 수입면장을 수입신고인에게 교부하게 된다. 수입신고필증이 교부됨으로써 수입화물은 외국물품에서 내국물품이 되어 보세구역으로부터 반출이 가능하게 되며 이로써 수입절차가 종료되게 된다.

3. 수입승인 서류 검토

1) 수입품목분류 검토

수입승인서상의 물품은 관세통계 통합분류표(HSK: Harmonized System Korea)에 따라 엄격히 분류되어야 한다. 분류가 애매한 경우는 관세청에 품목분류사전질의나 통관예정세관에 분류를 의뢰하여 그 결과에 따라 분류하여야 한다.

2) 수출입공고 검토

수입승인신청서상의 물품은 수출입공고상 수입자동승인품목이어야 한다.

만약 수입제한승인품목인 경우 그 제한조치에 합당한 허가서나 추천서를 첨부하여 신청하여야 한다.

3) 별도공고 검토

품목분류결과 별도공고에 의한 대상물품인 경우 별도공고에 따라 수입승인을 받아야 한다.

수입승인(신청)서
Import License(Application)

[별지 제3-2호 서식](용)

<table>
<tr><td colspan="2" rowspan="2">① 수입자 무역업신고번호
(Importer) (Notification NO.)
상호, 주소, 성명
(Name of Firm, Address, Name of Rep)
(서명 또는 인)
(Signature)</td><td colspan="3">④구매자 또는 계약당사자
(Buyer or Principal of Contract)</td></tr>
<tr><td colspan="3">⑤신용장 또는 계약서번호
(L/C or Contract No.)</td></tr>
<tr><td colspan="2" rowspan="3">②위탁자 사업자등록번호
(Requester) (Business No.)
상호, 주소, 성명
(Name of Firm, Address, Name of Rep.)
(서명 또는 인)
(signature)</td><td colspan="3">⑥금액(Total Amount</td></tr>
<tr><td colspan="3">⑦결제기간(Period of Payment)</td></tr>
<tr><td colspan="3">⑧가격조건(Terms of Payment)</td></tr>
<tr><td colspan="2">③원산지(Origin)</td><td colspan="3" rowspan="2">⑨도착항(Port of Dispatch)</td></tr>
<tr><td rowspan="2">⑩HS 부호
(HSCode)</td><td rowspan="2">⑪ 품명 및 규격
(Description/Size)</td></tr>
<tr><td>⑫단위 및 수량
(Unit/Quantity)</td><td>⑬단가
(Unit Price)</td><td>⑭금액
(Amount)</td></tr>
<tr><td colspan="5">⑮ 승인기관 기재란(Remarks to be filled out by an Approval Agency)</td></tr>
<tr><td colspan="5">⑯유효기간(Period of Approval)</td></tr>
<tr><td colspan="5">⑰승인번호(Approval No.)</td></tr>
<tr><td colspan="5">⑱승인기관 관리번호(No. of Approval Agency)</td></tr>
<tr><td colspan="5">위의 신청상황을 대외무역법 제14조 제2항 및 동법 시행령 제26조 제1항의 규정에 의하여 승인합니다.
(The signed hereby approves the above-mentioned goods in accordance with Article 14(2)of the Foreign Trade Act and Article 26(1) of the Enforcement Decree of the said Act.)

년 월 일
승인권자 (인)</td></tr>
<tr><td colspan="5">승인기관이 2이상인 경우 ⑮-⑱의 기재사항은 이면에 기재하도록 합니다.
이 서식에 의한 승인과는 별도로 대금결제에 관한 사항에 대하여는 외국환거래법령이 정하는 바에 따라야 합니다.</td></tr>
</table>

4) 대금결제 검토

수입대금의 결제와 관련 결제통화 결제기간 결제방식 등 결제조건이 외국환관리법령에 따라 지급 등의 방법에 관한 인증 또는 허가대상인지를 검토하여야 한다.

제 3 절 수출입절차와 EDI

1. 의 의

1) 무역자동화와 EDI

우리나라의 무역업무자동화촉진에 관한 법 제2조에 "무역자동화(trade automation)는 무역업무를 전자문서교환방식으로 행하는 것이다"라고 정의하고 있다. 즉 무역자동화는 첨단정보통신수단의 하나인 전자문서교환(EDI : electronic data interchange)을 이용하여 컴퓨터 간의 직접통신에 의해 무역업 또는 무역유관기관이 업무를 행하는 것을 말한다. 따라서EDI를 이용하면 무역절차의 간소화와 무역정보의 신속한 유통 실현으로 업무처리 시간과 비용의 절감 등으로 산업의 국제경쟁력을 제고하고 국민 경제의 발전에 이바지하게 된다.

2) EDI의 의의

EDI(electronic data interchange)는 전자자료 또는 전자문서교환으로 번역된다. 즉 종래의 종이로 된 서류나 문서에 의한 무역(document trade)을 종이 없는 무역(paperless trade)으로 실현하는 것이다. EDI에 의한 무역업무자동화의 실현은 무역관계당사자들에게 다음과 같은 장점이 있다. 첫째, EDI는 인적·물적 비용의 절약을 가능하게 해준다. 종래의 종이로 된 문서나 서류에 의한 무역은 작성과 처리에 많은 인력과 비용이 소요되었지만 EDI에 의한 무역의 관리는 인적·물적 비용의 절감이 가능하게 된다. 둘째, EDI는 무역관리의 효율성을 증대시킨다. EDI에 의한 무역의 실현은 당사국 정부 또는 기관이 가장 적합한 시기에 신속한 의사결정으로 무역업자를 지원할 수 있을 뿐만 아니라 무역관리의 효율성을 증대시킬 수 있다. 셋째, EDI는 무역을 증대시킨다. EDI의 직·간접 효과로 거래상대방과 관계개선과 경쟁력 확보를 통해 무역을 증대시킨다.

2. EDI에 의한 무역업무 처리체계

1) EDI의 기본요소

EDI에 의한 무역업무를 수행하기 위해서는 다음과 같은 기본적인 구성요소를 갖추어야 한다.

(1) EDI표준

EDI의 표준은 크게 양식표준과 통신표준으로 구분된다. 양식표준(formating standard)은 다양한 서식으로 사용되어 온 무역서류를 컴퓨터가 읽고, 이해하고, 처리할 수 있도록 서류의 양식과 구분을 표준화시키는 것을 말한다. 반면에 통신표준(communication standard)은 컴퓨터와 컴퓨터를 연결할 수 있도록 표준화시키는 것을 말한다. 이 두 가지 표준화가 이루어져야만 전자문서는 사람의 추가적인 작업이 없이 자동적으로 상대방의 컴퓨터에 의해 이용될 수 있다.

국제적으로 널리 통용되고 있는 EDI 국제표준은 1987년 UN에서 제정하고 국제표준화기구(ISO)에서 승인한 "행정, 무역 및 운송에 관한 EDI(electronic data interchange for administration commerce and transport : EDIFACT)"이다.

(2) 사용자시스템

사용자시스템은 거래당사자간에 전자문서를 서로 교환하기 위해서 사용자가 갖추어야 할 컴퓨터 하드웨어(P/C등), 소프트웨어(변환 S/W등) 및 통신장비(모뎀 등)를 말하며 이 중에서도 특히 변환소프트웨어가 매우 중요하다.

(3) 통신네트워크

거래당사자간에 데이터를 전송하기 위해서는 어떠한 형태로든 연결이 되지 않으면 안 된다. 이를 통신네트워크라 한다. 통신네트워크는 크게 거래 당사자간에 일 대 일(point-to-point)로 모뎀이나 공중전화망을 이용하여 컴퓨터를 연결하는 방식은 직통네트워크와 거래당사자간에 중계 전송해 주는 제 3자가 개입하는 제 3자네트워크(VAN)로 구분되어진다. 우리나라의 무역자동화시스템에서는 한국무역정보통신(KTNET)이 VAN 사업자로 지정되어 수출입 전반에 걸쳐 무역업체와 관련기관을 연결해 주고 있다.

(4) 거래약정

EDI는 단순한 동일기업내부의 업무처리 전산화가 아니라 상이한 거래관계당사자와 상이한 업무처리시스템을 가진 자와의 전자자료교환이기 때문에 당사자간에 사전에 특정의 거래약정(interchange agreement : IA)을 체결해야 한다.

거래약정은 사용자와 VAN사업자간의 EDI서비스를 이용하는데 따른 제반사항을 약정하는 것이다. 무역자동화시스템에서는 무역업체, 은행, 선박회사, 보험회사, 세관 등이 KTNET와 서비스 이용약정을 체결한다. 약정사항은 보통 사용자에 관한 인적사항, 요금부담자, 비밀번호, 수신, 발신 인식별자, 접속방법 등이다. KTNET와의 네트워크 약정에는 KTNET종합무역자동화서비스 표준약정서가 이용되고 있다.

2) 무역업무처리체계

우리나라의 무역자동화시스템은 한국무역정보통신(KTNET)이 무역업체와 무역유관기관을 유기적으로 연결하여 무역관련 각종 문서와 무역정보를 24시간 중계전송해 주고 있다. 무역자동화시스템은 전자문서와 통신방법에 관한 국제표준을 따르고 있기 때문에 컴퓨터기종에 관계없이 거래상대방과 정보교환이 가능할 뿐만 아니라 국가기관전산망, 기존의 민간VAN은 물론 국제무역망과도 연결이 용이하다. 따라서 무역업체와 무역유관기관은 지역이나 국가 또는 시간에 제약을 받지 않고 국내는 물론 외국과의 무역업무를 컴퓨터에 의해 신속 정확하게 처리하는 것이 가능하게 된다.

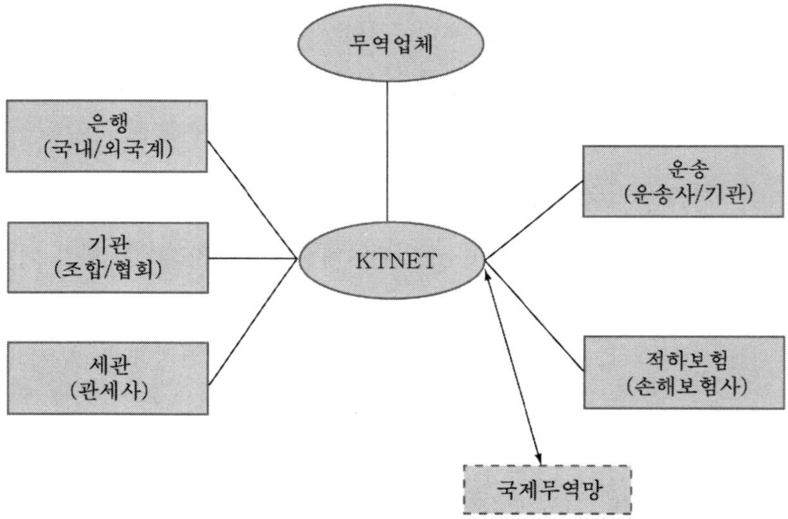

[그림 5-1] EDI에 의한 무역처리체계

3. 수출입절차와 EDI

신용장방식을 중심으로 한 수출입절차는 크게 다음과 같이 나누어 볼 수 있다.

1) 신용장 내도(통지)

(1) 개요

신용장은 통지방법에 따라 우편, 텔렉스 및 SWIFT(society for world wide interbank financial telecommunication : 국제은행간 금융통신망) 등으로 구분된다. 이러한 방법 중에 EDI는 SWIFT를 통해 가장 많이 이루어지고 있으며, KTNET는 SWIFT에 의한 신용장 통지 업무를 EDI방식으로 서비스하고 있다.

(2) 절차

해외 개설은행으로부터 신용장을 수신한 국내의 통지은행은 SWIFT전문을 전자문서로 변환하여 국내 수익자(수출자)에게 송신하게 된다. 그리고 수익자는 신용장 통지에 따를 통지수수료 등의 비용은 자동이체 또는 익월 일괄 후취 등의 방법으로 은행에 납부하면 된다.

(3) 장점

EDI에 의한 신용장 통지는 통지은행을 방문하지 않고도 신용장의 접수가 가능하며, 수익자가 자기의 컴퓨터를 통해 출력한 신용장을 원본으로 사용이 가능하다. 또한 전통적인 서류나 FAX와는 달리 정형화된 신용장을 수신함에 따라 내부 무역관리시스템이나 경영정보시스템(MIS) 등에 활용 가능하다.

2) 수출물품의 확보

수출물품의 확보는 대금결제방법에 따라 크게 국내에서 확보하는 방법과 국외에서 수입하는 방법으로 나눌 수 있다. 그리고 국내에서 확보하는 방법에는 내국신용장에 의한 방법과 구매승인서에 의한 방법으로 구분되어진다.

(1) 내국신용장에 의한 방법

① 개요

국내 수출업자가 수출용 원자재 또는 완제품을 조달할 때 외국환은행이 물품대금의 지급을 보장하는 지급보증서인 내국신용장은 원수출자가 개설의뢰인이 되고 국내의 물품공급자를 수익자로 하여 발행한다.

② 절차

내국신용장 수익자는 공급하고자 하는 물품의 오퍼를 개설의뢰인에게 전송하게 되면 개설의뢰인은 내국신용장 개설신청서(전자문서)를 개설은행에 송신하고 이를 수신한 은행은 개설의뢰인과 수익자에게 내국신용장 개설내역을 전자문서로 송신하게 된다. 이 때 기존의 내국신용장 개설시 첨부서류 중의 하나인 물품매도 확약서의 제출은 생략되며 입력항목 중 공급물품은 개설하고자 하는 물품의 대표상품명만을 입력하게 된다.

(2) 외화획득용 원료(물품)구매승인서 업무

① 개요

원수출자가 원료 또는 물품(외화획득용 원료 등)을 구매하려는 경우에 무역금융 한도가 부족하거나 또는 단순송금방식 수출의 경우에는 내국신용장 개설이 불가능한 경우가 대부분이다. 이 때 원수출자는 공급자에게 구매승인서를 발급하여 구매하고, 공급자는 수출실적으로 인정받도록 하는 제도가 구매승인서이다.

② 절차

구매승인서 방식에 의해 외화획득용 원료 등을 공급하는 자는 공급하고자 하는 물품의 오퍼를 구매자에게 전송하고 구매자는 외화획득용 원료(물품) 구매승인 신청 전자문서를 은행에 송신하고 이를 수신한 은행은 공급자와 구매자에게 외화획득용원료(물품) 구매승인서를 전자문서로 송신한다. 이 때 외화획득용 원료구매승인신청시 부속서류는 제출을 생략하게 된다. 한편 공급자는 물품을 공급하고 세금계산서 전자문서를 구매자에게 전송하고 구매자는 공급자에게 대금지급을 지급지시 전자문서로 은행에 지급지시하고, 은행은 지급지시 결과를 구매자에게는 출금통지 공급자에게는 입금통지를 전송한다.

(3) 수입신용장 개설 업무

① 개요

수입신용장의 개설은 개설의뢰인(수입자) 요청과 지시에 따라서 개설은행이 수출자를 수익자로 하여 신용장을 개설 통지하게 된다. 이러한 일련의 절차를 EDI방식에서는 KTNET이 중간에 개입하여 수입신용장 개설업무를 서비스하게 된다.

② 절차

개설의뢰인이 수입신용장 개설신청서를 전자문서로 개설은행에 보내면 개설은행은 국내의 개설의뢰인에게 신용장 개설여부를 전자문서로 통지하게 되고, 해외의 통지은행에게는 SWIFT 전문으로 전송하게 된다.

(4) 장점

기존의 내국신용장, 구매승인서 및 수입신용자의 개설 및 통지는 사람이 직접 작성 및 방문에 의한 업무로 인해 인적 물적 비용이 많이 소요된다. 반면에 EDI에 의한 업무는 첨부서류의 간소화, 인력절감, 은행 및 업체의 내부시스템 효율화로 신속한 업무처리가 가능하고 개설은행 등의 이중입력이 거의 배제됨에 따라 은행의 인원절감 및 내부시스템 효율화에 기여하게 된다.

3) 운송 및 보험

(1) 운 송

① 개요

수출업자는 수출물품에 대한 정보를 선박회사에게 제공하고, 선박회사는 선적화물에 대한 정보를 B/L발급통지 형태로 제공하게 된다. 또한 수출업자는 수출면허 내역을 선박회사에 제공하고, 선박회사로부터 화물반출입 및 선적여부 등을 수신받을 수 있다.

② 절차

수출업자는 선박회사에 선복요청서(shipping request) 등의 선적관련 정보를 송신하면, 선박회사는 이를 근거로 선하증권 발행일(B/L date)을 작성하여 수출업자에게 통보하여 선적을 하게 된다. 이 때 운임과 세금계산도 전자문서로 전송 처리하게 된다.

③ 장점

EDI이 의한 운송에서 화주와 선박회사는 선적정보와 컨테이너 반출입 현황을 신속하고 정확하게 입수하므로 효율적인 화물관리가 가능하다.

(2) 적하보험

① 개요

현재 적하보험의 부보는 KTNET이 보험분야의 간사기관인 보험개발원의 시스템과 연계하여 무역업체와 보험사간의 적하보험 업무를 EDI방식으로 서비스 중에 있다.

② 절차

무역업체는 적하보험 청약서를 작성하여 보험회사에 EDI방식으로 전송하면 보험회사는 내부업무처리 후 보험증권을 전자문서형태로 무역업체에 전송하게 된다. 이 때 무역업체는 사전에 수령한 보험증권 양식에 보험회사에서 전자문서형태로 보내온 부보사항을 출력하여 사용하게 된다.

③ 효과

기존의 적하보험 부보에 비해 빠르고 정확한 적하보험 청약이 가능하고 보험증권을 무역업체가 직접 출력하여 사용하므로 보험사와 무역업자 모두 인적 물적 비용의 절감이 가능하다.

4) 통관

통관은 수출업체가 내국물품을 외국으로 반출시, 관세법에 의한 제반 통관서류를 처리하는 업무를 말한다. 통관은 수출자가 직접 통관하는 방법과 관세사에게 위임하는 방법이 있다. 먼저 신고인(관세사 등)은 수출신고서류를 참조하여 수출신고서를 작성한 후 EDI방식으로 세관에 전송하면 세관원은 세관 단말기에서 신고된 서류를 조회 확인 후 수리 여부를 입력하게 된다. 이 때 수리통보는 자동으로 세관시스템에서 신고인에게 전송된다.

제 3 부

무역계약의 이행

제 6 장

신용거래와 무신용장거래

제 1 절　신용장 거래

1. 신용장의 기초

1) 신용장의 기초

(1) 신용장의 개념

신용장(L/C: letter of credit)은 무역거래의 대금결제를 원활하게 하기 위하여 수입자의 의뢰에 의하여 수입지의 거래은행이 수출자에게 신용장에 명기된 조건과 일치하는 운송서류를 제시하면 직접 지급·인수 또는 매입하거나 타 은행으로 하여금 지급·인수·매입하도록 하겠다고 약정하는 조건부 지급약속이다. 신용장 통일규칙에는 "그 명칭이나 표현에 관계없이 고객(개설의뢰인)의 요청과 지시에 따라 또는 그 자신을 위해서 행동하는 은행(개설은행)이 신용장의 제 조건에 일치하는 서류와 상환으로 지급, 인수, 매입하거나 타 은행을 통하여 지급, 인수 또는 매입하도록 수권함을 약정하는 증서"라고 정의하고 있다.

이 정의를 요약하면 신용장이란 명칭에 관계없이 개설은행은 ① 개설의뢰인(수입상)의 지시에 따라 ② 자신이 개설한 신용장 조건에 일치하는 서류와 상환으로 ③ 수익자에게 지급, 어음의 인수 또는 매입, 타 은행에 지급, 인수 및 매입을 수권하는 약정을 의미한다. 즉 신용장상에 선적기일과 유효 기일 내에 물품의 수령을 보장받을 수 있다. 특히 납기일이 중요한 계절상품거래인 경우 수입기간을 보장받을 수 있어 상기를 놓치는 경우가 없다

(2) 신용장의 기능

① 대금결제수단

신용장에 의한 거래는 물품매매 당사자 이외의 제3자인 개설은행이 개입하여 신용장 조건과 일치하는 운송서류와 상환으로 상품대전의 지급을 보증함으로써, 신용장조건과 일치하는 운송서류의 제시조건하에 상품거래를 서류거래로 바꾸어서 물품매매 당사자인 수출자에게는 수출물품 선적이후 대금 미회수의 위험을 제거하여 주는 한편 수입자에게는 신용장에 의하여 수출자가 매매계약의 의무를 이행하도록 하며 상품인수전 대금지급을 확약하는 대금결제의 수단으로서의 기능을 갖는다.

② 금융수단

신용장은 수출자에게는 상품선적 즉시 대금회수를 가능하게 하며 수입자에게는 상품의 도착과 더불어 대금의 지급을 가능하게 하는 금융수단으로서 기능을 하는 한편 나아가 개설은행의 공신력을 바탕으로 수출입거래의 결제기능이 부여되어 각종 신용편의가 창출된다고 할 수 있다.

(3) 신용장의 효용

① 수출자

가) 신용장제도는 수입자의 지급불능 또는 지급거절에 의하여 대금

을 회수할 수 없게 되는 신용위험(credit risk)을 제거하여 준다.

나) 일단 통지받은 신용장은 수입자가 임의로 취소할 수 없으므로 수출자는 안심되고 물품의 제조 또는 조달을 할 수 있으며 신용장의 조건에만 일치하게 되면 수출대전의 회수에는 걱정이 없게 된다.

다) 수출품을 선적한 후 신용장조건에 일치되는 서류를 은행에 제시하면 일정금액의 환가료만 공제되고 수출대전을 곧바로 회수할 수 있다.

② 수입자

가) 수입자는 개설은행의 신용을 이용하여 수출자의 매매대금의 결제를 보증함으로 자기의 신용을 더욱 강화할 수 있으며 나아가 매매계약조건을 유리하게 할 수 있다.

나) 기한부 신용장일 경우에는 수입물품을 인도받은 후 상품의 판매대전으로 결제할 수 있는 이점이 있다.

다) 수출자는 신용장의 조건대로 선적하지 않으면 수출대전을 받을 수 없으므로 수입자는 계약조건대로 수입물품이 선적될 것이라는 기대를 가질 수 있다.

라) 수입자는 수입 자료가 없더라도 거래은행의 신용으로 신용장을 개설할 수 있고 선적서류가 도착한 때에는 개설은행으로부터 대도(Trust Receipt : T/R)에 의하여 선적서류를 대출하는 형식으로 인도받아 선박회사로부터 물품을 입수한 후 이를 판매하여 수입대금을 결제할 수 있다. 이때 수입상은 화물에 대한 물권적 지배권을 갖지만 담보권은 은행이 갖고 있다.

(4) 신용장거래의 특성과 한계성

① 독립성의 원칙

신용장은 수출입거래의 양 당사자가 체결한 매매계약서를 근거로 개설되지만 일단 개설된 신용장은 매매계약으로부터 독립되어 신용장 그 자체로서 법률관계를 형성한다. 따라서 매매계약이 취소되더라도 수익자가 신용장조건에 따라 수출계약을 이행하게 되면 개설은행은 수출대금을 지급하여야 한다.

② 추상성의 원칙

신용장상의 모든 당사자는 서류를 근거로 하여 매매계약의 이행 여부를 결정하게 때문에 수출자는 신용장조건에 부합하는 운송서류만 제시하면 서류의 심사만으로 대금을 지급하거나 매입하게 된다. 이는 신용장거래를 상품거래가 아닌 서류상의 거래라고 규정하여 추상성을 부여함으로써 수출입 거래의 실무능력이 부족한 외국환은행으로 하여금 사실상의 거래내용을 확인할 의무를 면제하여 신용장거래를 활성화하기 위해서다

③ 서류의 엄밀일치성

은행에 제시되는 모든 서류는 신용장조건과 문헌상 엄격히 일치하여야 한다. 물품에 관한 지식이 없는 은행의 입장에서는 서류의 수리만으로 결제여부를 판단하여야 하기 때문에 서류인 신용장조건의 일치여부를 기준으로 대금지급 여부를 결정하는데 이러한 것을 엄밀일치성의 원칙이라 한다.

이는 신용장거래에서 매입은행을 개설은행의 특별대리인(special agent)이며 개설은행은 수입상의 특별대리인이다.

따라서 대리인은 자신에게 주어진 권한이상을 행사하면 본인(principal)은 대리인의 행위를 부인하게 되고 대리인은 자신의 행위에 대하여 책임을 져야 하기 때문이다.

④ 신용장거래의 한계성

신용장거래에서 독립성과 추상성을 인정함으로써 개설의뢰인인 매수인에게는 많은 위험이 따르게 된다. 즉 수출자가 매매계약 내용과 상이한 물품을 선적하고 관련서류를 위조 또는 변조하여 은행에 제시한다고 하더라도 그 서류가 신용장조건과 일치하면 은행에서는 대금지급을 하여야 한다.

이같이 개설은행에게는 계약상의 위반이나 손해방지를 위한 책임과 의무를 부과하지 않기 때문에 신용장거래에 한계가 있다.

(5) 신용장의 관계 당사자

신용장 거래의 관계당사자는 기본당사자와 기타당사자로 나눌 수 있다. 기본당사자는 신용장거래에서 직접적인 권리와 의무를 부담하는 자이며, 기타당사자는 신용장 거래의 원활한 거래를 위하여 간접적으로 참여하는 은행을 의미한다.

전자는 개설의뢰인, 개설은행, 수익자 등이 있으며 확인신용자의 경우는 확인은행이 여기에 포함된다. 후자는 통지은행, 지급은행, 인수은행, 매입은행, 보상은행 등이 있다. 취소불능신용장이 개설된 경우에는 위의 기본당사자의 전원의 합의가 없으면 신용장의 취소나 변경이 불가능하다.

① 개설의뢰인

수입자는 매매거래의 기본 계약서에서 정한 조건에 따라 자기의 거래은행에 신용장개설을 요청하게 된다. 이때 수입자를 개설의뢰인이라 하며 최종적으로 수입대금을 결제하여야 할 의무가 있다.

② 수익자

수출신용장에 의하여 수혜를 받는 자 즉 선적을 하고 환어음과 관련서류를 구비하여 거래은행에 제시함으로써 수출대금을 회수하는 수출자를 말한다.

[표 6-1] 수출자와 수입자의 호칭구분

구 분	수 출 상	수 입 상
매 매 관 련	seller(매도인)	buyer(매수인)
무 역 관 련	exporter(수출자)	importer(수입자)
신 용 장 관 련	beneficiary(수익자)	applicant(개설의뢰인)
어 음 관 련	drawer(발행인)	drawee(지급인)
결 제 관 련	accounter(대금수령인)	accountee(대금결제인)
화 물 관 련	consignor(송화인)	consignee(수화인)

③ 개설은행

신용장 개설의뢰인의 신청과 지시내용에 따라 해외의 수출자를 수익자로 하여 신용장을 개설하는 은행으로 신용장 발행은행(issuing bank, opening bank)이라고도 한다.

④ 통지은행

신용장 개설은행의 요청에 따라 수출자앞으로 신용장이 개설되었음을 통지하고 수출자에게 신용장을 교부하는 은행을 통지은행(advising bank, notifying bank)이라고 한다.

⑤ 확인은행

신용장 개설은행의 대외 공신력이 미약하여 수익자가 신용장 개설은행의 지급 확약에 대하여 의문을 가질 때에는 제3의 은행에 대하여 보증을 요구하게 되는데 이 경우 제 3의 은행이 개설은행의 신용장에 대하여 인수, 지급, 매입을 틀림없이 하겠다는 추가적인 확약을 하는데 이를 신용장의 확인(confirmation)이라고 하며 추가적인 확약을 행하는 은행을 확인은행(confirming bank)이라고 한다.

⑥ 매입은행

신용장의 수익자는 수출품 선적을 완료한 후 대금회수를 위하여 신용장에서 요구하는 환어음 및 운송서류를 구비하여 자기의 거래은행에 매입을 의뢰하였는데, 이에 따라 수출 환어음 및 운송서류를 매입하는 은행을 매입은행(negotiating bank)이라고 한다. 또한 신용장상의 매입제한 등의 사유로 1차 거래은행에서 매입한 환어음을 다시 해당은행인 통지은행에서 2차로 매입하는 것을 재매입이라고 하며 2차 매입을 하는 은행을 재매입은행(renegotiating bank)이라고 한다.

⑦ 상환은행

개설은행의 지시에 따라 매입은행에 신용장 대금을 결제하여 주는 은행을 상환은행(reimbursing bank)이라고 말하며 개설은행의 당좌계정을 갖고 있는 예치환거래은행(depositary correspondent bank)이 이를 담당한다. 대금을 결제한다는 의미에서 결제은행(settling bank),

환어음에 대하여 지급하는 은행이라는 점에서 어음지급은행(drawee bank)이라고도 한다.

2) 신용장의 종류

신용장은 사용방법이나 결제기간 등에 따라 여러 가지로 분류되는데 이것은 신용장을 보는 관점에 따른 분류이기 때문에 여러 가지 명칭을 겸할 수 있다. 실무에서 많이 쓰이는 신용장의 형태를 살펴보기로 한다.

(1) 취소가능성에 따른 분류

① 취소가능 신용장(revocable credit)

신용장의 개설은행이 수익자에게 사전통보 없이 언제든지 변경 또는 취소가 가능한 신용장을 말한다. 그러나 일단 수익자에게 통지된 이후 그 신용장의 취소사항이 통지은행에 접수되기 이전에 원신용장의 조건대로지급, 인수 또는 매입한 은행에 대하여는 개설은행이 상환의 의무가 있다. 신용장에 취소가능여부에 대한 언급이 없으면 취소불능신용장으로 간주한다(UCP 500 제6조).

② 취소불능신용장(irrevocable credit)

신용장의 관계당사자 전원의 동의 없이는 취소 또는 변경할 수 없는 신용장을 말한다. 여기에서 신용장의 관계 당사자란 개설은행, 수익자, 확인은행(확인 신용장의 경우)을 말한다. 무역거래의 방식이 다양해짐에 따라 근래에는 조건부 취소불능 신용장의 사례가 종종 발생하고 있는데, 실무상으로 유의하여야 할 것이다.

(2) 사용방법 기준에 따른 분류

① 매입신용장(negotiation credit)

이 신용장에 의한 환어음 및 운송서류는 어느 은행에서나 매입이 가능하고 통상 신용장 뒷면에 매입사실의 배서를 요구하고 있다.

② 지급신용장(payment credit, straight credit)

일반적으로 통지은행이 지급은행이 되며 통지은행은 개설은행의 예치환거래은행이거나 해외지점일 경우에 사용된다. 환어음을 요구하지 않는 경우가 대부분이며 일람출급신용장으로 사용된다.

③ 인수신용장(acceptant credit)

인수은행이 수출자에게 개설은행을 위하여 신용장대금을 지급하여 주고 어음의 만기일에 개설은행으로부터 대금을 회수하는 신용공여 형태의 신용장으로 환어음 발행을 조건으로 하는 기한부 신용장이다.

④ 연지급신용장(deferred payment credit)

환어음의 발행을 요구하지 않는 무어음 신용장으로 기한부 신용장이다. 일반적으로 통지은행이 연지급은행이 되며 통지은행은 개설은행의 예치환거래은행 또는 해외지점일 때에 사용된다.

(3) 대금지급시기에 따른 분류

① 일람출급 신용장(sight credit)

운송서류를 제시 즉시 대금을 지급하는 신용장으로 대금지급을 제시받은 날로부터 7일 이내에 대금을 결제하여야 한다(UCP 500 제13조 참조).

② 기한부 신용장(usance credit)

운송서류 제시 후 일정기간이 경과한 후에 대금을 지급하는 신용장으로 수입자는 일정기간 동안의 대금지급을 늦출 수 있으며 수입물품의 판매대전으로 결제자금을 마련할 수 있다.

③ 분할지급 신용장(instalment payment credit)

기한부신용장의 일종을 운송서류를 인도받을 때에는 착수금만 지급하고 차액은 일정기간에 일정금액을 나누어 지급되는 신용장이다.

(4) 매입은행 지정여부에 따른 분류

① 자유매입 신용장(freely negotiable credit)

매입신용장은 원칙적으로 어느 은행에서나 환어음 및 운송서류의 매입이 가능하도록 개설되는 바 이를 자유매입 신용장이라 하며, 보통 신용장(general credit), 개방신용장(open credit)이라고도 한다. 이에 대비하여 특정은행에서만 환어음 및 운송서류의 매입이 가능하도록 개설된 신용장을 매입은행 제한신용장(straight credit)이라 한다.

② 특정신용장(straight credit)

신용장에 의한 환어음과 매입여부 및 어음의 배서인이나 선의의 소지인에 대한 아무런 조건 없이 신용장 조건과 일치하는 운송서류나 환어음을 제시하면 지급하겠다고 약정하고 있는 신용장을 말한다. 특정신용장으로는 지급신용장, 연지급신용장, 인수신용장 등이 이에 해당되며 특정신용장에 의한 운송서류의 매입은 매입은행 제한 신용장(restricted credit)에 준하여 취급하여야 한다.

(5) 양도 가능 여부에 따른 분류

① 양도가능신용장(transferable credit)

수익자가 신용장 금액의 전부 또는 일부를 제3자에게 양도할 수 있는 권한이 부여된 신용장을 말한다. 신용장상에 'transferable'이라는 문구가 표시되어 있다.

② 양도불능신용장(non-transferable credit)

수익자가 신용장을 제3자에게 양도할 수 없는 신용장을 말한다. 신용장상에 'transferable'이라는 문구가 표시되어 있지 않은 신용장이다.

(6) 대금결제방법에 따른 분류

① 단순신용장(simple credit)

지급신용장인 경우에는 운송서류 매입은행에 개설은행의 예치환계정이 있으므로 서류매입 즉시 이 계정에서 인출하여 수출상대방에게 지급함으로 간단히 종결되다. 이러한 신용장을 단순신용장이라고 한다.

② 상환신용장(reimbursement credit)

매입은행인 수출자의 거래은행이 신용장 개설은행의 무예치환거래은행인 때에는 개설은행의 당좌계정을 갖고 있는 제 3자의 은행 앞으로 대금 상환을 청구하여야 한다. 이같이 신용장 대금의 결제를 제 3의 은행앞으로 청구하여야 하는 신용장을 상환신용장이라고 한다.

③ 송금신용장(remittance credit)

단순신용장이나 상환신용장과는 달리 매입은행 또는 상환은행 앞으로 사전에 대금지급의 수권을 하는 것이 아니고 신용장 개설은행에 운송서류가 접수되면 매입은행 또는 추심은행이 지정하는 계좌의 송금함으로써 대금을 결제하는 신용장이다.

(7) 회전사용 여부에 따른 분류

① 회전신용장(revolving credit)

수출입 당사자간에 동일상품을 계속 일반적으로 거래하여야 할 경우에 매거래마다 빈번히 신용장을 개설해야 한다면 비용부담과 번거로움이 따르게 된다. 따라서 신용장은 한번만 개설하되 신용장금액이 일정조건하에서 결제와 동시에 자동적으로 되살아나는 조건을 부여한다면 위와 같은 불편함을 덜 수 있게 된다. 이러한 신용장을 회전신용장이라고 한다. 회전신용장은 회전될 때에 전회의 미사용잔액이 있는 경우에 그 잔액이 이월되어 합산되는 경우를 누적적 회전신용장(cumulate revolving credit), 잔액이 이월되지 않고 합산되지 않는 경우를 비누적적 회전신용장(non-cumulate revolving credit)이라고 한다. 실무상 일반신용장도 유효기간 및 선적기일의 연장과 함께 증액을 하면 회전신용장과 같은 효과를 얻을 수 있으나, 조건변경 등에 따른 전신료와 조건변경수수료 등 비용부담이 있게 된다.

② 비회전신용장(non-revolving credit)

회전신용장에 대응되는 회전되지 않는 신용장을 말한다.

(8) 기타분류

① 상업신용장(commercial credit)과 클린신용장(clean credit)

신용장의 경제적 기능에 따라 무역거래에 이용되는 상업신용장과 무역외거래에 이용되는 클린신용장으로 구분된다. 상업신용장은 환어음에 운송서류를 첨부할 것을 요구하는 화환신용장과 운송서류의 첨부를 요구하지 않는 무화환 신용장으로 구분한다. 한편 클린신용장은 여행자신용장(traveller's credit)과 보증신용장(stand-by credit)으로 구분한다.

② 수입신용장과 수출신용장

신용장을 이용자의 입장에서 구분하는 경우로 동일한 신용장을 수입자의 입장에서는 수입신용장으로 구분하나 수출자의 입장에서는 수출신용장이 된다.

③ 동시발행신용장, 토마스신용장, 기탁신용장

수입과 수출은 연계한 수출입의 균형을 기하기 위하여 사용되는 신용장을 동시개설 신용장(back to back credit)이라 한다. 이는 일국에서 일정액의 수입신용장을 발행할 경우에 그 신용장은 수출국에서 같은 금액 또는 그와 상응하는 일정액의 수입신용장을 개설할 경우에만 유효하다는 조건이 있는 신용장이다 back to back credit의 원뜻은 master credit을 견질로 하여 발행되는 제2의 신용장을 의미한다.

토마스신용장(tomas credit)은 back to back credit과 유사하나 수출입 당사자가 서로 같은 금액 또는 그와 상응하는 일정액의 신용장을 발행하는데 있어서 상대방이 일정기간 후 같은 금액의 신용장을 발행하겠다는 보증서의 제출을 조건으로 하는 신용장을 말한다. 'tomas'란 말을 처음으로 이 방식을 사용하여 중국과 거래를 성사시킨 일본 무역회사의 전신약호에서 유래 한다고 전해진다.

기탁신용장은(escrow credit)은 연계무역에서 수출입 균형을 유지하기 위하여 해당수출신용장에 의한 매입대금은 수익자에게 지급되지 않고 수익자 명의의 기탁계정(escrow credit)에 기탁하였다가 그 수익자가 원 신용장 발행국으로부터 수입하는 상품의 결제대전에만 사용하도록 명시된 신용장을 말한다.

2. 신용장의 실무

1) 신용장의 발행절차

신용장의 발행은 수입자의 의뢰에 의하여 외국환은행이 발행한다. 즉 수입자는 수출자와 수출입계약을 체결하여 당해 물품의 수입승인을 받고 매매계약서(offer)에 약정된 내용과 수입승인서상 승인된 내용은 근거로 외국환거래은행과 신용장거래약정을 체결한 다음 수입신용장 발행신청서를 제출하여 신용장을 발행한다.

(1) 신용장발행신청

신용장발행신청을 받은 외국환은행은 신용장을 발행하기 전 수입자로부터 접수한 관련서류에 대해 면밀히 검토한 다음 신용장발행 유무를 결정한다. 신용장발행은 수익자에게 통지하는 방법에 따라 우편(mail credit)과 전신(cable credit)으로 구분된다.

① 우편에 의한 발행

발행은행이 신용장 원본과 사본 1매를 작성하여 통지요청서와 함께 통지은행에 송부하고 이를 접수한 통지은행은 통지번호를 부여하여 신용장의 진위 여부를 확인한 다음 수익자에게 통지하는 방법으로 시간이 다소 소요되는 단점이 있다.

② 전신에 의한 발행

수출자가 보다 빠른 신용장을 접수하기 위한 방법으로 사용되며 이때 소요되는 전신료는 개설의뢰인이 부담한다. 전신신용장의 발행은 은행 간에 이루어지며 전신의 어수(語數)절약과 신용장의 진위판정을 위하여 반드시 통지은행을 통하여 수익자에게 통지된다.

가) full cable L/C신용장의 전문을 전보로 발송하는 방법으로 정확성은 있으나 비용이 많이 소요된다.

나) short cable L/C

신용장이 개설되었다는 사실을 통지하여 수출자가 수출준비를 하게 하는 사전통보에 지나지 않으므로 추후 신용장 원본을 우편에 의한 발행을 통하여 수익자에게 통지하여야 한다. short cable과 full cable의 식별은 용이하지 않으나 전신으로 신용장개설을 접수하였을 때 선적서류의 명세와 지급보증 등 신용장의 필요기재사항에 관한 문언이 있으면full cable이고 그렇지 않은 경우 short cable로 간주된다.

다) cypher L/C

전신신용장 발행에 따른 비용경감을 위해 은행 간에 환거래 계약체결 시 각종 신용장의 전신약어(cypher, private code word)를 서로 약정하고 개설은행은 이 전신약어의 골자(skeleton)의 순서에 따라 그 신용장 거래에 고유한 조건만을 타전하고 이를 접수한 통지은행은 이를 해독(decode)하여 신용장통지서장을 작성하여 수익자에게 통지하는 방법이다.

라) 유사 신용장에 의한 방법

이미 개설된 신용장과 동일한 내용을 "similar to our previous credit No. xxx"로 하여 생략하고 다른 내용만 타전하는 방법으로 full cable에 비해 전신료는 절감되나 내용이 정확히 전달되지 못할 우려가 있어 사용이 억제되고 있다.

마) SWIFT에 의한 방법

SWIFT(society for worldwide inter-bank financial telecommunication : 국제은행간 자금결제전산망)에 의한 신용장개설은 암호(code)로 개설하는 방법과 비슷하게 신용장의 양식(format)이 표준화되고 암호화되어 있어 개설은행의 통신비용이 절감된다. 우리나라는 1992년부터 이 시스템을 이용하고 있는데 전신신용장의 상당 부분이 이 방법을 이용하고 있다.

(2) 신용장거래의 절차

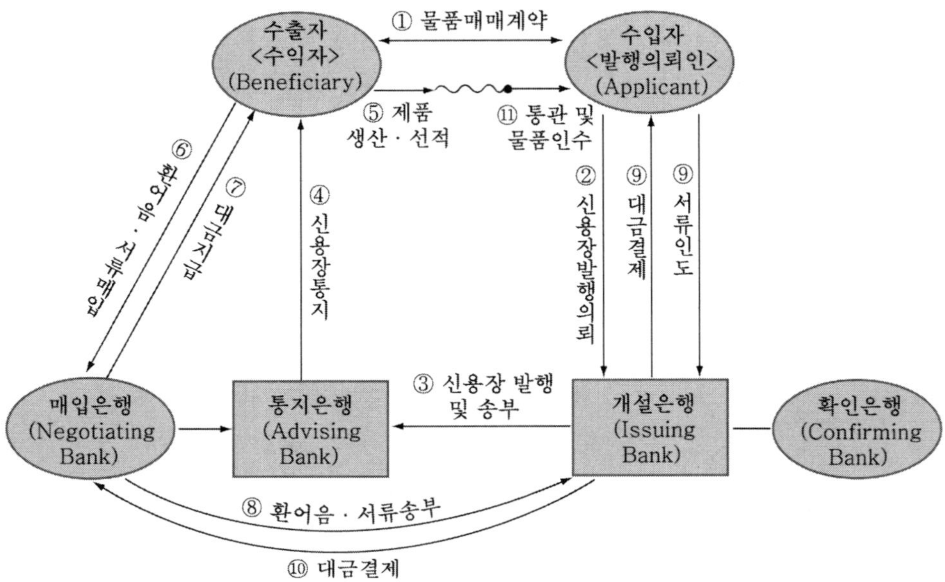

① 물품매매계약의 체결

② 수입자는 자기의 거래은행이 외국환은행에 수입승인 후 수입신용장개설을 의뢰

③ L/C개설을 의뢰받은 외국환은행은 L/C를 발행하여 수출자가 소재하고 있는 외국의 환거래은행인 통지은행에 L/C를 송부

④ 수출지의 통지은행이 수출자에게 L/C도착을 통지

⑤ L/C를 수취한 수출자는 수출절차에 필요한 요건을 갖추고 제품을 생산 · 선적

⑥ 수출자는 상품을 선적한 후 선하증권을 취득하고 보험증권, 상업송장 등 필요한 서류를 구비하여 매입은행에 환어음의 매입을 의뢰

⑦ 매입은행은 환어음 및 제시서류와 교환하여 수출자에게 어음대금을 지불

⑧ 매입은행은 수출자에게 지급한 어음대금을 결제받기 위해 L/C

개설 은행에 어음 및 운송서류를 송부

⑨ 개설은행은 수입자로부터 수입대금을 받고 운송서류를 인도

⑩ 개설은행은 매입은행으로 수입대금을 결제

(3) 신용장발행신청서의 작성방법

① 통지은행의 선정

개설의뢰인이 별도로 지정하지 않는 경우 환거래계약을 체결한 외국환은행으로 정하는데 대체로 수익자의 거주지 또는 그곳으로부터 가장 가까운 외국환은행을 선정한다.

② 신용장의 종류

신용장의 형식을 나타내는 irrevocable 또는 revocable로 표시한다. 명시가 없는 경우에는 취소불능으로 간주된다.

③ 신용장번호(credit number) : 수입신용장번호는 한국은행이 정하여 각 외국환은행이 공통으로 시행하고 있는 수출입승인서 및 신용장 등의 번호기재요강에 따라 기재한다.

④ 개설의뢰인(applicant) : 의뢰인의 상호·주소를 기입하여 P. O. Box를 명시해도 된다.

⑤ 수익자(beneficiary) : 신용장을 받을 수출자의 주소 및 성명을 기재한다. 신용장을 신속하게 전달되게 하기 위해서는 전화번호 등을 정확하게 기재한다.

⑥ 신용장금액(amount) : 신용장 한도금액(available amount)으로 숫자와 문자로 병기한다. 이 때 숫자와 문자의 금액과 수입승인서상의 통화가 서로 일치하여야 한다.

⑦ 선적기일(shipping date) : 선적을 완료하여야 하는 최종일자이다.

⑧ 유효기일(expiry date) : 수익자가 선적기일 내에 선적을 완료한 후 물품대금을 회수하기 위하여 신용장상의 조건대로 화환어음을 작성하고 매입은행 또는 지급은행에 어음의 지급·매입 또는 인수를 요구하기 위한 어음제시를 할 수 있는 최종일자이며 반드시 수입승인서

의 유효기간 이내이어야 한다.

⑨ 어음의 결제기간 : 일람출금어음의 경우 "at sight"에 X표시를 하며, 기한부어음의 경우에는 그에 상당하는 기일을 기재한다.

⑩ 상업송장(commercial invoice) : 상업송장의 요구문언으로 X표시를 하고 필요한 통수를 기재한다.

⑪ 항공화물운송장(airwaybills) :물품이 해상운송이 아닌 항공운송이요구되는 경우 X표시를 하며 은행을 지시인으로 발행하도록 하기 위하여 consigned to~ 이하에 은행명을 기재하여야 한다.

⑫ 선하증권(bill of lading) : 선화증권은 3통을 1조로 발행되는데 은행은 화물의 담보권 확보를 위하여 무담보, 선적, 지시식 선하증권 전통(全通)으로서 착하통지처는 개설의뢰인으로 한 선하증권을 요구하게 된다.

⑬ 보험서류(insurance document) : 가격조건이 CIF인 경우 신용장에서 보험서류를 요구하고 있다.

보험서류의 표시통화는 신용장 표시통화와 동일하여야 하며 보험사고 발생 시 보험금 수령의 편의를 위해 지급장소를 개설 의뢰인의 국내로 표시되어 있다.

⑭ 포장명세서(packing list) : 포장명세서를 요구하는 경우 X표시를 하고 필요한 통수를 기재한다.

⑮ 기타서류(other documents) : 상업송장, 운송서류, 보험서류 외에 요구되는 서류가 있으면 X표시 후 필요한 서류를 기입한다. 기타서류로는 원산지증명서(certificate of origin), 검사증명서(certificate of inspection), 중량용적증명서(certificate of weight & measurement), 품질증명서(certificate of quantity), 성분분석증명서(certificate of analysis) 등이 있다.

⑯ 상품명세(commodity description) : 상품명세에는 HS를 10단위와 상품명(commodity name), 수량(quantity), 단가(unit price), 총금액(amount)을 기입하되 가격조건을 함께 기입한다. 상품명세는 수입

승인서의 내용과 일치하여야 하며 상품의 규격등 내용이 복잡할 경우에는 "details as per offer(contract) No. XXX dated XXX"으로 명기할 수 있다.

⑰ 선적항(Shipping port)과 도착항(unloading port) : 물품을 선적하는 항구와 도착예정 항구를 기재하게 된다.

⑱ 분할선적(partial shipment : 분할선적이 허용되면 (allowed) 금지되면 prohibited에 X표시를 한다. 신용장에 아무런 표시가 없으면 허용되는 것으로 간주된다.

⑲ 환적(transshipment) : 표시방법은 분할선적과 동일하며 표시가 없으면 가능한 것으로 간주된다.

⑳ 은행수수료 부담 : 국외에서 발생하는 은행수수료(advising commission, payment commission, reimbursement commission 등)를 부담하는 사람을 표시하게 된다. 신용장 개설인이 부담하면 applicant, 수익자가 부담하면 beneficiary에 x표시를 한다.

㉑ 특수조항(special condition)기타 : 기타 거래의 종류 및 수입자와 수출자의 관계에 따라 일반적인 요구사항 외에 특수한 사항을 지시하는 경우 기재하게 된다.

예) - Charter party(Forwarder's) B/L acceptable
- Airwaybill required/acceptable
- Documents Presented later than 21 days after the date of issuance of
the transport documents acceptable
- Shipment to be made on Korean flag vessel only
- This credit is transferable

2) 신용장의 인수

매매계약의 체결시 대금결제방법을 신용장으로 한 경우에는 수입자는 자기의 거래은행에 신용장발행을 요청하게 되며 요청받은 발행은행은 보통 통지은행을 통하여 수익자인 수출자에게 신용장을 통지한다. 수출자는 신용장을 접수하면 수출품의 생산 전에 즉시 그 기재내용을 면밀하게 점검하여 매매계약조건과 차이가 있거나 실행 불가능한 조건이 있으면 지체 없이 수입자와 협의하여 조건변경을 함으로써 발행은행이 신용장조건 불일치를 이유로 수리 거절하는 것을 방지하여야 한다. 따라서 신용장을 접수했을 때 수익자가 검토해야 할 사항은 다음과 같다.

(1) 무역계약 내용과의 대조

신용장을 수취한 수익자는 매매계약서 내용과 일치하는지의 여부를 대조 검토하여 매매계약내용과 불일치한 사항이 신용장상에 포함되어 있는지를 확인해야 한다. 신용장은 매매계약을 기초로 발행되는 것이지만 일단 발행된 신용장은 매매계약과는 별개로 독립된 서류로 취급되므로 신용장 조건과 매매계약 내용의 불일치에도 불구하고 신용장 조건만 충족시키면 대금결제를 받을 수 있다. 그러나 신용장조건은 충족하더라도 매매계약 조건을 위반하게 되므로 그 위반을 이유로 클레임을 제기 당하게 된다. 따라서 신용장과 매매계약이 일치하기 않으면 어느 한 가지 조건을 충족시킬 수 있으나 양자는 모두 충족시킬 수 없으므로 반드시 일치하고 있는지를 확인해야 한다.

(2) 신용장의 진위성

통지은행이 신용장의 진정성을 확인하고 통지한 신용장이 경우라도 이를 수령한 수익자는 신용장의 진위성을 다시 한 번 확인할 필요가 있다. 그것은 신용장통일규칙상에 통지은행은 자기가 통지하는 신용장의 명백한 진정성을 점검하기 위해서 상당한 주의를 기울여야 한다고만 규정해 놓고 있기 때문에 신용장을 통지은행이 발행은행의 서명을 육안으로 대조·확인한 것이 착오나 오류가 발생할 수 있기 때문이다.

(3) 발행은행의 신용상태

신용장이 완전하다고 하더라도 발행은행이 파산하거나 지불불능 상태에 빠지는 경우 또는 발행은행이 속하고 있는 국가의 정치상황이나 외환사정의 악화로 대외지급에 제한을 가함으로써 발행은행의 지급확약에 의문이 생긴다. 따라서 발행은행의 신용상태를 파악하는 것은 매우 중요하므로 신용상태에 의문이 있을 경우에는 국내에 소재하고 있는 발행은행의 환거래은행을 통하여 신용상태를 확인하거나 발행은행으로 하여금 일류은행의 확인을 받도록 한 후 수출을 이행하는 것이 안전하다.

(4) 취소가능여부

신용장상에 취소가능이라는 표시가 있으면 취소가능 신용장이지만 취소 가능의 표시가 없으면 취소불능 신용장이 되는데 취소가능인 경우에는 언제 신용장이 취소될지 알 수 없으므로 수익자는 안심하고 수출상품을 조달할 수가 없다. 따라서 신용장상에 취소가능이라는 표시가 있는지의 여부를 확인하고 만약 취소가능이라는 표시가 있다면 이를 삭제하도록 하여 취소불능 신용장으로 조건변경하여야 한다.

(5) 신용장 통일규칙 준거 문언과 지급확약 문언의 존재여부

신용장상에 모든 조건을 명시한다는 것은 불가능하므로 신용장상에 명시 되지 않은 사항으로 인해 발생할지도 모르는 사태에 대비하여 신용장상에 신용장 통일규칙을 준거한다는 문언을 기재하였는지의 여부를 확인해야 한다. 만약 이러한 준거문언이 기재되어 있지 않은 신용장의 경우에는 대금지급이 불확실하기 때문에 지급확약 문언을 확인할 필요가 있다.

(6) 기타 특수조건

① 신용장의 조건변경 및 취소의 의의

신용장의 조건변경(L/C amendment)은 이미 개설된 신용장에 근거하여 상거래를 진행하는 도중에 어떠한 사정으로 원신용장의 내용을 변경하는 것을 말하며, 신용장의 취소(L/C cancellation)는 이미 개설된 신용장의 효력을 소멸시키는 것을 뜻한다.

신용장의 조건변경은 신용장 유효기간 내에 이루어져야 하며 개설은행, 수익자, 개설의뢰인, 확인은행(확인신용장의 경우) 등의 관계당사자 전원이 합의하여야만 그 효력이 발생된다.

② 조건변경의 유효성

조건변경서를 접수한 수익자가 그 수락에 관한 분명한 의사표시를 하여야만 비로소 신용장의 조건변경에 관한 효력이 발생된다. 또한 수익자가 아무런 의사표시를 하지 않아도 변경된 조건에 일치시켜 서류를 제시하면 그 시점이 수락의 의사표시로 간주된다.

③ 신용장 조건변경의 절차

수익자가 접수한 신용장이 수출입계약내용과 상이한 부분이 있거나 또는 수출입의 진행과정에서 신용장조건을 변경해야 할 사유가 발생하면 수출자는 수입자에게 원신용장의 조건변경을 요청하게 된다. 이때 수입자가 수출자의 요청을 동의하고 이를 개설은행에 통지하고 개설은행이 이를 받아들이면 개설은행은 신용장의 조건변경 통지서를 통지은행을 통하여 수익자에게 통지된다.

3) 선적서류의 및 환어음 발행

(1) 선적서류의 발급

선적서류는 환어음을 매입할 때 신용장에서 요구하는 서류로서 물품의 본선적재, 발송 또는 수탁을 증명하는 운송서류 뿐만 아니라 보험서류, 상업송장, 기타 제반서류를 포함하는 것이다. 이러한 선적서류는 기본서류와 기타서류로 구분되는데 일반적으로 기본서류에는 선하증권, 상업송장, 보험증권 등이 있으며 기타서류에는 포장명세서, 영사송장, 세관송장, 검사증명서, 중량증명서, 품질증명서 등이 있다.

① 선하증권

신용장에서 요구하는 운송서류의 대표적인 것이 선하증권이며 선하증권은 화주와 선박회사간의 운송계약에 의해 선박회사가 발행하는 유가증권으로서 선박회사가 화주로부터 위탁받은 화물을 지정 목적항까지 운송하고 당해 증권의 소지인에게 그 증권과 상환으로 운송화물을 인도할 것을 확인하는 유가증권이다. 이 선하증권은 통상 원본의 전통, 무고장 선적 지시식 해상선하증권이어야 한다고 신용장상에 명기되어 있다. 선하증권을 대신하는 운송서류로서 복합운송서류, 비유통성 해상화물운송장, 항공화물운송장, 도로·철도·내수로운송장, 우편수령증 등은 신용장상에 특별히 요구된 경우에는 수리된다.

② 보험증권 또는 보험증명서

보험증권은 보험계약의 요령·내용 및 조건 등을 기재한 증서이며 보험증명서는 동종동질의 물품이 동일 지역에 계속해서 수출되는 경우에 선적시마다 개별적인 보험에 부보하지 않고 사전에 포괄보험증권을 발급받아 개별적인 선적이 이루어질 때마다 이 포괄보험증권의 원본에 의해 개개의 선적품이 부보되어 있음을 증명하는 서류이다. 신용장에서 가격조건이 FOB, CFR인 경우에는 수출자 입장에서 필요 없지만 CIF나 CIP조건인 경우에는 보험증권이나 보험증명서가 반드시 제시되어야 한다.

따라서 이러한 보험서류는 보험회사, 보험업자 또는 그 대리인이 발생하고 서명한 양도 가능한 것이어야 하며 보험인수증이 아닌 보험증권이나 보험증명서만 은행에서 수리한다. 또한 보험서류가 2통 이상의 원본으로 발행된 경우에는 그 원본의 전통을 제시하여야 하고 보험서류상의 거래통화는 신용장에 표시된 통화와 일치해야 한다.

③ 상업송장

상업송장은 수출자가 수입자 앞으로 작성·발행하는 물품의 내용을 표시하는 명세서이며 물품의 가격을 표시한 계산서로서 대금청구서의 역할을 하는 서류이다.

④ 포장명세서

포장명세서는 선적화물의 포장방법, 포장단위별 내용명세, 단위별수량, 순중량, 총중량, 용적, 하인 및 포장의 일련번호 등을 명시함으로써 포장과 운송 및 통관상의 편의 등을 위해서 상업송장의 내용을 보완해서 작성되는 서류이다.

⑤ 영사송장

영사송장은 탈세, 외화도피, 덤핑 등의 방지를 위하여 수출국에 주재하는 수입국영사가 송장의 기재내용을 확인한 특정 서식의 송장으로 남미제국, 저개발국, 중동 및 아프리카 등의 국가에서 주로 요구한다.

⑥ 세관송장

세관송장은 수출자가 직접 수입지 세관에 대하여 송장내용의 진실성을 선서하는 공용송장으로 수출자가 소정양식에 필요사항을 기재하여 스스로 서명만 하면 된다.

⑦ 원산지증명서

원산지증명서는 수출통관 또는 수출대금 결제시 구비서류의 하나로서 당해 물품이 확실히 그 나라에서 생산·제조 또는 가공되었음을 증명하는 서류로 보통 수출국의 상공회의소나 수출국에 주재하는 수입국의 영사가 발급한다. 이는 특정 국가나 지역으로부터 수입을 금지 또는 제한하기 위한 정책적 목적, 호혜통상협정이 체결된 국가간의 수입물품에 대한 협정세율의 적용을 위한 관세의 감면 혜택의 부여목적, 선전국의 개발도상국가에 대한 특혜관세의 공여목적 기타 국별수입통계의 목적으로 발급되고 있다.

⑧ 검사·분석증명서

검사·분석증명서는 수출국의 수출물품이나 수출국의 특정업자가 수출하는 물품의 품질을 보장받기 위하여 일정한 수출검사기관이나 수입자가 지정하는 자에 의하여 발행되는 수출품의 품질상에 하자가 없음을 증명하는 서류를 말한다.

⑨ 용적·중량증명서

용적·중략 증명서는 전문검사기관이 선적 또는 양육품의 용적·중량·개수를 검사하고 작성한 증명서로 상업송장상에 총괄적으로 표시한 것을 보충하여 개개의 화물별로 총용적 및 총중량을 표시하고 공인검량업자에 의해 발행된다.

⑩ 위생증명서

위생증명서는 동식물, 식료품, 화장품 약품 등을 수출하는 경우에 수입국에서 규정하고 있는 기준치에 합치된다는 것과 무균, 무해임을 증명하는 서류이다.

(2) 환어음의 발행

환어음(bill of exchange)은 국제거래상의 채권자가 채무자에게 그 채권금액을 지명인 또는 소지인에게 일정한 시일 및 장소에서 무조건 지급할 것을 위탁하는 요식의 유가증권이다. 이러한 환어음을 발행할 경우에는 법률상 반드시 요구되는 필수 기재사항과 당사자간의 합의나 관습에 따라 추가되는 임의 기재사항을 기재한다. 또한 환어음의 작성하는 단일어음이 아닌 한조로 어음(set bill)을 발행하여 사용되고 있으므로 환어음은 보통 원본2매를 발행하게 되는데 이 두 매의 환어음 발행순서는 문자 'first, second' 또는 숫자 '1,2' 로서 환어음 중앙부위에 큰 글씨로 표시한다.

① 필수기재사항

가) 환어음의 문언

어음 문헌 중에 '환어음(bill of exchange)'이라는 표시가 있어야 한다.

나) 무조건의 지급지시문언

일정한 금액을 지급하라는 조건 없는 지급지시문언(unconditional order in waiting)이 표시되어야 한다. 즉 지급하는 데 무슨 조건을 붙이거나 지급 자금이나 지급방법을 한정시키는 문언이 기재되어서는 안 된다.

다) 지급인(drawee)과 지급지

지급인과 지급지를 기재하는 곳으로 지급지는 신용장에 별도 명시가 없는 한 도시명의 표시만으로도 충분하다. 만약 지급지 기재가 없으면 지급인의 표시지로 보충하여 어음 효력을 구제할 수가 있다. 지급인은 신용장의 개설은행이나 개설의뢰인 즉 수입자가 될 수도 있고 또 다른 제 3의 은행이 될 수도 있다. 통상적으로 신용장이 지급인을 지시하는 문구는 「documentary credit which is available by negotiation of your draft at sight drawn on~」이며 이 문구 중에서 「on ~ 이하」에 나타나는 것이 바로 지급인이 된다. 「on us」라고 되어 있으면 신용장 개설은행, 「on buyer 또는 on accountee」인 경우에는 신용장 개설의뢰인이 지급인이 되며, 「~on~이하」가 개설은행이 아닌 다른 은행일 경우에는 그곳이 바로 drawee bank 가 된다.

라) 지급기일(결제조건)

어음상의 문언 중 「at XX Sight of~」의 at XX 다음에 기재되는 것이 만기일(tenor)의 표시가 된다. 신용장의 조건에 따라 ㉠ 일람출급(at sight), ㉡ 일람 후 정기출급(at XX days or months after sight), ㉢ 일부 후 정기출급(at XX days or months after date), ㉣ 확정일출급(on a fixed date) 등으로 구분된다. 단, 만기일의 표시가 없는 것은 일람출급으로 간주하며, 어음금액의 분할지급은 우리나라에서는 무효이나 지급지에서 허용하고 있으면 유효하다(추심에 관한 통일규칙 제13조)

마) 수취인의 표시

환어음의 지급을 받는 수취인(payee)은 어음 금액의 지급을 받을 사람인데 ㉠ 기명식(payable to a specified person) ㉡ 지시식(payable to the order of a specified person or payable to order) ㉢ 무기명식(payable to bearer) 등으로 표시될 수 있다. 수취인은 발행인이 지정하는 제 3자가 될 수도 있다. 어음상의 문언 중 「pay to~」 다음에 기재되는 것으로 통상 신용장 거래시는 매입은행이 기재된다.

바) 발행일 및 발행지의 표시

어음의 발행일은 외국환은행이 어음과 함께 제시된 선적서류를 매입한 날짜이며, 이는 신용장 유효기일 이내이어야 한다. 환어음의 효력은 행위지 법률에 의해 처리되므로 발행지를 꼭 표시하여야 한다. 발행지는 도시명까지만 표시해도 되므로 「Seoul Korea」라고 기재하면 된다.

사) 발행인의 서명

환어음을 발행하는 자는 신용장상의 수익자 또는 양도받은 경우에는 양수인이 되며 반드시 기명날인까지 해야 된다. 사용되는 발행인의 서명날인은 화환어음 약정시 은행에 제출된 서명과 일치하여야 한다.

② 임의 기재사항

가) 일련번호에 관한 문언

특별한 의미는 없고 다만 후일 참조할 경우가 생길 때 편리하게 하기 위해서 기재한다.

나) 신용장 번호, 발행은행 및 일자

신용장 번호의 기재는 L/C상에 요구가 있으면 기재하여야 하며, D/A, D/P인 경우에는 계약서 번호를 기재한다. 신용장발행은행(issuing bank)을 「drawn under~이하」에 기재하며 D/P, D/A 등 무신용장방식의 경우에는 공란 또는 계약서상 지정은행을 기재한다. 또한 신용장상의 발행일자도 기재 한다.

다) 대금수령문언

은행이 지급인에게 지시하는 내용으로서 당해 환어음이 지급인에 의하여 결제되면 그 자금은 「account of~이하」에 기재되는 자로부터 차기하라는 의미이다. 따라서 「account of ~」는 신용장의 accountee가 기재된다. 이 문구는 법적인 필수문구는 아니나 오랜 상관습상 계속 사용되고 있다.

NO. ______________________ BILL OF EXCHANGE ________________________KOREA

FOR ______________________

AT ____________________________ SIGHT OF THIS **DUPLICATE** BILL OF EXCHANGE (FIRST OF THE SAME TENIR AND DATE BEING UNPAID)PAY TO HANVITBANK OR ORDER THE SUM OF

VALUE RECEIVED AND CHARGE THE SAME TO ACCOUNT OF ______________________________

____

DRAWN UNDER ____

L/C NO. ____ DATED ______________________

TO ____________________________________

____

____

____

영업점용

취소불능화환신용장발행신청서
(Application for Irrevocable Documentary Credit)

담당	검토자	결제권자

TO : HANVITBANK
☐ CABLE ☐ AIRMAIL ☐ CONFIRMED 1. Date

※Advising Bank : ______________________ (Bank Code :)
※2. Credit Number : ______________________
3. Applicant : ______________________
4. Beneficiary : ______________________
5. Amount : ______________________
6. Expiry Date : ______________________
7. Tenor od Draft ☐ At Sight
☐ Usance days
8. For % of the Invoice Value(Usance L/C only:☐ Banker's ☐ Shipper's ☐ Domestic)
※9. Drawee Bank ______________________ (Bank Code :)
Documents
10. ☐ Full set of clean on board ocean bills of lading made out to the order of HANVIT BANK marked "Freight ______________“ and "Notify Accountee"
☐ Airway bills consigned to HANVIT BANK marked "Freight ________" and "Notify Accountee"
11. ☐ Insurance policy or certificate in duplicate, endorsed in blank for 110% of the invoice value, stipulating that claims are payable in the currency of the draft and also indicating a claim setting agent in Korea, Insurance must include : The institute Cargo Clause :____________
12. ☐ Signed commercial invoice in ____________________
13. ☐ Packing list in ______________
14. ☐ Other documents (if any)

15.

Commodity Description		Quantity	Unit Price	Amount
Country of Origin			Price Term	

16. Shipment From : __________17. To :__________18. Latest Skipping Date :______
19. Partial Shipments ☐Allowed ☐Prohibited 20. Transshipment ☐Allowed ☐Prohibited
20. Documents must be presented within ____days after the date of shipment of B/L or other transportation documents.
21. Special Conditions
☐ All banking charges(including postage, advising and payment commission, negotiation and reimbursement commission) outside Korea are for account of ☐ Beneficiary ☐ Applicant.
☐ Shipment must be effected by
☐ Acceptance commission and discount charges are for
☐ Other Conditions

Except so far as otherwise expressly stated this Documentary Credit is subject to the uniform customs and Practice for Documentary Credits(1993 Revision) International chamber of Commerce publication No. 500.

위와 같이 신용장 발행을 신청함에 있어서 따로 제출한 외국환거래약정서의 해당 조항에 따를 것을 확약하며 아울러 위 수입물품에 관한 모든 권리를 귀 은행에 양도하겠습니다.

지급보증	담당	결제	주소	인감대조
확 인			신청인 (인)	

한빛은행

4) 선적서류의 심사와 인도

선적서류(shipping documents)의 인도는 신용장의 발행은행이 매입은행으로부터 도착된 선적서류를 발행신청인에게 넘겨주는 것을 말하는 데 신용장의 발행신청인은 선적서류가 있어야 운송화물을 청구할 수 있기 때문에 선적서류를 수령하려면 이와 상환으로 대금을 지급하여야 한다. 이때 발행은행은 선적서류를 발행신청인에게 인도하기 전에 이들 서류가 신용장의 제조건을 충족하고 있는지를 심사하고 충족할 경우에만 서류를 수리해야 한다. 즉 신용장의 발행은행은 상당한 주의를 기울여 서류를 검토해야 하며 그 문면상의 내용이 신용장의 조건을 충족했을 경우에는 이를 수리하고 지급, 인수 또는 매입은행에게 대금을 상환해야 한다. 그러나 발행은행은 서류를 심사할 때 서류만을 기준으로 하여 심사해야 하므로 불일치를 발견한 경우에는 지급거절의 조치를 취할 수 있다.

신용장의 발행은행은 서류서류를 수리한 후 발행신청인에게 선적서류의 도착을 통지하고 발행신청인이 선적서류를 수령하면 물품의 청구권을 획득하므로 먼저 수입대금의 결제가 이루어져야 한다. 따라서 수입대금의 결제가 이루어진 후 발행은행은 발행신청인에게 서류를 인도해 준다.

제 2 절 무신용장 거래

1. 무신용장 거래의 의의

무신용장 방식의 거래는 은행의 지급확약이 없으며 수출자와 수입자간의 신용에 의한 매매계약을 근거로 대금결제가 이루어진다. 이는 거래 당사자의 매매계약에 근거하여 작성된 서류를 추심하여 수출입 대금의 결제가 이루어지는 거래방법으로 은행은 다만 중개인 또는 보조자의 역할을 담당할 뿐이다.

무신용장 방식의 거래는 D/P · A/A거래와 송금방식 거래(COD · CAD방식 포함) 그리고 국제팩토링 방식에 의한 거래가 있다.

최근에 이르러 다음과 같은 이유로 무신용장 방식에 의한 무역거래가 점차 증가하고 있다.

첫째, 무역업체 상호간에 오랫동안 거래하여 신뢰할 수 있는 경우로서 비용절감을 위하여 많이 이용되고 있다.

둘째, 세계무역시장이 경쟁의 격화로 판매자시장(seller's market)에서 구매자시장(buyer's market)으로 전환되어 수출자가 대금결제의 불리함을 감수하고 거래하는 경우도 있다.

셋째, 기업의 국제화로 세계 각국에 현지법인이나 지사를 가지고 있는 기업의 경우 본지사간에 신속한 업무처리와 비용절감 등을 위해 무신용장 방식의 거래가 점차 증가 추세에 있다.

2. 무신용장거래의 종류

1) D/P · D/A 조건

(1) 개념

D/P · D/A 방식은 매매계약에 근거 거래은행을 통하여 화환어음 및 운송서류를 추심하여 대금을 회수(지급)하는 추심결제 방식으로 대외무역관리규정에서는 『무신용장 지급인도(D/P) 및 무신용장 인수인도(D/A)』의 표현을 쓰고 있으며, 이 두 거래방식은 무신용장 방식 중 가장 중요하고 거래의 비중을 많이 차지하고 있는 거래방식이다.

① D/P(documents against payment) : 지급인도조건 화환거래로써 수입자가 지급을 하여야만 운송서류를 인도하는 것으로 일람출급 거

래를 뜻한다. 수출자의 입장에서는 수입자가 대금을 결제할 때까지 모든 위험을 부담하지만 대금지급을 받지 않고는 서류로 인도하지 않는다는 점에서 장점이 있으며, 수입자의 입장에서는 물품을 인수할 때까지 자금부담이 없다는 장점이 있다.

② D/A(documents against acceptance) : 인수인도조건 화환거래는 인수의 뜻만 표시하면 운송서류를 인도하는 기한부 거래(외상거래)로 일정기간 이후 만기일에 가서 대금결제를 한다.

D/P · D/A 거래는 수출자가 자기 거래은행에 추심을 의뢰하여 수입자에게 서류가 도달된 후 수입자가 대금을 결제하여야만 수출자는 대금을 회수할 수 있기에 당사자간의 신용도 및 신뢰에 의해 거래가 이루어지게 된다.

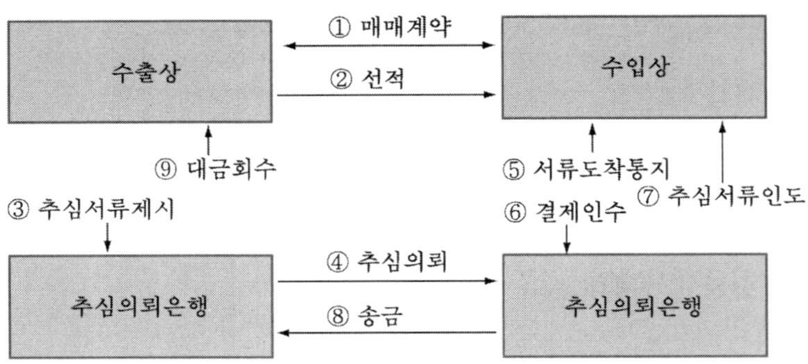

(2) D/P · D/A 거래의 당사자

① 추심의뢰인(principal)

거래은행에 추심을 의뢰하는 수출자로서 seller(매도인), drawer(어음발행인), consignor(하송인)이라고도 한다.

② 추심의뢰은행(remitting bank)

추심의뢰인으로부터 추심의뢰의 요청을 받고 수입국은행에 추심을 의뢰하는 수출국의 은행을 말한다.

③ 추심은행(collecting bank)

수출국의 추심의뢰은행으로부터 서류를 받은 수입국의 은행을 말하며 보통 수입자의 거래은행이 된다. 추심은행은 추심의뢰은행으로부터 받은 서류를 수입자에게 제시하여 수입대금을 징수한다.

④ 제시은행(presenting bank)

추심은행으로부터 서류를 송부받아 지급인에게 제시하는 은행을 말하며 넓은 의미에서 추심은행에 포함된다. 추심은행이 수입자의 거래은행이 아닌 경우에는 제시은행이 존재하게 된다. 그리고 관계당사자는 아니지만 지급인(drawee)이 있는데 이는 추심서류에 대하여 지급 또는 인수를 하는 수입자(importer, buyer)를 말한다.

(3) D/P · D/A 거래 당사자의 책임과 의무

① 추심관계 은행의 의무와 책임

가) 선량한 수임자로서 성실히 행동하고 상당한 주의를 하여야 한다(UCP 522 제9조).

나) 접수된 서류가 추심지시서에 기재된 사항과 일치하는가를 확인하여야 하며, 누락이 있는 추심을 의뢰한 상대방에게 즉시 통지하여야 한다. 그러나 은행이 서류를 심사할 의무를 부담하는 것은 아니다(URC 522 제12조).

다) 추심관계은행의 면책(URC 522 제12조)

추심관계은행은 다음 사항에 대하여는 추심업무와 관련하여 면책된다.

첫째, 서류의 형식, 진정성, 법적효력 및 서류에 표시된 물품의 명세, 중량, 품질 등에 대한 책임

둘째, 통신, 서신 또는 서류송달지연 및 분실로 일어나는 결과

셋째, 전신, 텔렉스 또는 전자장치에 의한 통신의 송신중 일어나는 지연, 훼손 등

넷째, 천재, 폭동, 전쟁 등 불가항력적인 사유와 파업, 직장폐쇄 등으로 인하여 발생하는 결과

다섯째, 접수된 지시의 명확성을 기하기 위하여 소요된 지연행위

② 추심의뢰인의 의무

가) 추심의뢰비용 · 위험부담 : 추심의뢰인의 지시사항을 이행하기 위하여 다른 은행의 서비스를 이용할 때 비용이나 위험이 발생하는 경우 의뢰인이 이를 부담하여야 한다(URC 522 제11조).

나) 추심관련 비용 : 추심의뢰인은 외국법률 및 관습에서 비롯된 의무와 책임을 부담하며 이로 인하여 은행이 손실을 받았을 때에는 이를 부담하여야 한다(URC 522 제11조).

2) 송금방식

송금방식에 의한 수입은 매매계약에 근거하여 물품의 영수전에 수입대금을 지급하는 사전송금방식과 물품의 인수와 동시에 지급하는 방식 또는 물품의 인수후 수입대금을 지급하는 사후송금방식의 수입이 있다. 이 방법은 우편송금(M/T)이나 전신송금(T/T) 등과 같이 은행을 경유하여 수입대금 지급이 이루어지나 관련 운송서류는 수출자로부터 수입자에게 직접 송부된다. C.O.D와 C.A.D 방식도 이에 포함된다.

첫째, C.O.D(cash on delivery)는 대금교환도조건으로 물품을 수입자에게 인도하면서 대금을 회수하는 결제방법이다. 이 방식에서는 수입자가 직접 물품의 품질을 검사한 후 대금을 지급한다. 둘째, C.A.D(cash against documents)는 운송서류도조건으로 수입자가 수입대금을 지급하는 경우에 운송서류를 인도하는 거래방식이다. 이 방식에서는 수출자가 수입자에게 직접 운송서류를 제시하거나 또는 수입국에 소재한 수출자의 대리인을 통해 수입자에게 제시하기도 한다.

최근에는 CAD방식의 운송서류가 간혹 추심거래 형태로 수출자로부터 수입국 은행에 제시되기도 하는데, 이는 D/P 거래와 유사하나 화환어음이 없고 수출국의 거래은행을 통하여 제시되지 않는 것이 D/P

거래와 다른 점이다.

[표 6-2] 무역결제방법과 결제시기

결제방법	결제시기
송금방식 - 송금수표 (demand draft : D/D) - 우편송금환 (mail transfer : M/T) - 전신송금환 (telegraphic transfer : T/T)	선지급 : 선불(cash with order CWO) 동시지급 : 서류상환불 (cash against documents CAD) 현물상환방식(cash on delivery COD) 후지급 : 외상거래
추심방식 - 신용장(L/C) - 무신용장(D/A, D/P)	선 지 급 : 수출선수금신용장 동시지급 : 일람불신용장(at sight) 지급도조건(D/P) 후 지 급 : 기한부신용장(usance) 인수도조건(D/A)
기타방식 - 팩토링방식	

제 7 장

국제물품운송

제 1 절 해상운송

1. 해상운송의 형태

1) 정기선

정기선(Liner)은 정기항로에 취항하고 있는 선박을 지칭하며, 특정 항로를 화물의 수량에 관계없이 규칙적으로 반복. 운항하는 운송 형태이다. 주로 완제품 및 중간재인 공산품등의 일반화물이나 포장화물 운송에 이용된다. 따라서 운송계약도 화주와 선사가 직접 계약하는 다종다양한 개품운송계약 형태를 갖는다.

정기선 운송의 특징으로는 화물의 많고 적음에 관계없이 특정한 항로를 일정한 스케줄에 맞춰 일정한 시차를 두고 규칙적으로 반복 운항하기 때문에 행선지, 출발시각 및 도착시각이 일정하다. 또한 운임표(tariff)에 공시된 운임을 수수하고 선박회사가 서명한 선하증권(B/L)을 교부하게 된다. 정기선은 우리가 이용하는 고속버스와 같은 것으로 비유할 수 있다.

2) 부정기선

부정기선(tramp, tramper)은 화물이 있을 때마다 또는 화주의 요구가 있을 때만 화주와 용선계약을 채결하고 화물이나 항로에 따라 배선하는 운송이다. 이는 석유, 석탄, 광석, 원목, 곡물류, 자동차 등 대량의 화물을 하주가 요구하는 시기, 항로에 응해 특정 선박에 만재하여 불규칙적으로 운항하는 것으로서 용선운송계약에 주로 이용된다. 부정기선은 여행할 때 이용하는 관광버스인 전세버스와 같다. 부정기선의 특징으로는 일정량의 화물확보 및 일정액의 운임을 지불하면 어디든지 원하는 곳으로 운송할 수 있게 때문에 행선지가 일정하지 않다. 또한 선박이 매번 향해할 때마다 행선지별로 운임을 다시 결정하고 선주와 하주 쌍방이 서명한 용선계약서(charter party)가 작성된다.

[표 7-1] 정기선과 부정기선 운송의 비교

선박	정기선	부정기선
운항형태	고정항로, 운항일정에 의한 규칙적 반복 운항	지역별, 시기별 불규칙적 운항
화　　물	다수화주의 다종다양한 화물	단일화주의 석유, 석탄, 광물, 원목, 곡물류, 자동차
운송계약	개품운송계약	용선계약
운　　임	공시운임	수요 · 공급에 따른 변동운임

2. 해상운송계약

1) 해상운송계약의 정의

해운업을 경영하는 선박운항업자(operator)와 이에 화물 운송을 의뢰하는 하송인(shipper)인 수출업자 사이에 맺어지는 화물운송계약을 해상운송계약이라 한다.

해상운송계약은 무형식계약이며 개품운송계약과 용선계약이 있다.

2) 해상운송계약의 종류

(1) 개품운송계약(contract of affreightment in a general ship)

정기선(liner)에 의해 개개의 화물을 운송하는 계약으로 선박회사가 다수의 하주로부터 화물을 집하하여 혼재해서 운송하는 방식을 개품운송계약이라 한다.

(2) 용선운송계약(charter party)

하주가 선박회사로부터 선복의 일부 또는 전부(part or whole of the ship's space)를 빌려 화물을 운송하는 경우에 체결하는 운송계약을 용선운송계약이라 한다.

용선운송계약을 통해 주로 운송되는 화물은 곡물, 석탄, 광석, 원목 등 대량화물이다.

① 정기(기간) 용선계약(time charter)

6개월 내지 1년 등과 같이 일정한 기간동안 대절하는 방식의 용선계약으로 전부용선이다.

② 항로(항해) 용선계약(voyage or trip charter)

지정된 두 항구 사이 용선계약이며 전부 용선과 일부용선이 가능하다.

③ 나용선(bare boat charter)

운송인 용선의 경우 기간용선이나 항로용선을 막론하고 선원, 선용품은 선주가 공급하고 용선자는 일정한 용선료를 지급하여 그 선박을 운행하는 것이지만, 나용선은 용선자는 선원의 승선수배, 선체보험료, 항만비용, 항해비용, 수선비 등 모든 비용을 부담하는 것으로 선박의 임대차이다.

3. 컨테이너 운송

1) 컨테이너 운송의 의의

컨테이너 운송은 화물의 단위화를 목적으로 하여 육·해·공을 통한 화물운송에 있어서 경제성과 신속성, 그리고 안전성의 이점을 갖춘 운송용구이다. 따라서 컨테이너 운송은 신속한 이적을 위해 기기류 및 전용장소를 갖추고 전구간에 거쳐 가장 합리적인 일관운송을 지향하는 방식이다.

(1) 컨테이너 운송의 장점

① CY나 CFS 등의 보세창고 역할로 인한 보관비 절감, 적재와 양하시 화물의 기계적 처리로 인한 하역비의 절감, 컨테이너 자체의 외부포장 역할로 인한 포장비 절감, 안정성이 높은 운송으로 부보조건이 완화되어 보험료가 절감되는 등의 비용이 절감된다.

② 컨테이너 밴(Van)의 규격화로 인한 취급, 보관의 편리성, 컨테이너라는 포장용기로 인한 하역이나 운송도중의 변질, 파손, 도난과 같은 사고가 감소된다.

③ 컨테이너 운송은 규격화된 용기를 사용함으로써 육·해·공의 일관 운송방식과 협동일관 운송방식을 가능케 함으로써 문전운송(door to door, point to point)이라는 운송이념의 추구가 가능하게 된다.

(2) 컨테이너 운송의 단점

① 컨테이너 운송에는 필요로 하는 컨테이너 용기가 비싸기 때문에 막대한 고정자본이 필요하다.

② 원목과 같이 컨테이너로 운송하지 못할 화물이 있다.

③ 항로별로 물동량이 균일하지 못하기 때문에 공컨테이너 운송문제가 발생한다.

④ 컨테이너는 상당부분이 갑판에 적재되어야 하기 때문에 갑판적

재화물에 대하여는 on deck clause를 삽입하고 추가 보험료를 지급해야 한다.

2) 컨테이너의 규격과 종류

(1) 컨테이너의 규격

컨테이너는 국제표준화기구(International Organization for Standardization : ISO)에 의하여 규격이 세계적으로 통일되어 있다. 규격은 폭과 높이는 약 8피트이고 길이는 20피트와 40피트의 두 가지로 대별된다. 컨테이너의 무게는 빈 상태에서 2 내지 3통이며 화물이 적재된 상태에서는 10 내지 15톤이 된다. 최대 중량은 20피트가 약 20톤, 40피트의 경우 약 30톤 이상이어야 한다고 규정되어 있다.

(2) 컨테이너의 종류

① 일반 건화물 컨테이너(dry container)

일반 잡화 운송용으로 가장 일반적인 컨테이너다.

② 냉동 컨테이너(reefer container)

컨테이너 안의 온도를 제어하여 식료품 등의 냉장, 냉동운소에 사용된다.

③ solid bulk container

천정에 직경 50cm 맨홀이 3개 있고 컨테이너 내부는 청소가 용이하고 외부기온에도 견디도록 강하게 제작된 컨테이너로서 밀가루나 곡물 등의 가루 또는 낱알의 운송에 적합하다.

④ open top container

천정이 개방도어 있어 위로부터 물건을 넣거나 꺼내도록 되어 있는 컨테이너로서 기계류 등의 중량화물 적입에 적합하다.

⑤ flat rack container

옆면이나 천정이 전혀 없으며 한 개의 컨테이너에 들어가기 어려운 자동차, 대형기계 등의 정밀운송용으로 사용된다.

⑥ 탱크 컨테이너(tank container)

식료의 원액, 주스, 와인 등 액체화물의 운송에 사용되는 컨테이너이다.

⑦ garment or hanger container

고급의류를 옷걸이에 걸어 구겨지지 않게 운송하기 위한 컨테이너이다.

3) 컨테이너 화물의 유통경로

(1) LCL(less than container load)인 경우

컨테이너 1개를 가득 채울 수 없는 소량화물(LCL)인 경우에는 하주는 자기의 생산 공장이나 창고 또는 영업소에서 자신의 위험부담과 비용으로 화물을 CFS까지 운반하여 선박회사나 그 대리인에게 인도하면 선박회사나 그 대리인은 하주로부터 인수한 화물을 자기의 책임하에 보관하고 이를 컨테이너에 적입한 후 본선에 적재하게 된다. 이 경우 하주와 운송인의 책임의 분기점은 CFS에서의 인도시점이 된다.

그 후 하주는 선하증권을 발급받기 전에 container service charge를 선박회사에게 지급하게 되는데, 이것은 화물의 하주별·목적지별 분류, 컨테이너에의 적입, 컨테이너 봉인, CFS와 CY간의 출입 등에 따른 재수수료를 의미한다.

(2) FCL(full container load)인 경우

컨테이너 1개를 가득 채울 수 있는 대량화물(FCL)인 경우에는 하주가 공컨테이너를 선박회사의 CY에서 자신의 공장이나 창고까지 운반하여 자신의 책임 하에 화물을 컨테이너에 적입하고 선박회사가 지정한 CY까지 운반하여 선박회사 또는 그 대리인에게 인도한다. 선박회사는 하주에 의하여 봉인된 컨테이너를 CY에서 인수·보관하였다가 자신의 책임하에 본선에 적재하며 이 경우 CY가 하주와 운송인의 책임부담의 분기점이며 인도지점이다.

4) 컨테이너 화물의 운송형태

컨테이너 화물의 운송형태에는 다음의 네 가지 형태로 분류할 수 있는데, 여기에서 CFS(container freight station)는 하주의 의뢰를 받은 선박회사가 컨테이너 1개를 가득 채울 수 없는 소량화물(LCL)을 컨테이너에 적입, 적출 및 분배를 행하는 장소를 말하고, CY(container yard)는 한 컨테이너를 채울 수 있는 화물을 집적·수도하는 장소를 말한다.

(1) CFS/CFS(LCL/LCL : pier to pier)운송

선적항의 CFS로부터 양륙항의 CY까지 컨테이너를 이용하여 화물을 운송하는 형태이다. 즉 운송인이 여러 송하인들로부터 하나의 컨테이너에 가득 채울 수 없는 소량화물(LCL)을 목적지별로 분류하여 컨테이너에 혼재운송하여 목적항의 CFS에서 여러 수하인에게 화물을 인도하는 운송형태이다.

(2) CFS/CY(LCL/FCL : pier to pier)운송

선적항의 CFS로부터 양륙항의 CY까지 컨테이너를 이용하여 화물을 운송하는 형태이다. 운송인의 여러 송하인들로부터 선적항의 CFS에 집하하여 컨테이너에 적입한 후 최종 목적지의 하수인의 공장 또는 창고까지 화물을 운송하는 형태이다.

(3) CY/CFS(FCL/LCL : door to pier)운송

선적항의 CY로부터 양륙항의 CFS까지 컨테이너를 이용하여 화물을 운송하는 형태이다. 선적지의 송하인이 FCL화물로서 컨테이너로 운송하여 수입항의 CFS에서 화물을 내려 수하인들에게 인수하도록 하는 운송형태이다.

(4) CY/ CY(FCL/FCL : door to door)운송

선적항의 CY로부터 양륙항의 CY까지 컨테이너를 이용하여 화물을 운송하는 형태이다. 송하인의 공장 또는 창고로부터 수하인의 창고까지 육·해·공을 연결하는 컨테이너에 의한 일관 운송형태로 운송도중 컨테이너가 개폐되지 않는다. 이는 컨테이너의 장점을 최대한 이용한 형태이다.

4. 선적 및 양륙

1) 재래선에 의한 선적 절차

첫째, 수출업자(하주)가 선박회사에 선복(ship's space)을 신청하는 S/R(shipping request ; 선복신청서)을 제출한다.

둘째, 선박회사가 이것을 승낙 또는 인수하면 인수확약서(booking note)를 교부하여 운송계약을 성립시킨다.

셋째, ① 선적지시서(S/O ; shipping order)

- 선박회사로부터 본선의 선장 앞으로 보내는 당해 화물의 선적을 지시하는 서류

② 반출계(보세구역반입후 반출시 수출신고서류의 수리에 따라 세관에서 발행)

③ 수출신고필증

①, ②, ③의 서류와 화물의 본선의 승선세관원에게 제시하여 승선세관원의 면장과 현품과의 대조확인 후 적재 승인을 받아 적재한다.

셋째, 선적이 끝나면 승선세관원은 수출면장에 선적확인에 대한 배서(선적완료, 선적필)를 하여 하주에게 준다.

다섯째, 화물의 수령자인 본선에서는 S/O대로 선적되었는지 확인하기 위해 검수인(항구에 있는 검수인협회에 연락하여 검수인을 확보)의 입회하에 화물의 수량과 상태를 조사하여 검수표(tally sheet ; check list)를 작성, 일등항해사에게 보고한다.

여섯째, 선장을 대신하여 일등항해사(chief mate)가 M/R(mate's receipt ; 본선수취증)을 발행한다.

일곱째, 하주는 M/R을 선박회사에 제시하여 B/L을 발급받는다.

2) 컨테이너선에 의한 선적절차

(1) FCL(full container load) 화물의 경우

하주가 CY operator에게 공 컨테이너를 요청하면 CY에서 공 컨테이너를 생산 공장 또는 보세창고로 반입하게 되며 하주는 컨테이너에 적입하는 장소를 세관장으로부터 지정받아 세관원의 파출을 요청하여 입회하에 컨테이너에 화물을 적입하여 CY에 반입하게 된다. 화주의 대리인인 통관업자는 D/R(door receipt ; 부두수취증)과 CLP(container load plan ; 컨테이너적부도)를 터미널 운영자에게 제출하여 D/R에 확인서명을 받아 수령하여 선박회사에서 B/L과 교환하게 되며 CY 운영자는 화물과 함께 D/R사본(S/O에 해당됨)과 CLP를 본선선장에게 제출하여 서명을 받아 선적을 완료한다.

(2) LCL(less than container load) 화물의 경우

LCL화물의 경우 CFS에 반입 후 통관절차를 필한 다음 terminal operator가 container에 적입하거나 검량 및 통관이 끝나고 CFS에 반입하는 경우가 있다. CY에 컨테이너가 반입된 이후의 절차는 FCL의 경우와 동일하다.

*D/R(dock receipt ; 부두수취증) 선박회사가 화물의 수취증으로 발행하는 것으로 재래선의 M/R과 마찬가지로 B/L과 교환된다. 또한 본선용 D/R사본은 본선에 대한 S/O가 된다. 현실적으로 하주의 대리인인 통관업자가 작성하여 선박회사의 확인서명을 받는 방법으로 발행되고 있다.

*CLP(container load plan ; 컨테이너내의 화물적부도)

FCL의 경우 송하인이, LCL의 경우 CFS operator가 작성하는 중요서류로

① CFS-CY간의 화물의 인수, 인도

② 본선에 대한 화물명세의 통지

③ 양륙지에 있어서의 컨테이너 보세운송절차 및 화물의 반출 작업

등에 이용된다.

2) 수입화물의 하역

(1) 화물수령

수출업자로부터 선적을 확인하고 선박회사(대리점)에 본선의 입항 예정일을 확인하여 화물수령준비를 하게 된다.

(2) 화물수령, 통관서류의 정비

본선 입항 즉시 화물을 인수할 수 있도록 하수 및 통관에 필요한 서류를 정비해 두어야 한다.

(3) 제품운송계약에 있어서의 하수

화환어음의 결제은행인 외국환은행에서 어음의 지급 또는 인수에 의해 선적서류 입수하고 선적서류 가운데 선하증권(B/L)에 배서하여 선박회사에 제출하면 (B/L)과 상환으로 선박회사(대리점)가 본선선장 또는 화물소재지의 현장책임자에게 기재한 화물의 인도를 지시한 화물인도지시서(delivery order ; D/O)를 하수인에게 발행한다.

선박이 수입항에 입항하여 입항절차를 끝낸 후 세관원의 감시하에 하역이 이루어진다. 이때 하역은 일괄 양륙(delivery ex-warehouse ; 창고인도)이나 자가 양륙(alongside delivery ; shipside delivery ; 본선 인도)을 통해 이루어지며 일괄양륙의 경우 선박회사가 지정한 하역업자가 모든 화물을 일단 일괄양륙하여 보세구역에 일시 장치, 세관의 현품검사를 마쳐 제반 통관절차가 끝나면 하수인은 현물을 하역에 관한 제비용을 지급하고 D/O와 상환으로 화물을 인수한다.

제 2 절 항공운송

1. 항공운송의 개관

1) 항공운송의 의의

항공운송은 국제무역에 있어 중요한 운송수단의 역할을 차지하고 있으며 원자재 · 원목 · 광석 · 원유 · 곡물 등을 제외한 많은 종류의 상품이 항공으로 운송되고 있다. 종전의 긴급운송을 위한 예외적인 수단으로서의 항공운송에서 점차 상업적인 운송수단으로서 변화하고 있다.

2) 항공운송의 장단점

[표 7-2] 항공운송의 장단점

장 점	단 점
· 신속한 운송	· 선박운송과 비교 대량운송 곤란
· 소형 고가상품운송에 유리	· 중량 및 규격상 제한 존재
· 중 · 장거리 운송에 유리	· 저가품이나 단거리 운송에 불리
· 포장용이 및 화물손상 방지	· 높은 운임
· 재고량 감축가능	· 소음 공해

3) 항공운송의 형태

(1) 소량취급 : 항공회사 또는 그 대리점이 화물을 직접 취급하며 운송의 범위는 일반적으로 공항에서 공항까지이며 이 구간에서의 사고의 책임은 항공회사가 부담한다.

(2) 혼재취급 : 이용항공 운송사업자에 의해 집하 및 배하가 이루어지고 사고에 대해서는 운송계약에 의해 혼재사업자가 책임을 진다.

4) 항공운임제도

국제항공운임은 국제항공운송협회(IATA : International Air Transport Association)의 결정에 따라 모든 가입항공사가 일률적으로 적용하고 있다. 운임은 기종에 따라 용적 · 중량의 제한이 따르고 위험물 및 귀중품에 대해서는 제한 또는 탑재 금지되거나 고가품은 할증제도를 적용하고 있다. 항공운임을 토털코스트(total-cost) 관점에서 보면 집하료, 보세창고료 및 운송료, 발송지 지상료, 항공운임, 도착지 지상료, 기타 등으로 구성되며 국내항공운송과 국제항공은 운임면에서 차이가 있다. 일반적으로 운임산출방법은 중량에다 임률을 곱하여 산정하며 주요 요금은 다음과 같다.

(1) 최저요금(minimum rate)

기본요금으로 운송할 수 있는 최고한도중량 이하의 화물인 경우 중량여부에 관계없이 기본적으로 적용되는 운임을 말한다.

(2) 일반운임률(general cargo rate)

일반화물의 운임요율을 의미하며 일정한 단계별 운임률을 설정하고(예를 들면 50kg, 100kg, 200kg, 300kg 등) 중량이 많아질수록 운임률이 낮아진다.

(3) 특정운임(specific commodity rate)

특별화물의 운임요율로 일정중량을 초과하는 경우 운임률이 낮아진다.

(4) 종가운임(valuation charges)

특히 고가인 물품(1kg당 20$ 이상)의 경우 물품가격에 의해 정해진 운임을 적용한다.

5) 항공화물운송 대리점과 항공운송주선업

1991년 화물유통촉진법의 제정과 1995년 개정으로 복합운송주선업자가 항공화물운송대리점 및 항공운송주선업의 역할을 대신하게 되었다. 이 둘 사이의 업무구분은 제도적 차원이 아닌 항공화물운송업계내의 실무적 차원의 구분이라 할 수 있다.

(1) 항공화물운송대리점업(Air Cargo Agent)

항공화물운송대리점업은 독자적으로 AWB를 발행하지 않고 항공사의 AWB를 이용한다. AWB를 발행하고 수수료를 취득하며, 수출 및 수입화물의 트럭 등에 의한 육상운송과 수출입 통관, 창고 반출입업무를 대행한다.

(2) 항공주선업자(Air Freight Forwarder : Consolidator)

이 업자는 송하인과의 계약당사자로 독자적인 AWB, 운송약관, 요율 등을 갖고 있으나 자체적으로 항공기를 갖고 있지 않다. 이들은 항공화물의 중량이 커짐에 따라 요율이 낮아지는 것을 이용하여 혼재작업을 이용하여 이윤을 확보한다. 혼재화물이 도착하며 항공회사로부터 AWB를 받아 House AWB별로 화물을 분류하여 수하인에게 통지하고 통관절차까지 대행해 주는 Break Bulk Agent(혼재화물인수대리점)의 기능을 수행한다.

제 3 절 국제복합운송

1. 국제복합운송의 개관

1) 복합운송의 의의

복합운송은 복합운송인이 자기의 보관하에 인수한 물품을 어느 한 국가의 지점에서 다른 국가에 위치한 지정인도지점까지 복합운송계약에 의거 해상, 내륙수로, 항공, 철로나 도로운송 등 여러 운송방식 중

2가지 이상의 운송방식을 사용하여 운송하는 것을 의미한다.

복합운송인은 실제 운송수단을 갖고 있는 복합운송인과 실제운송수단을 보유하지 않지만 계약에 의하여 복합운송을 수행하는 운송주선인(Forwarder)을 포함한다.

운송주선인을 우리나라의 경우 화물유통촉진법에는 복합운송주선업이라 규정하고 있다. 이들은 ① 화주에 대하여 전 구간 단일책임을 지며 ② 복합운송서류를 발급하며 ③ 전 구간에 대하여 일괄운임을 제공하여야 한다.

복합운송은 복수의 운송인이 참여한다는 점에서 통운송(Through Transport)과 유사하기 때문에 양자를 비교하면 다음과 같다.

[표 7-3] 복합운송과 통운송의 비교

구 분	통운송	복합운송
운송수단의 조합	동종운송수단의 조합 이종운송수단의 조합	이종운송수단과의 조합만 가능
운송계약의 형태	형태불문, 최종목적지까지 전반 운송증명만으로 가능	복합운송계약(하청운송형태)
운송인의 책임형태	각 운송인의 분할책임	전구간단일책임(Network Uniform Liability System)
1차운송인과 2차운송인과의 관계	2차운송인에 대한 1차운송인의 지위는 화주의 단순한 운송대리인에 불과	1차운송인 : 원청운송인 2차운송인 : 하청운송인
운송서류의 발행인	선박회사와 대리인	운송인, 운송주선인 등 발행인의 특별한 제한 없음
운송서류의 형식	B/L의 형식	B/L 이외의 형식 가능
on Board Notation	Shipped B/L로써 지정선박에의 적재증명	Taking in Charge로 증명

복합운송의 장점으로는 ① 환적작업 등 수송기관간의 접점에서 발생하는 작업비용의 절감과 작업흐름의 원활화 ② 컨테이너화에 의해 수송수속의 간소화로 서류체크가 단순화 ③ 복합운송인에 의한 일괄

운송업무 수행으로 운송책임의 일원화 가능 ④ 단일의 운송인에 의해 취급되므로 화물의 추적시스템화가 용이하다.

2) 컨테이너화와 복합운송의 관계

화물운송에 컨테이너를 사용함으로써 운송의 안전성, 경제성, 신속성이 크게 향상되었다. 운송에 컨테이너를 사용하는 것은 화주와 모든 운송관계자에게 유익하지만 특히 화주에게 매우 큰 이익을 부여한다. 문전운송(Door to Door)이 가능하기 때문이다.

이러한 목적을 달성함에 있어 꼭 필요한 것이 복합운송이다. 복합운송에서는 운송수단간 화물의 이적없이 효율적으로 이루어져야 하는데 이를 가능하게 하는 것이 컨테이너의 단위적재방식(unit load system)이다.

물론 해상운송에서도 컨테이너를 사용할 수 있지만 복합운송은 컨테이너를 계기로 급속히 성장한 운송체제이다. 컨테이너운송이 반드시 복합운송을 전제로 하는 것은 아니지만 복합운송에서는 컨테이너 사용을 전제로 하고 있다. 따라서 컨테이너 운송과 복합운송은 동일개념은 아니지만 복합운송은 컨테이너운송의 목적인 Door to Door Services를 제공하기 위한 필수적인 운송체제이다. 그러므로 실제로는 컨테이너운송과 복합운송이 동일개념으로 인식되고 있다. 그렇지만 컨테이너운송 자체가 복합운송은 아니고 복합운송이 보다 효율적으로 기능하도록 하는 매체로서 복합운송의 발단은 컨테이너화의 발달과 맥을 같이 한다고 보여진다.

컨테이너운송이 복합운송이 되기 위해서는 운송인이 화주에 대하여 전 구간에 대한 책임을 져야 한다. 복합운송은 1920년 미국의 센트럴 철도회사가 트레일러를 특수한 무개차에 적재하여 운송하는 피기백(Piggy-Back)방식에서 시작하였다.

그러나 해상운송분야에서는 1956년 미국의 Sea-Land사가 T2 탱커를 개장한 맥스톤호에 컨테이너 갑판용 Platform을 설치하여 컨테이너 60개를 싣고 뉴욕과 휴스톤을 운행한 것이 효시라 할 수 있다.

3) 국제복합운송계약과 복합운송인의 책임

복합운송인은 화주와 복합운송계약을 체결하고 그 증거로써 복합운송서류를 발행한다. 복합운송인은 복합운송계약에 따라 전 운송기간에 대하여 책임을 지기 때문에 이를 단일운송책임제(single carrier's liability)라고 한다.

복합운송인의 책임과 관련하여 복합운송에 동원되는 개개의 운송수단이 운송을 수행하는 개별구간에서 발생하는 손해에 대하여 복합운송인이 동일한 책임원칙에 따라 책임을 지는 동일책임체계(uniform liability system)와 운송수단별로 운송인의 책임이 달라지는 이종책임체계(network liability system)가 있다. 특히 이종책임체계의 경우 손해가 어느 특정구간에서 발생하고 그 구간에 관한 국제조약 또는 국내강행법이 UN국제물품복합운송조약에서 정한 배상한도액보다 높을 경우에는 이러한 조약이나 국내법에 따르지만 그렇지 않은 경우에는 UN협약을 적용하는 변형동일책임체계(modified uniform liability system)가 있다.

4) 국제복합운송서류

(1) 복합운송서류의 개념과 성격

UN국제물품복합운송협약에서는 "복합운송서류(Multimodal Transport Document)란 복합운송계약에 따라 복합운송인이 화물을 자신의 관리하에 수취하였다는 것 및 그 계약조건에 따라 이를 인도할 의무를 부담함을 증명하는 서류"(제1조 4항)라고 규정하고 있다. 또한 UNCTAD/ICC규칙에서는 "복합운송서류란 복합운송계약을 증빙하는 서류이며 유통성 또는 비유통성 서식으로 발행할 수 있다."(제 2조 6항)고 규정하고 있다.

결국 복합운송서류란 선박, 철도, 항공기 또는 자동차에 의한 운송방식 중 적어도 두 가지 이상의 운송방식의 결합에 의하여 물품의 수탁지와 인도지간에 이루어지는 복합운송에 관한 계약을 증명하는 서류라고 할 수 있다.

복합운송서류는 유통성 복합운송서류(negotiable multimodal transport document)로 비유통성 복합운송서류(non-negotiable multimodal transport document)로도 발행될 수 있다. 유통성 복합운송서류는 지시식(to order)과 소지인식(bearer)으로 구분된다.

복합운송서류가 국제법규에 따라 유통성을 갖도록 발행될 수 있지만 이것이 전통적인 선하증권과 같이 유가증권적 기능을 갖는지는 불투명하다. 따라서 "Multimodal Transport Document"를 '복합운송증권'이라고 번역하지 않고 '복합운송서류'로 번역하여 기술하고 있다.

복합운송서류가 유통성을 지닐 경우 ① 지시식 또는 소지인식으로 되어야 하며 ② 지시식으로 발행된 경우 배서에 의하여 양도할 수 있고 ③ 소지인식으로 발행된 경우 배서 없이 양도할 수 있다. 복합운송서류가 비유통성으로 발행된 경우 ① 지정된 수하인이 기명되어야 하며 ② 복합운송인은 증권에 지정된 수하인 또는 수하인으로부터 정당하게 지시받은 당사자가 아닌 그 밖의 사람에게 인도할 의무가 없다.

3) 한국을 출발점으로 하는 국제복합운송 경로

(1) 해상, 육상운송을 조합한 국제복합운송

① siberian Land Bridge Service(SLB) 또는 Trans-Siberian Container Service(TSCS) : 부산에서 Vostochny까지 해상운송하고 다시 Siberian Railway를 이용하여 유럽 또는 중동으로 운송하는 국제복합운송방식

② American Land Bridge(ALB) : 부산에서 북미서해안까지 해상운송하고 다시 북미동해안까지 철도운송하고 거기에서 유럽까지 해상운송하는 국제복합운송 방식

③ American Mini-Land Bridge(AMLB) : 부산에서 북미서해안까

지 해상운송하고 다시 북미의 동해안까지 또는 멕시코만까지 철도운송하는 국제복합운송 방식

④ Interior Point Intermodal(IPI) : 부산에서 북미서해안까지 해상운송하고 다시 철도로 환적한 후 미국내 주요 도시까지 철도운송하는 방식

⑤ Reverse Interior Point Intermodal(RIPI) : 부산에서 파나마 운하를 경유하여 북미동해안의 항구까지 해상운송하고 다시 미국내륙까지 트럭 또는 철도로 운송하는 방식

⑥ Chinese Land Bridge(CLB) : 부산, 인천에서 중국대륙의 철도를 이용하여 유럽으로 운송하는 방식

(2) 해상, 항공, 트럭을 조합한 Sea & Air 복합운송

운송일수가 많이 소요되는 해상운송 및 육상운송보다 빠르게 항공운송보다 저렴하게 운송하는 방식을 개발한 것이 Sea & Air 복합운송이다.

부산에서 미국 서해안의 L.A., Seattle 및 캐나다의 Vancouver까지 해상운송하고, 다시 유럽까지 항공운송하는 Sea & Air 복합운송 방식이 많이 이용되고 있다.

제 4 절 국제운송서류

1. 선하증권의 개념과 발행

1) 선하증권의 의의와 기능

(1) 선하증권의 의의

선하증권은 해상운송인에 대해 운송물의 인도청구권을 증권화한 유

가증권이라고 정의하고 있다. 운송인이 증권에 기재된 화물을 수취하였음을 확인하고 또한 그 화물을 목적지까지 운송하여 그것에서 그 화물을 증권의 정당한 소지인(수하인)에게 인도해야 한다는 취지를 약정한 유가증권이다. 정당한 소지인이 증권상의 권리를 행사하고 화물의 인도를 청구하기 위해서는 증권을 제시해야 한다.

그리고 선하증권에 1978년 Hamburg Rules에서 다음과 같이 정의를 내리고 있다. 「선하증권」은 해상운송계약 및 운송인에 의한 물건의 수취 또는 선적을 증명하는 증권으로서, 운송인이 그 증권과 상환으로 물건을 인도할 것을 약정하는 증권을 말한다. 물건이 지정된 자의 지시인, 또는 소지인에게 인도되어야 한다는 취지의 증권상의 규정은 그러한 약정의 일부가 된다.

또한 미국 통일상법전에서는 「선하증권」이란 물건의 운송업무 또는 운송취급업무에 종사는 업자가 발행하고 선적을 위하여 물건의 수취를 입증하는 증거이며, 항공증권을 포함한다. 이러한 미국 상법전의 Bill of Lading은 실제로는 「선하증권」이라고 하기보다 「적하증권」이라고 말할 수 있다. 또한 항공증권은 그 다음 항의 정의에 의하면 선하증권과 동일한 성격을 가진 것이라고 설명하고 있다.

(2) 선하증권의 기능

① 화물의 수령증

선박회사가 화물을 수취했다는 것을 증명하는 증권이다.

② 운송계약증거

송하인과 선박회사간의 해상운송계약의 성립을 증명하는 증권이다.

③ 권리증권

선하증권에는 운송화물을 대표하는 대표증권이며 화물에 대한 권리의 이전은 선하증권의 인도에 의해서 행해진다. 따라서 선하증권에는 물권적 효력이 있으면 증권의 소지인은 증권과 상환으로 선박회사에 화물의 인도를 청구할 수 있다. 또한 증권의 발행인이 배서금지의 문언을 증권상에 표시하지 않는 한 유통가능하기 때문에 유통성 증권이라고 불리어지는 것이다.

2) 선하증권의 발행절차

선박회사는 수출되는 해상선적화물에 대하여 화주와 운송계약을 체결하고 그 증거로써 선하증권을 발행한다. 수출업자는 통상 수출통관을 통관업자에게 의뢰하며 통관업자는 세관이 교부한 수출면장과 shipping order(S/O : 선박회사가 본선의 선장 앞으로 발행하는 선적지시서)를 세관직원에게 제시하고 화물을 보세구역으로부터 반출하여 선내 하역 청부업자에게 인도한다.

선적에 이르러서는 통관업자와 선박회사가 공통의 검수인에게 의뢰해서 선적의 입회, S/O와 현품의 대조, 수량의 검사, 사고의 유무를 검사한다. 검수인이 검사한 결과 이상이 발견되었을 때는 검수표에 이것을 기입한다. 선적이 완료되면 본선의 일등 항해사는 본선수취증(mate's receipt : M/R)을 발행하고 통관업자는 이것을 선박회사에 제출해서 선하증권을 발급받는다. 검수표에 화물의 이상이 기재되었을 때는 M/R에 그 취지가 기재되고 선하증권에도 기재된다.

2. 선하증권의 종류

1) 선적 선하증권과 수취 선하증권

발행시기에 의한 분류로서 선적 선하증권(shipped or on board B/L)은 본선상에 화물의 선적이 완료되었을 때에 발행되는 선하증권이다.

수취 선하증권(received B/L)은 선박회사가 운송계약에 따라 화물을 수령하고 선적전에 발행한 서하증권으로서 원칙적으로는 은행에 의해 수리되지 않는다. 화물이 CFS 또는 CY에서 선박회사에 인도된 경우 컨테이너 선하증권이 발행되는 데 이 선하증권은 수취 선하증권이지만 관행에 따라 은행에 의해서 수리된다. 수취 선하증권은 수탁된 화물이 실제로 선적되었을 때에 선박회사의 본선적재필(on board notation)의 부기를 받음으로써 선적 선하증권으로 전환하게 된다.

2) 기명식 선하증권과 지시식 선하증권

하주의 표시방법에 의한 분류로서 기명식 선하증권(shipped or on board B/L)은 선하증권의 수화인(consignee)란에 수입자의 성명 또는 상호가 명기되어 있는 선하증권이다. 이는 비유통성 증권으로 배서양도할 수 없다.

지시식 선하증권(order B/L)은 수화인난에 특정인이 기입되지 않고 "to order", "to order of xxx" 등의 문구가 표기되어 있는 유통성 증권으로 백지배서에 의해 양도가 가능하다.

3) 무사고 선하증권과 사고부 선하증권

화물사고의 유무에 의한 분류로서 무사고 선하증권(clean B/L)은 화물의 본선적재시에 화물의 상태가 양호하고 신고수량대로 선적되어 선하증권에 "shipped on board in apparent good order and condition" 이라고 표시되어 있거나 또는 아무런 하자나 유보단서가 없는 완전한 선하증권을 말한다.

사고부 선하증권(foul or dirty B/L)은 선박회사가 화물을 인수할 당시 포장상태가 불완전하거나 수량이 부족하여 이러한 사실을 선하증권의 비고란(remarks)에 기재한 선하증권으로서 신용장에 별도의 명시가 없는 한 수리되지 않는다. 이때 수출업자가 화환취결을 하기 위해서는 선박회사에 소정양식의 사고화물보상장(latter of indemnity ; L/I)을 제출하고 사고적요를 말소시킨 무사고 선하증권을 발급받아야 수리가 가능하다

4) 유통가능 선하증권과 유통불능 선하증권

유통성 여부에 의한 분류로서 유통가능 선하증권(negotiable B/L)

은 증권으로 표시된 권리가 배서 또는 교부로 자유롭게 양도될 수 있다는 취지가 명시되어 있는 선하증권으로서 지시식 선하증권을 들 수 있다. 즉 선박회사가 발행하는 선하증권의 원본만이 화물과 상환이 가능하며 은행도 이들 원본만을 정당한 선하증권으로 인정하여 매입하게 된다.

유통불능 선하증권(non-negotiable B/L)은 권리의 양도나 유통이 불가능한 선하증권으로서 기명식 선하증권을 들 수 있다. 즉 선박회사가 발행하는 선하증권이 원본이 아닌 경우에는 non-negotiable의 표시를 하기 때문에 이들 사본으로는 화물상환이 되지 않고 은행에서도 매입하지 않는다.

5) 해양 선항증권과 내국 선하증권

운항지역에 의한 분류로서 해양 선화증권(ocean B/L)은 외국의 해상운송시에 발행되는 선하증권이며, 내국 선하증권(locel B/L)은 국내의 해상운송시에 발행되는 선하증권이다.

6) 복합 운송증권과 통선하증권

복합 운송증권(combined transport B/L)은 최초의 복합운송인이 두 종류 이상의 운송수단에 의해 운송되는 화물에 대하여 발행하는 선하증권을 말한다.

통선하증권(through B/L)은 운송품이 목적지에 도착되기까지 한 사람의 운송인이 둘 이상의 운송수단으로 운송하는 경우와 둘 이상의 운송인이 공동으로 운송하는 경우에 최초의 운송인이 전구간의 운송에 대하야 발행하여 모든 책임을 지는 선하증권을 말한다.

7) 컨테이너 선하증권

화물이 CFS 또는 CY에서 선박회사에 의해 수령되었을 때에 발행되는 선하증권이다. 재래선으로의 선적에서는 본선수취증이 화물의 수취증으로서 발행되고 본선수취증과 상환으로 선하증권이 발생되지만, 컨테이너선으로의 선적의 경우는 컨테이너화물이 CFS 또는 CY에 반입된다면 부두수취증(dock receipt : D/R)이 교부되고 부두수취증과 상환으로 컨테이너 선하증권이 발행된다.

8) 기한경과 선하증권(stale B/L)

기한경과 선하증권(stale B/L)은 선적후 약정기한이나 규정기한인 21일을 경과하여 은행에 제시된 선하증권을 말한다.

stale B/L은 상품의 선적일자 후, 즉 B/L발행일 후 21일 이상 경과된 선화증권을 말한다. 이는 B/L로서의 효력을 상실한 것이며 대체적으로 양당사자간의 합의나 분쟁으로 발생하게 된다. 1993년 개정 신용장 통일규칙 제 43조에서 신용장에 서류제시기간이 명시되어 있지 아니한 경우 은행은 선적일자 후 21일이 경과되어 제시된 운송서류(선하증권)를 수리하지 아니한다고 규정하고 있다. 따라서 선하증권은 발행일자 이후 21일이 경과한 후 매입은행에 제시하면 은행은 특별히 신용장상에 "stale B/L acceptable"이란 조항이 없으면 수리를 거절한다.

9) 집단 선하증권과 혼재 선하증권

집단 선하증권(groupage B/L)은 운송할 화물이 한 컨테이너 분량에 미치지 못하는 (LCL cargo) 경우에는 혼재(consolidation), 즉 운송주선인(forwarder)이 동일한 목적지로 수출되는 화물을 수합하여 하나의 그룹으로 만들어 선적할 때 선박회사가 운송주선인에게 발행하는 선하증권을 말한다. 이것은 하주들에게 포장비의 절감, 신속한 수송, 저렴한 운임, 손상감소 등의 이점을 제공한다.

혼재 선하증권은 혼재를 주선한 운송주선인이 정상적인 groupage B/L(master B/L)을 발급받고 각 화주들에게 발행해 주는 선하증권을 말한다.

10) 정식 선하증권과 약식 선하증권

정식 선하증권(long form B/L)은 증권의 이면에 선박회사의 면책약관을 전부 기재한 선하증권을 말한다. 그러나 사무 간소화를 위해 기재할 필요가 없는 운송조건 등의 이면약관을 생략할 수 있다.

약식 선하증권(short form B/L)은 선하증권으로서의 필수기재사항은 모두 기재되어 있으나 정식 선하증권에서 볼 수 있는 이면약관을 삭제해서 간소화시킨 선하증권으로서 법적효력을 정식 선하증권과 동일하다.

11) 적색선하증권

적색선하증권(red B/L)은 선하증권의 기능에다 보험증권의 기능을 결합시킨 것으로 증권에 기재된 화물이 항해중에 사고가 발생하면 선박회사가 이를 보상해 주는 선하증권이며 부보내용을 표시하는 문언에 적색으로 표시되어 있다. 따라서 운임은 보험료가 추가된 형태이므로 보통의 선하증권에 비해 고액이다.

12) 환적 선하증권

환적 산화증권(transshipment B/L)은 화물의 운송중 중계항에서 다른 선박에 환적하여 최종목적지까지 운송할 경우 발행하는 선하증권으로서 각 구간의 운송인은 증권에 연서하여 수하인 또는 선하증권의 소지인에 대하여 연대책임을 진다.

13) 제3자 선하증권

제3자 선하증권(third party B/L)은 선하증권상의 송하인이 보통 신용장의 수익자이지만 수출입거래의 매매당사자가 아닌 제3자가 송하인이 되는 경우에 발행되는 선하증권으로서 중계무역 등에서 이용된다.

14) 해상화물운송장

해상화물운송장(sea waybill)은 유가증권이 선하증권을 이용하는 데 따른 문제점을 극복하기 위하여 화물의 수령증과 운송계약의 기능만을 수행하는 서류로서 유통성이 없으며 화물인도시에 제시 또는 상환할 필요가 없다. 따라서 도착지의 선박회사에서는 발행지로부터의 내부통지에 의해 파악된 수하인에게 화물을 인도해 준다.

이 해상화물운송장은 운송계약의 증빙서류이며 화물의 영수증이라는 점에서 B/L과 동등하나 권리증권이 아니므로 유통시킬 수 없으며 도착지에서 화물의 수령시 제출 의무도 없다. UCP에서도 SWB의 수리요건을 규정하고 있으며, INCOTERMS 2000에서도 매도인이 매수인에게 인도의 증빙서류로 SWB를 제시할 수 있도록 하고 있다.

15) 용선계약선하증권

용선계약선하증권(charter party B/L)은 화주가 대량화물을 수송하기 위하여 특정항로 또는 일정기간 동안 부정기선을 용선하는 경우, 화주와 선박회사 사이에 체결된 용선계약에 의하여 발행하는 선하증권을 말한다.

16) 전자식 선하증권

최근 국제무역에서도 종이문서류를 전자문서(electronic message)로 대체하려는 움직임이 활발히 진행되고 있다. INCOTERMS에서도 매도인과 매수인이 인도의 증빙서류로 합의한 경우에 EDI Message로 대체할 수 있도록 규정하고 있다.

전자식 선하증권이란 선하증권을 발행하는 대신 그 내용을 컴퓨터에 보관하고 이를 선사와 송하인 또는 수하인간에 EDI Message로 전송하고, 개인키를 통하여 물품에 대한 권리 및 처분권을 이전하고 있다.

3. 신용장상의 선하증권 문구

Full set of clean on board ocean bills of lading made out to the order of 000 Bank marked "Freight Prepaid" and "Notify Accountee"

1) Full Set : 전통

선하증권은 보통 3통을 1조로 하여 발행된다. 각 선하증권은 독립적 효력을 갖는 것으로서 신용장 취급은행의 입장에서 볼 때 선박회사가 발행한 3통의 선하증권 모두를 제시받지 않으면 담보권이 확보되었다고 볼 수 없기 때문에 신용장조건으로 선하증권의 전통을 요구하는 것이다.

2) Clean B/L : 무사고 선하증권

화물이 외관상 완전한 형태로 적재되었음을 나타내는 것으로 화물이나 포장에 결함이 없는 상태를 말한다. 즉 선적화물에 아무런 부가사항이나 비고사항(remarks)이 없는 완전한 선하증권을 말한다.

3) On Board B/L : 선적 선하증권

수취 선하증권은 신용장에 별도의 명시가 없는 한 수리되지 않으므로 신용장에서 수리 가능한 선적 선하증권이여야 한다.

4) Ocean B/L : 해양선하증권

국내 항구간 또는 내륙운송시에 발행되는 선하증권이 아니라 대양을 향해하는 선박이 발행한 선하증권을 말한다.

5) Made out to the order of ○○○Bank : 화물의 수취인

수취인(consignee)의 표시로서 order of 다음에 수하주의 이름이 기재되고 이는 곧 선적화물을 받아보는 사람 혹은 은행이 된다. 여기서는 Bank가 하주가 되며 주로 개설은행이 된다. 따라서 이 경우는 지시식 선하증권으로서 개설은행의 배서에 의한 하주가 결정된다.

6) Freight Prepaid : 운임지급

가격조건이 CFR이나 CIF인 경우에는 매도인이 운임을 지불해야 하므로 운임을 선불했다는 의미의 freight paid 또는 freight prepaid로 표시하고, FOB인 경우에는 매수인이 운임을 지불해야 하므로 운임은 나중에 지불될 것이라는 의미의 freight collect로 표시한다.

7) Notify Accountee : 착화 통지선

신용장 발행의뢰인인 수입업자 또는 수입업자가 지정하는 그의 대리인인 수입업자의 통관사 등이 통지처가 된다. 이는 화물이 목적지에 도착한 경우 선박회사가 화물도착통지(arrival notice)를 보낼 상대방을 가리킨다.

4. 기타 운송서류

1) 해상화물운송장

최근 컨테이너선 등의 고속화로 인해 본선이 목적항에 입항하고도 선하증권이 도착하지 않아 하주는 선하증권을 기다리는 동안의 창고보관료, 추가보험료, 화물의 인수 지연으로 인한 시장상실 또는 가치하락 등의 여러 가지 손해를 감수해야 하는데 이것을 선하증권의 위기(B/L crisis)라고 한다. 이것에 대한 해결책으로서 현재 실무적으로 광범위하게 사용되고 있는 것이 수입화물선취보증서(letter of guarantee : L/G)이다. 그러나 L/G의 사용에 있어 위조 등의 증가에 따른 문제가 발생되어 L/G사용이 큰 문제점으로 노출되었다.

이러한 문제들에 대한 해결방안으로 사용되기 시작한 것이 해상화물운송장(sea waybill)이다. 해상화물운송장(sea waybill)은 해상운송인이 운송품의 수취를 증명하고 운송인수조건을 알기 위하여 수출자에 대하여 발행하는 서류로 선하증권과 달리 운송품인도 청구권을 나타내는 유가증권이 아니라 기명식으로 발행되는 비유통증권이다.

해상화물운송장의 장점으로는 화물인도의 신속화, 서류분실에 따른 위험의 해소, 화물의 인수인도업무의 합리화의 추진, 경비절감 등이 있으며 단점으로는 유통성 권리증권이 아니므로 서류에 의하여 물건을 전매할 수 없으며 화환어음결제에 이용되는 경우 수하인을 수입지의 은행으로 해야 한다는 점 등이다.

2) 육상운송에 이용되는 운송증권

화물운송장(waybill)의 일반적 정의는 화물의 운송에 있어서 운송인의 청구에 의해 수출자가 작성, 교부하는 운송품에 관한 사항을 기재한 서류를 말한다.

(1) 화물수탁증

화물수탁증(consignment note)은 육상물품운송에 사용되는 국제적으로 인정된 운송증권으로서, 통상 3통 작성하여 수출자와 운송인이 각각 1통씩 보관하고, 나머지 1통은 화물과 함께 수입자에게 송부된다.

화물수탁증은 운송계약의 체결과 운송인이 화물을 수령한 추정적 증거(prima facile evidence)가 된다. 따라서 반대의 증빙이 없는 한 운송인이 화물을 수령할 때 화물의 상태가 양호하였으며 포장개수나 하인이 화물수탁증의 기재내용과 일치하는 것으로 추정된다.

화물수탁증은 비유통증권으로서 권리증권이 아니며 물품의 인수 및 인도서류의 기능을 가진다. 또한 화물수탁증이 발급되지 않았거나 분실된 경우라도 운송계약의 효력에 영향을 미치지 않는다.

(2) 철도화물수탁증

철도화물수탁증(railway consignment note)은 유통성이 없으며 물권

성도 없다. 철도화물수탁증 원본은 송장원본 및 도착통지서, 화물수탁증 및 송장의 사본, 보조서류의 1세트를 구성하는 6가지 서류의 한 부분을 이룬다. 철도화물수탁증은 이를 접수한 발송역이 스탬프를 필함으로써 운송계약증서의 기능을 가지게 된다.

3) 항공화물운송장

항공화물운송장(air waybill : AWB)은 화물의 항공운송에 있어서 항공운송인의 청구에 의해 수출자가 작성·교부하는 항공화물운송에 관한 상항을 기재한 서면이다. 즉 수출자와 항공운송인 사이에 화물의 운송계약이 체결되었다는 것을 나타내는 증거서류이며, 동시에 수출자로부터 화물을 운송하기 위해 수령했다는 수취증거서류이다. 이는 양도성과 유통성을 가지지 않으며 비유통증권으로만 발행된다. 또한 항공화물수탁증(air consignment note)이라고도 불리우는 데 항공기에 탑재되는 모든 물품은 항공화물운송장에 의해 운송된다.

이 항공화물운송장은 수출자가 작성하는 것이 원칙이며 만일 항공운송인이 수출자의 명시 또는 묵시의 의사표시에 의하여 이를 작성한 경우 반증이 없는 한 그것은 수출자를 대신하여 작성한 것으로 인정된다. 수출자는 항공운송장 원본 3통을 1조로 작성하여 화물과 함께 항공운송인에게 교부 하여야 하며 제 1원본에는 운송인용이라 기재하고 수출자가 서명하며, 제 2원본에는 수입자용이라 기재하고 수출자 및 항공운송인이 서명하여 화물과 함께 이를 도착지에 송부하여야 한다. 제 3원본은 수출자용으로서 항공운송인이 서명하여 화물을 인수한 후 수출자에게 교부하여야 한다.

IATA에서는 항공화물운송장의 양식과 발행방식을 표준화·통일화하여 전 IATA회원 항공사가 의무적으로 사용하도록 규정하고 있으며, 비회원 항공사도 회원항공사와 연계운송을 하게 되므로 이 양식을 사용하고 있다. 항공화물운송장은 master air waybill과 house air waybill의 두 가지로 구분해서 발행 사용되고 있다.

(1) 항공회사의 항공화물운송장

항공화물운송장(master air waybill)은 항공회사가 화물을 수탁했을 때 발행하는 것으로 항공회사의 직급화물(direct cargo)에 대해 화물대리점이 대리인으로서 발행한다.

(2) 혼재 항공화물운송장(air bill, house air bill, house air waybill)

항공화물 혼재업자가 운송인으로서 수출업자로부터 화물을 수탁했을 때 발행한다.

[표 7-4] 선하증권과 항공화물운송장의 비교

구 분	선하증권	항공화물운송장
수 화 인	지시식, 무기명식	기명식
양 도 성	양도성이 있는 유통유가증권	양도성이 없는 비유통유가증권
발행시기	선적후 발행	창고 반입 후 발행
작 성 자	선사가 작성	송하인이 작성

4) 복합운송증권과 FIATA복합운송증권

복합운송증권(mutimodal transport document)은 복합운송계약에 의하여 복합운송인이 발행하는 증권으로 복합운송계약의 내용, 운송조건과 복합운송인에 의한 운송물의 수령을 증명하는 증거증권이다. 복합운송증권의 유가증권성은 그 발행형식에 의하여 결정되며 적어도 유통성 있는 증권의 형식으로 발행되는 것은 유가증권성이 인정된다. 유가증권으로서의 복합운송증권의 법적 성질은 선하증권의 경우와 마찬가지이다.

FIATA 복합운송증권(FIATA combined transport document)은 화물 운송주선업자가 발행하는 복합운송증권으로서 1926년에 설립된 국제운송주선업 협회연맹(FIATA)이 제정하고 국제상업회의소(ICC)가

승인한 표준양식에 의거하여 발행된 복합운송 선하증권을 말한다. 신용장에 별도 문구가 없는 한 은행은 운송인, 복합운송인, 또는 그 대리인의 자격으로서 운송주선인이 발행한 운송서류를 수리하여야 한다 (UCP 30조).

제 8 장

해 상 보 험

제 1 절 해상보험의 기초

1. 해상보험의 개념

해상보험(marine insurance)은 선박의 운항 또는 선박에 의한 화물의 운송 등 항해사업에 따른 사고에 의해서 선박 또는 화물이 입은 손해를 보상하는 보험으로 해상보험이 발생하는 대상이 선박일 경우에는 선박보험(marine hull insurance)이고 그 대상이 화물일 경우에는 해상적하보험(marine cargo insurance)이 된다.

영국 해상보험법(marine insurance act : MIA) 제1조에서는 "해상보험계약이란 보험자가 피보험자에 대해 그 계약에 의거하여 합의한 방법 및 범위 내에서 해상손해, 즉 항해사업에 수반된 손해를 보상할 것을 인수하는 계약"이라고 규정하고 있다.

이론적으로 해상보험계약은 손해보상계약(contract of indemnity)으로서 보험료(premium)라는 일정금액의 지불을 대가로 보험자는 해상위험(marine perils)에 기인해서 생긴 멸실 또는 손상에 대하여 피보험자에게 손해보상할 것을 합의하는 것이다.

이러한 해상보험계약은 다음 종류로 구분될 수 있다.

1) 원보험계약과 재보험계약

보험계약 당사자간에 체결되는 통상의 보험계약을 재보험계약과 비교・구별하는 경우에 원보험계약이라 한다.

재보험계약은 보험자가 인수한 보험계약상의 위험을 보험에 부보하는 것으로 재보험이라 한다. 이와 같이 재보험계약은 원보험계약을 기초로 손해보상책임의 발생을 보험사로고 하는 책임보험의 일종이지만 해상보험자의 손해보상책임은 해상보험사고에 의해서만 발생하기 때문에 해상보험계약의 재보험은 당연히 해상보험계약의 일종으로서 처리되는 것이 일반적이다.

2) 단독보험계약과 공동보험계약

보험계약의 당사자의 쌍방이 체결하는 보통의 단일계약형태를 단독보험계약이라 하여 공동보험과 구별하고 있다.

해상보험에서는 선박이나 화물에 관계없이 보험금액이 거액에 달하는 경우나 보험조건・요율의 격심한 경쟁 등으로 인하여 보험회사간에 공동보험을 인수하는 경우가 많다.

2. 해상보험계약의 당사자

1) 보험자, 보험계약자 및 피보험자

(1) 보험자

보험자(insurer, assurer, underwriter)는 보험을 인수하는 자로서 보험계약자로부터 보험료를 받고 일정한 위험을 담보하고 그 위험을 원인으로 해서 생긴 손해에 대해 보험기간 중 보험사고가 발생할 경우

보험금을 지급할 것을 약속한 자를 말한다.

실무적으로는 보험회사 또는 로이즈 보험조합 가입의 보험 인수업자(underwriter)가 이에 해당한다.

(2) 보험계약자

보험계약자(policy holder)는 보험계약의 당사자로서 보험자와 보험계약을 체결하고 보험료를 지급하기로 약속한 자를 말한다. 보험계약자는 보험계약시에 보험금의 지급의무와 고지의무 등을 가진다.

(3) 피보험자

피보험자(insured, assured)는 피보험이익의 주체로서 보험자에 대하여 보험금 청구권을 가지는 보험계약상의 수익자, 즉 보험사고의 발생으로 인하여 손해를 입는 경우에 보험자로부터 손해보상을 받을 권리를 갖는 자를 말한다.

해상보험에 있어서 FOB조건의 경우는 보험계약자와 피보험자는 동일인이 되지만 CIF조건의 경우는 매도인이 보험계약자가 되고 매수인이 피보험자가 된다.

2) 보험대리점

보험대리점(insurance agent, agent for the insurer)은 보험회사를 위하여 계속적으로 보험계약체결의 대리 또는 소개를 업으로 하는 자를 말한다.

3) 보험중개인

보험중개인은(insurance broker)은 보험자와 보험계약자 또는 피보험자사이에서 보험계약체결의 소개를 업으로 하는 독립된 상인을 말한다.

보험대리점이 보험회사를 위하여 보험회사로부터 대리권을 행사하는 것임에 비해서 중개인은 보험계약자를 위하여 보험자로부터 유리한 보험조건·요율(rates, terms and conditions of insurance)을 취득하도록 활동한다. 영국에서는 거의 대부분의 해상보험계약이 보험중개인에 의해서 체결되고 있다.

3. 피보험이익의 요건

보험의 목적은 보험사고가 발생하는 객체이고, 적하보험에서는 화물이 이것에 해당한다. 적하보험에서 말하는 화물의 내용은 다종다양하여 귀금속, 보석류, 미술품, 산동물, 조류, 어류, 주식, 지폐 외에 대형물건으로서는 차량, 해양유전 굴착장치, 요트 등의 소형선(단, 선박에 적재되어 수송되는 경우에 한한다)도 화물의 범주에 속한다. 이와 같이 화물은 상품성을 가진 동산 전반을 의미하지만 선내에서 소비되는 식료품과 저장품 또는 선원의 휴대품 등은 화물의 범주에 포함되지 않는다. 해상위험을 중심으로 운송중심으로 운송중인 제 위험에 의해서 멸실 또는 손상을 입게 될 염려가 있는 보험의 대상물인 화물을 보험의 목적이라는 것이다.

피보험이익(insurable interest)은 화물인 보험목적의 멸실 또는 손상에 의해서 경제적 손실을 입는 자와 보험의 목적과의 이해관계를 의미한다.

통상의 적하보험계약에서는 하주가 자기의 소유자 이익을 피보험자이익으로 부보하기 때문에 화물의 명세를 보험자에게 고지하여야 하며, 보험증권상에서도 송장과 동일한 화물의 명세가 기재된다. 그러나 화물의 소유자 이익 이외의 피보험이익의 경우에는 그 내용을 별도로 명시할 필요가 있다.

이익이 없으면 보험도 없다(no interest, no insurance)라고 하는 법언이 뜻하는 것처럼 다음의 요건을 충족하지 못하는 것, 즉 피보험자이익이 없는 보험계약은 무효가 된다. 따라서 보험계약이 유효하게 성립하려면 다음과 같은 피보험이익의 요건을 반드시 갖추어야 한다.

1) 피보험이익의 요건

(1) 적법성

피보험이익이 보험계약상의 보호를 받기 위해서는 적법한 것이어야 한다. 법의 금지규정에 위반되거나 공서양속 기타 사회질서에 위반되지 않는 것으로서 밀무역에 종사하는 선박의 보험이나 공서양속에 위반되는 서적, 도화, 밀수행위, 도박, 탈세 등에 관련한 이익은 피보험이익이 될 수 없다.

(2) 경제성

보험사고발생시 보험자가 보상하는 급부는 경제적인 급부이기 때문에 보험급부에 의하여 취득할 수 있는 이익은 금전적으로 산정할 수 있는 이익, 즉 경제적 이익이 있어야 한다. 피보험이익이 금전으로 산정될 수 없는 경우에는 손해액을 결정할 수 없고 보험의 남용에 의해 실제 발생한 손해 이상의 보험을 받을 우려가 있기 때문이다.

(3) 확정성

피보험이익은 반드시 계약체결 당시에 현존하고 확정되어 있어야 하는 것은 아니지만, 적어도 보험사고가 발생할 때까지는 보험계약의 요소, 즉 피보험이익의 존재 및 귀속주체가 확정될 수 있는 것이어야 한다.

2) 피보험이익의 표시

(1) 선박

선박(marine hull)은 상행위 기타 영리를 목적으로 하는 항해에 사용되는 선박을 의미한다. 또한 선박의 구성요소인 선체, 기관, 용구, 연료, 식료, 기타 소모품 등 선박사용 목적을 위하여 선박 내에 존재하는 모든 물건을 포함한다.

(2) 해상적하

해상적하(marine cargo)는 상품의 성질을 가지고사 선박에 적재된 화물을 의미하며 사유물이나 선내에서 소비하기 위한 식료품이나 소모품은 포함하지 않는다. 적하보험의 보험가액은 선적한 시기 및 장소의 가액과 선적 및 보험에 관련된 비용을 말한다. 그러나 실제로는 원가와 선적 및 보험비용, 희망이익 등의 계산이 복잡하므로 실무상 송장가액(CIF)에 10%의 희망이익을 부보하는 것이 관례이다.

(3) 운임

운임(freight)은 화물의 해상운송에 대한 보수이며 선불과 후불의 두 가지 방법이 있다. 선불운임은 하주의 피보험이익이고 후불운임은 선주의 피보험이익이며 오늘날 보통 전자가 일반적이다. 선불운임은 송장가액에 포함되지만 후불운임은 화물이 손상을 입은 상태로 도착하더라도 정품과 동액의 운임을 지불해야 하기 때문에 하주는 운임보험에 부보한다. 반면 선주 또는 용선자도 해난에 기인하는 적하의 멸실로 운임을 취득할 수 없는 경우에 대비해서 운임보험에 부보한다.

(4) 선비

선비(disbursement)는 항해를 위한 연류, 윤활유, 식료 등에 대한 비용을 말하며, 넓게는 선원에 대한 전도급료와 보험비용 등이 포함된다.

(5) 희망이익

적하의 멸실 또는 손상 등에 따라 매수인이 화물을 전매함으로써 얻을 수 있는 이윤(희망이익)의 전부 또는 일부를 상실하게 된다. 희망이익(expected profit)은 적하의 안전한 도착으로 얻을 수 있는 이익을 말하며 이것이 보험가액은 장래에 기대되는 불확정이익이기 때문에 사실상 산출하기가 어려워 통상 송장금액(CIF)의 10%가 관례로 되어 있다.

(6) 희망보수

희망보수(expected commission)는 화물이 목적지에 무사히 도착했을 때 취득할 수 있는 중개인의 수수료 등의 기타 보수를 총칭한다. 화물의 멸실 또는 손상으로 중개인의 수수료와 같은 희망보수를 취득할 수 없게 될 때 이러한 희망보수도 피보험이익으로 부보된다. 이것의 보험가액은 당사자의 협정에 의해 정해진다.

(7) 모험대차권

모험대차권(bottomry)은 선장이 선박의 수선비, 구조비 기타 항해를 계속하는 데 필요한 비용을 지출하기 위해서 선박, 운임 및 적하를 저당 또는 견질로 하여 저당물 또는 화물이 목적지에 도착할 것을 조건으로 반제하는 금전소비 대차의 일종이며 선박이 항해를 무사히 끝내면 반환하고 도중에 손실을 당하면 채무가 면제된다.

3) 피보험이익을 가질 수 있는 이해관계자

해상보험에서 보호하는 것은 선박, 적하 등에 대하여 특정인이 갖고 있는 경제적인 이해관계이다. 해상보험은 화물과 같은 유체물에 대해서만 부보할 수 있는 것은 아니며 책임, 비용, 이윤과 같은 무형의 재산에 대해서도 부보할 수 있는데 피보험이익을 가질 수 있는 이해관계자들은 대개 다음과 같다.

(2) 선주

선주(shipowner)는 자신이 소유하고 있는 선박에 대해서 각종 피보험이익을 누릴 수 있다. 선주는 선박의 소유권에서 비롯된 피보험이익뿐만 아니라 항해에 수반하는 연료, 식량 기타 소모품의 구입비나 세관 제비용등의 선박비용(disbursement)에 대해서도 피보험이익을 가질 수 있다.

(2) 하주

하주(cargo-owner)는 해상보험에서 화물의 주인은 대표적인 피보험이익의 당사자이다. 수출업자나 수입업자는 선하증권 또는 용선계약에 따라 선박에 의하여 운송되는 모든 종류의 적하를 화물이라는 통괄적인 명칭으로 적하보험계약을 체결할 수 있다. 이 경우에는 대개 화물의 보험가액 또는 송장가액의 10%를 희망이익으로 간주하여 함께 부보한다.

(3) 운임취득자

운임은 운송행위의 완성에 대하여 지불하는 보수이다. 따라서 해상사고가 발생하여 운송이 중단되면 운임을 받지 못하게 되므로 운임취득자도 운임에 대한 피보험이익을 가지게 되는 것이다.

(4) 보험자

보험자가 다시 피보험자의 입장에서 다른 보험자와 재보험(reinsurance)계약을 체결하는 경우 보험자는 원래 자기가 인수한 금액만큼 피보험이익을 갖게 된다.

4. 보험기간

1) 보험기간

보험기간(term insured)은 보험자의 위험부담책임의 개시시로부터 종료시까지의 위험부담책임의 존속기간, 즉 보험자의 위험부담의 시간적 한계를 의미하는 것으로 위험기간(duration of risk)이라고도 한다. 보험기간은 당사자의 합의에 의해 정해지는데 보험기간의 결정방법에 따라 해상보험은 항해보험과 기간보험으로 대별된다.

항해보험(voyage policy)은 보험기간이 일정항해를 기준으로 하여 정해진 보험을 말한다.

기간보험(time policy)은 보험기간이 일정시를 기준으로 정해진 보험을 말한다. 일반적으로 선박보험의 경우는 기간보험으로 계약되고 적하보험은 항해보험으로 계약된다.

2) 보험계약기간

보험계약기간은 보험기간의 개시여부에 관계없이 보험계약이 유효하게 존속하는 기간을 말한다. 보험계약기간은 보험기간이 일반적으로 일치하지만 소급보험과 예정보험(open cover)의 경우에는 일치하지 않는다. 예컨대 수입화물의 선적일자가 6월 1일이고 최종 목적항의 입항일이 6월 30일인데 6월 15일에 보험계약을 체결하게 되면 보험계약의 효력은 6월 1일부터 소급하여 발생하므로 보험계약기간은 15일에 불과하지만 보험기간은 30일간이 된다.

제 2 절 해상위험과 해상손해

1. 해상위험

1) 해상위험의 의의

해상보험에서 보험자가 담보하는 위험은 해상위험(maritime peril), 즉 항해에 관한 우연한 사고이다. 해상보험계약자에 있어서 실제로 보험자가 담보하는 해상위험의 범위에 관하여는 계약의 내용을 이루는 보험약관에서 정하고 있다.

해상위험은 위험발생의 기회를 항해로 하거나 위험발생의 장소를 해상으로 함을 원칙으로 하기 때문에 해상보험계약에 있어서 발생할 수 있는 위험은 다종다양하다.

해상위험은 자연적인 위험과 인위적인 위험으로 구별할 수 있으며 자연적인 위험의 대표적인 것으로 해상고유의 위험(perils of the seas)이 있다.

해상고유의 위험은 바다의 우연한 사고 또는 재난을 의미하며, 풍파의 통상적인 작용은 바다 고유의 것이기는 하지만 그것은 사고 또는 재난이 아니고 위험으로서의 요건을 구비하지 않고 있으므로 해상고유의 위험이 아니다. 즉 해상고유의 위험이 되기 위해서는 어떤 사고가 바다를 직접 원인으로 하여 발생함과 동시에 그 사고가 우연하고도 예상할 수 없는 것이어야 한다. 해상고유의 위험의 예로서는 이례적인 풍파의 작용으로 인한 선박의 침몰(sinking), 좌초(stranding), 얹힘grounding), 촉초(touch and go), 충돌(collision), 파선 또는 난파(shipwreck) 기타 풍파에 이례적 작용(heavy weather)의 결과, 선박 및 적하의 행방불명 등이 있다.

이 밖의 해상위험으로는 화재, 해적 및 강도, 투하(jettison), 강류, 억지 및 억류, 선원의 악행 등 다수의 위험이 있다.

2) 위험부담의 원칙

(1) 포괄책임주의

해상보험계약에서 보험자가 부담하는 위험을 일체의 해상위험 또는 항해에 관한 일체의 사고로 하는 방식을 포괄책임주의 또는 일반책임주의라고 한다. 그러나 이러한 포괄책임주의에 의하더라도 일정한 위험에 대하여는 면책약관에 의하여 보험자가 위험을 담보로 하지 않는 경우가 있으며 구약관의 A/R 및 신약관의 A조건이 포괄책임주의를 채택하고 있다.

(2) 열거책임주의

해상보험계약에서 보험자가 부담하는 위험을 예시적으로 열거하고, 열거하지 않는 위험에 대해서는 보험자가 이를 부담하지 않는 방식을 열거책임주의 또는 제한책임주의라고 한다.

다만, 이 경우에도 특별약관에 의하여 열거위험 이외의 위험을 담보하는 수가 있으며 구약관의 WA, FPA 및 신약관의 B 및 C조건이 열거책임주의이다.

3) 해상위험과 보험기간

보험자가 해상위험을 부담함에 있어서는 시간적인 제한을 전제로 한다. 즉 보험자가 부담하는 위험은 보험계약기간 중의 위험에 한정된다. 이 보험계약기간 중의 보험자의 책임은 위험부담 책임이지 손해보상책임이 아니다.

위험부담책임과 손해보상책임은 표리의 관계에 있지만, 위험부담책임은 손해발생의 가능성을 부담하는 것이라면 손해보상책임은 현실의 손해를 부담하는 것이다. 보험계약기간은 위험부담의 시기로부터 종기에 이르기까지의 기간(위험부담기간)을 의미한다.

그러므로 보험기간 중에 손해가 발생했다 하더라도 그 원인이 되는 위험이 보험계약 기간이 개시되기 전에 발생한 경우에는 보험자는 그 손해를 보상할 책임이 없다. 반대로 보험계약기간 중에 손해의 원인위험이 발생하고 그로 인하여 보험계약기간이 종료한 후에 손해가 확정되더라도 보험자는 그 손해를 보상하게 된다.

2. 해상손해

1) 해상손해의 의의

해상보험에 있어 손해는 보험의 목적인 선박, 적하 또는 운임 등에 해상위험인 보험사고가 발생함으로써 보험의 목적이 멸실, 손상되거나 점유를 상실함으로써 생기는 피보험자의 재산상의 불이익을 말한다.

따라서 얼마만큼의 손해가 구체화되었는지의 여부는 그 재산상의 불이익을 야기하게 된 보험목적의 멸실 또는 손상을 원상으로 회복하는데 소요되는 비용총액으로 결정짓게 되는 것이다.

2) 해상손해의 종류

- 해상손해
  - 물적손해
    - 전손
      - 현실전손(actual total loss)
      - 추정전손(constructive total loss)
    - 분손
      - 단독해손(particular average)
      - 해상손해 공동해손(general average)
  - 비용손해
    - 손해방지비용(sue & labor charges)
    - 구조료(salvage charges)
    - 특별비용(particular charges)
  - 배상책임손해(liability loss)

(1) 직접손해와 간접손해

① 직접손해

보험사고로 인해 보험의 목적 그 자체에 발생한 손해를 말한다. 선박보험의 경우 피보험선박에 직접 발생된 선체손상 등의 손해, 적하보험의 경우 피보험화물의 멸실 또는 손상으로 인한 손해가 이에 해당한다.

② 간접손해

보험사고로 인하여 당해 피보험자가 입은 직접손해 이외의 손해를 말한다. 선박보험의 경우 동일 사고로 인하여 피보험선주가 입은 운임의 관한 손해, 적하보험의 경우 피보험화물의 손해로 인한 희망이익의 상실손해 또는 항해지연으로 인한 화물의 성질손해나 상기의 상실로 인한 손해가 이에 해당한다.

(2) 물적손해와 비용손해

① 물적손해

물적손해는 실체적 손해라고도 하며 보험의 목적의 멸실 또는 손상으로 인한 직접손해를 말한다.

② 비용손해

비용손해는 위험발생의 결과로 피보험자에 의하여 또는 그를 위하여 비용이 지출되는 경우의 손해를 말한다.

(3) 물적손해

① 전 손

피보험이익이 전부 멸실된 경우를 전손(total loss)이라고 하며 전손은 현실전손(actual total loss)과 추정전손(constructive total loss)으로 구분된다.

가) 현실전손

현실전손은 보험의 목적이 실체적으로 멸실되었거나 본래의 성질이 상실되었을 경우와 또한 포획의 경우와 같이 보험의 목적에는 하등의 물적손해가 발생하지 않았으나 그에 대한 피보험자의 지배력이 상실되었을 경우, 선박의 행방이 상당 기간 동안 불명인 경우 등이 있다(MIA 제 57조, 제58조).

나) 추정전손

추정전손은 보험의 목적이 현실전손으로 될 것이 불가피하다고 인정될 경우, 특히 보험의 목적에 대한 피보험자의 지배력이 상실되어 회복의 가능성이 없는 것으로 예상되거나, 또는 그 회복비용이 회복되었을 때의 화물의 가액을 초과하는 것으로 예상될 때 및 화물을 가액을 초과할 것으로 예상될 때 및 화물을 수선 또는 수리하여 목적지까지 수송함에 소요될 비용이 도착후 화물의 가액을 초과할 경우 등을 말한다.

추정전손은 보험의 목적을 보험자에게 정당하게 위부(abandonment)함으로써 성립되면 만약 위부를 하지 않을 경우에는 분손으로 처리될 수 있을 뿐이다.

위부제도는 추정전손이 인정될 수 있는 사유가 발생하였을 때 피보험자는 그 피보험 목적물에 대하여 갖는 일체의 권리를 보험자에게 이전하고 대신 전손에 해당하는 보험금을 청구할 수 있게 하는 제도이다. 즉 피보험자가 보험손해를 추정전손으로 처리하기 위하여 피보험이익의 일체를 보험자에게 포기하는 행위를 말한다.

위부행위가 이루어지려면 추정전손이 성립되어야 하는데 추정전손으로 인정받기 위해서는 손해가 불가피하다거나 피해복구금액이 보험금액을 초과한다는 사실이 합리적으로 피보험자에게 증명되어야 한다. 만약 추정전손이 불가피하다는 것을 증명하지 않고 위부를 통지한 후 손해가 확대되고 또 확대된 손해로 보험자의 부담이 증가할 때 그러한 증가된 손해에 대해서는 보상받을 수 없으며 분손으로만 처리된다.

② 분 손

피보험이익의 일부를 멸실이나 손상을 분손(partial loss)이라 하며 이는 단독해손과 공동해손으로 분류된다.

가) 단독해손

단독해손(particular average)은 보험의 목적이 일부 멸실되거나 손상되어 그 손해를 피보험자가 단독으로 부담하는 손해를 말한다.

나) 공동해손

공동해손(general average)은 선박 및 적하 등의 공동의 위험에 처하여 이로부터 벗어나기 위하여 취하여진 행위로 인하여 발생한 손해 또는 비용 등의 이해관계자가 공동으로 부담하는 손해이다.

(4) 비용손해

비용손해 중 보험보상의 대상이 되는 비용손해는 구조료, 구조비, 특별비용, 손해방지비용 및 손해조사비용(부대비용)이다.

① 구조료

해난에 봉착한 재산에 발생할 가능성 있는 손해를 방지하기 위하여 계약에 의하지 아니하고 구조한 자에게 해상법에 의하여 지불하는 보수를 구조료(salvage charge)라고 한다.

② 구조비

해난에 조우한 재산에 발생한 가능성 있는 손해를 방지하기 위해 계약에 의하여 구조한 자에게 계약에 따라 지급하는 보수를 구조비

(salvage awards)라 한다.

③ 특별비용

보험목적물의 안전 또는 보존을 위하여 피보험자에 의해서 또는 피보험자를 위하여 소요된 비용으로서 공동해손 비용과 구조료 이외의 비용을 특별비용(particular charge)이라 한다. 이러한 특별비용은 단독해손에 포함되지 아니한다.

손해방지비용이 손해보상금과는 별도로 보험자에 의하여 지급되는 데 반하여 특별비용은 손해액과 특별비용을 합하여 보험금액을 한도로 보상된다. 손해방지비용이 피보험자 또는 그의 사용인 및 대리인에 의하여 지출된 비용이라면, 특별비용은 그 행위자를 한정하지 아니하고 피보험자에 의해서 또는 피보험자를 위하여 지출된 비용이다.

④ 손해방지비용

손해방지비용(sue and labour charge)은 피보험위험이 발생하였을 경우에 이로 인한 보험의 목적의 손해를 방지, 경감하기 위하여 피보험자 또는 그의 사용인 및 대리인이 지출한 비용을 말한다.

손해방지비용은 당해 보험의 목적의 이익만을 위하여 소요된 비용이어야 하고 피보험자 또는 그의 사용인 및 대리인에 의하여 소요된 비용이어야 한다.

따라서 구조료(salvage charge)는 손해방지비용이 될 수 없다.

또한 손해방지비용은 정당하고(properly), 그리고 합리적으로(reasonably) 소요된 비용이어야 하며 보험자가 보상하게 될 손해를 방지 또는 경감하기 위하여 소요된 비용이어야 한다.

⑤ 손해조사비용

손해가 발생하였을 경우 손해액 사정인에 의해서 손해의 원인 및 정도를 조사하는 데 소요되는 비용을 손해조사비용이라고 한다.

손해조사비용은 당해 손해가 보험자에 의해 부담되어진 성질의 손해인 경우에 한하여 보험자가 보상한다.

제 3 절 해상보험계약

1. 기본보험조건

적하보험의 기본조건으로는 구협회적하약관상 전위험담보조건(A/R), 분손담보조건(W.A), 단독해손부담보조건(F.P.A), 전손담보조건(T.L.O)의 4가지 조건과 신협회적하약관상 구약관의 A/R과 담보범위가 같은 ICC(A), W.A와 유사한 ICC(B), F.P.A와 유사한 ICC(C)의 3가지 조건이 있다.

1) 구협회적하약관상 담보범위

(1) 전위험담보조건

전위험담보조건(all risks : A/R)은 다음의 손해를 제외한 모든 외부적 우발요인에 의한 손해를 면책한도의 적용없이 보상하는 조건으로 손해보상의 범위가 높고 보험료가 고율이다.

① 피보험자의 고의적인 불법행위로 인한 일체의 손해
② 보험가입화물의 고유의 하자 또는 성질과 지연으로 인하여 발생한 손해와 포장의 불완전으로 인한 손해
③ 위험의 요건을 구비하지 않은 사유에 의한 손해
④ 전쟁 · 폭동 · 파업

(2) 분손담보조건

분손담보조건(with average : W.A) 또는 단독해손담보조건(with particular average : W.P.A)이란 법률의 규정 또는 보험증권의 약관에서 제외된 것이 아닌 한 전손과 공동해손은 물론 단독해손에 의한 손해까지 보상해 주는 조건이다. 분손담보조건에서는 증권본문의 면책

약관하의 면책비율이 적용되면 일정비율 미만의 소손해에 대해서는 보상되지 않는다.

(3) 단독해손부담보조건

단독해손부담보(free from particular average : F.P.A) 또는 분손부담보조건이란 전손 및 공동해손의 경우와 손해방지비용, 구조비, 특별비용, 특정분손 등의 손해를 보상하는 조건으로서 단독해손 이외의 모든 손해를 보상하는 조건이다.

(4) 전손담보조건

전손담보조건(total loss only : T/L)이란 보험목적물이 전부 손실을 당했을 경우의 손해, 즉 현실전손과 추정전손에 한하여 담보의 책임을 지는 조건이다.

2) 신협회적하 약관상 담보범위

(1) ICC(A)

Institute Cargo Clause A[ICC(A)]는 전위험보험약관(A/R)과 유사한 것으로 보험자는 다음의 면책위험을 제외한 피보험물에 발생한 멸실·손상 또는 비용일체를 담보하여야 한다.

① 일반적인 면책위험

ㄱ) 피보험자의 고의적 비행

ㄴ) 통상적인 누손, 중량 및 용적의 부족 또는 자연소모

ㄷ) 포장 또는 준비의 부적합 또는 부적절

ㄹ) 고유의 성질 또는 하자

ㅁ) 지연

ㅂ) 본선의 소유자·관리자·용선자·운항자의 지급불능 또는 채무불이행

ㅅ) 원자력, 핵의 분열 및 융합 또는 이와 유사한 반응 또는 사용

② 불내항성 및 부적합성 면책위험

ㄱ) 본선 또는 부선의 불내항

ㄴ) 피보험목적물의 안전운송에 부적당한 본선, 부선, 컨테이너 또는 지게차

③ 전쟁면책위험

ㄱ) 전쟁, 내란, 혁명, 반역, 반란으로 인한 국내전투 또는 교전국에 가해 적대행위

ㄴ) 포획, 나포, 억지 또는 억류와 이러한 행위의 결과

ㄷ) 유기된 기뢰, 어뢰, 폭탄, 기타 전쟁무기에 의한 발생

④ 동맹파업 면책위험

ㄱ) 동맹파업, 직장폐쇄, 노동쟁의, 폭동 또는 소요에 가담한 자에 의한 발생

ㄴ) 동맹파업, 직장폐쇄, 노동쟁의, 폭동 또는 소요의 결과

ㄷ) 테러리스트 또는 정치적 동기에 의해 행동하는 자에 의한 발생

(2) ICC(B)

Institute Cargo Clause B[ICC(B)]는 ICC(A)의 면책위험을 제외한 다음의 멸실과 손상을 담보한다.

ㄱ) 화재 또는 폭발로 인하여 발생한 손해

ㄴ) 본선 또는 부선의 좌초, 교사, 침몰, 전복으로 인하여 발생한 손해

ㄷ) 육운송용구의 전복 또는 탈선으로 인하여 발생한 손해

ㄹ) 피난항에서 화물의 하역중 발생한 손해

ㅁ) 공동해손으로 인한 손해

ㅂ) 하역, 투하로 인한 손해

ㅅ) 지진, 화산의 분화, 낙뢰로 인한 손해

ㅇ) 본선, 부선, 선창, 운송용구, 컨테이너, 지게차 또는 보관장소에 해수·호수·강물의 유입에 의한 손해

ㅈ) 갑판상 유실

ㅊ) 본선, 부선에 선적 또는 하역작업중 바다에 떨어지거거나 갑판에

추락하여 발생한 포장 단위당 전손

(3) ICC(C)

보험조건 중 가장 제한된 것으로 다음의 멸실과 손상을 담보한다.

ㄱ) 화재 또는 폭발

ㄴ) 본선 또는 부선의 좌초, 교사, 침몰 또는 전복

ㄷ) 육상운송용구의 전복 또는 탈선

ㄹ) 본선, 부선 또는 운송용구와 물 이외의 다른 물건과의 충돌 또는 접촉

ㅁ) 피난항에서의 화물의 투하

ㅂ) 공동해손희생손해

ㅅ) 투하

2. 추가보험조건

1) 부가위험담보조건

운송화물에 대한 보험은 전위험담보조건으로 부보하는 경우 부가조건을 부보할 필요가 없으나 보험료가 비싼 단점이 있다. 따라서 제한적인 조건인 F.P.A나 W.A 또는 ICC(C)나 ICC(B)로 부보하는 경우 화물이 통상적인 운송과정중 입을 수 있는 모든 소실 및 손상을 담보하기에는 불충분하므로 화물의 종류, 포장방법 및 운송방법 등으로 고려하여 부가조건을 추가함으로써 위험에 대한 대비와 저렴한 보험료로써 동일한 효과를 기대할 수 있다.

다음과 같은 부가위험들은 추가보험료를 납입하고 특별약관에 의하여 담보되고 있다.

(1) 도난, 발항, 불착(theft, pilferage and non-delivery) : 도난(theft)은 포장 전체, 발하(pilferage)는 포장내용물의 도난을 뜻하며, 불착(non-delivery)은 화물의 일부가 목적항에 도착하지 않는 것으로

도난 또는 매포장 단위당의 불도착으로 인한 손해를 담보하는 조건이다.

(2) 빗물 및 우수에 의한 손해(rain & or fresh water damage) : 해수(sea water) 이외의 빗물 또는 민물(fresh water)에 의하여 화물에 누손이 생긴 손해를 담보하는 조건이다.

(3) 갈고리에 의한 손해(hook & hold : H/H) : 하역작업용 갈고리에 의한 손해를 담보하며 직물, 잡화 등을 마대나 종이상자(paper bag)에 포장한 경우에 사용된다.

(4) 유류 및 다른 화물과의 접촉(contact with oil & other cargo) : 적치(stowage)의 불량이나 선박의 동요로 인한 선박의 연료유, 기계유 및 다른 화물과의 접촉으로 발생하는 파손이나 오손 등의 위험을 담보하는 조건이다.

(5) 파손(breakage) : 정밀기계, 유리, 요업제품 등 깨지기 쉬운 화물에 담보하는 조건이다.

(6) 곡손(venging and/or denting) : 운송 도중 접촉이나 화물상의 부주의로 화물의 표면이 패이거나(denting) 또는 구부러지는 것(bending)을 담보하는 조건이다.

(7) 누손, 중량부족(leakage and/or shortage) : 보험목적물의 수량 혹은 중량부족(shortage)으로 인한 손해를 담보하는 것으로 주로 액체상태의 유류, 화공약품이나 분말류의 식품, 곡류 등에 사용된다.

(8) 습기와 발열(sweat and heating) : 선창의 천정, 선창내벽에 응결한 수분에의 접촉으로 발생하는 손해나 화물의 표면 또는 불완전한 건조 등 화물 자체에 응결한 수분의 손해(cargo sweat) 및 이상온도의 상승에 의하여 화물이 입은 손해(heat damage)를 담보하는 조건으로 원피, 유류 등에 사용된다.

(9) 혼합위험(contamination) : 오염이라고도 하며 액체화공약품이나 유류 등이 다른 물질과의 혼합이나 접촉으로 발생하는 더러움, 흠 및 악취의 흡착 등으로 인하여 품질의 저하를 담보하는 조건이다.

(10) 쥐 및 벌래(rats or vermin) : 곡물이나 목재가 쥐나 벌레에 의하여 발생하는 손해를 담보하는 조건이다.

(11) 곰팡이(mould and mildew) : 곡초, 연초, 섬유제품이 습도가 올라감에 다라 곰팡이가 발생해 손해를 입는 것을 담보하는 조건이다.

(12) 녹・산화・변생(rust, oxidation, discoloration) : 금속화물이 습기와 해수・담수에 의해 생기는 녹・산화・변색의 위험을 담보하는 조건이다.

(13) 투하, 갑판유실(jettison and/or washing overboard) : 해난사고시 갑판상에 적재된 부보화물을 투하하거나 풍랑으로 유실되었을 때 경우의 손해를 담보하는 것으로 목재, 자동차, 철도차량, 가연성 및 부패성 화학약품, 산동물 등에 사용된다.

2) 확장담보조건

(1) 내륙운송확장담보조건

내륙운송확장담보조건(inland transit extension : ITE)은 송화주나 수화주의 창고가 내륙에 위치하는 경우 송화주의 보관창고로부터 선적항 또는 양화항으로부터 내륙의 수화주의 창고까지 내륙운송중의 위험을 신협회적하약관 및 기타 특별약관에 따라 당초의 적하보험증권에 추가하여 확장담보하는 조건이다. 이 조건의 보험요율은 선적 전과 양과 후로 구분하여 각기 별도로 적용된다.

(2) 내륙보관확장담보조건

내륙보관확장담보조건(inland storage extension : ISE)은 본선으로부터 하역되어 중간창고에 입고, 장치중인 화물에 대하여 통관업무상 문제점이 발생하여 장기간 장치가 필요하거나, 원매자를 찾기 위하여 보관해 두어야 할 경우 상기 장소는 수화주의 최종 창고로 간주되어 창고입고와 동시에 적하보험의 효력이 종료됨에 따라 별도의 담보조치를 하여야 한다.

내륙보관확장담보조건은 중간창고나 보세창고의 보관중의 위험을 적하보험증권에 명시된 기간 이상으로 연장할 경우 신협회적하약관 및 기타 특별약관에 따라 확장담보하는 조건이다. 이 보험의 요율은 1회에 해당하는 요율이며 2회 이상 발생할 경우에는 각기 별개로 간주하여 매회당 해당요율이 적용된다.

3. 예정보험

보험계약을 체결할 당시에 보험증권에 기재할 보험계약 내용의 일부(적재선박, 보험금액 등)가 확정되어 있지 않은 보험계약을 말한다. 이는 보험계약 자체는 성립하면서 그 기재내용의 일부가 미확정이라는 점에서 보험계약이 성립하지 않는 단순한 예약과는 구분되어야 한다.

해상보험계약이 유효하려면 우선 피보험이익이 존재해야 하고 또 그것은 확정될 수 있는 것이어야 한다. 그러나 적하보험의 경우 피보험이익을 갖고 있거나 가까운 장래에 가질 것이 확실하지만 다만 계약체결 시점에서 그 내용을 확정할 수 없는 경우가 발생할 수 있다. 예컨대 피보험화물의 적재선박이나 금액 등의 불분명한 경우라든가 FOB조건이나 CFR조건으로 수입하는 경우에 수입업자가 보험계약을 체결하려 하지만 외국에 있는 매도인으로부터의 통지가 미착되어 선적화물의 내용을 모르는 경우가 있다. 이 경우 그 내용이 분명해질 때까지 미루게 되면 위험개시와 동시에 보호를 받지 못할 우려가 있으므로 이러한 위험을 피하기 위한 것이 예정보험을 체결하는 목적이 된다. 예정보험에는 포괄예정보험과 개별예정보험이 있다.

1) 포괄예정보험

포괄예정보험은 일정한 기준에 의하여 정한 다수의 보험목적에 관한 포괄적으로 이루어지는 예정보험으로서 장차 출하될 불특정 화물에 대하여 부보하는 것이다. 하루에도 여러 차례 화물이 선적될 경우

매건마다 개별적인 보험계약을 체결하지 않고 일정화물에 대해서 포괄적으로 보험계약을 체결하는 것이다. 포괄예정 보험계약을 체결할 경우 open policy 또는 open contract라고 하는 특약서가 작성되므로 실무계에서는 보통 포괄예정 보험계약을 open policy 또는 open contract라고 한다. open policy는 포괄예정 보험계약에 의하여 보험회사가 발행하는 보험증권이고 open contract는 양 당사자간의 서명에 의해 유효하게 되는 보험계약서이다. 포괄예정 보험계약이 체결된 경우 보험계약자 또는 피보험자는 포괄예정 보험계약의 규정에 해당하는 화물이 선적된 때에는 이를 지체없이 보험자에게 확정통지하여야 한다.

보험자는 확정통지가 된 화물에 대하여 위험의 개시시점으로부터 자동적으로 책임을 부담함과 동시에 보험증명서(certificate of insurance) 또는 필요에 따라 보험증권을 발행한다. 또 포괄예정보험을 체결해 두면 보험통지가 누락된 경우에도 보험계약자 또는 피보험자의 고의나 중대한 과실이 없는 한 보험자가 책임을 부담하므로 보험계약자는 무보험상태에 처할 위험이 없다.

2) 개별 예정보험

개별 예정보험은 개개의 보험목적에 대하여 체결하는 예정보험이다. 즉 미확정사항이 선박명이라든가 보험금액 등과 같이 일부분인 경우로서 개개의 화물에 대하여 위험개시 전에 예정보험계약을 체결하고 위험개시와 동시에 보험자의 책임이 개시되는 것을 말한다.

개별 예정보험이 청약에 대하여 보험자는 예정 보험증권(provisional policy)을 발행한다. 예정보험 계약체결 후 미확정사항이 확정된 때에는 보험계약자 또는 피보험자는 지체없이 이를 보험자에게 통지하여야 하는데, 이를 확정통지라 한다. 보험자는 확정통지에 따라 확정보험증권을 발행한다.

제 9 장

우리나라의 수출보험

제 1 절 수출보험제도

1. 수출보험제도의 기초

1) 의의

국제간의 수출물품 매매거래는 상품의 이동거리가 멀고 각국의 언어, 법률, 화폐제도 등이 다르기 때문에 이에 따른 위험이 국내거래에 비하여 훨씬 크고 복잡하다.

수출물품에 대한 대금결제 측면에서의 일정한 보호장치가 없이는 수출업자나 수출물품을 생산하는 생산자로서는 과감한 수출활동을 전개하기가 쉽지 않으며 동시에 수출업자나 수출물품 생산자에게 수출자금 또는 생산·집하·가공자금을 대출하는 금융기관으로서도 대출금회수에 대한 불안을 떨쳐버릴 수 없으므로 필요한 자금을 적극적으로 적기에 공급하는 것이 어렵게 된다.

이와 같은 수출거래에 수반되는 여러 가지 위험 가운데서 해상보험과 같은 통상의 보험으로는 구제될 수 없는 위험, 즉 수출계약상대방의 파산, 대금지급지연 또는 거절 등의 신용위험과 수입국에서의 전쟁, 내란 또는 환거래제한 등의 비상위험으로 인하여 수출업자, 생산자, 또는 수출자금을 대출한 금융기관 등이 입게 되는 불의의 손실을 보상함으로써 궁극적으로 수출진흥을 도모하기 위한 제도적 보호장치로서의 비영리 정책보험이 수출보험제도이다.

수출보험제도의 도입 필요성은 1962년 제1차 경제개발 실시 이후 정부가 수출에 대한 금융지원 및 세계지원정책을 강화함으로 아울러 수출진흥정책의 일환으로 중요시되면서 제기되어 시작하였다.

급변하는 국제무역환경 속에서 지속적으로 수출신장을 도모하기 위하서는 주요 수출경쟁국과 같이 무신용장 수출거래와 중장기 연불수출거래까지 적극 추진하여야 하고, 또한 정치 · 경제 · 사회적으로 다소 안정되지 못한 국가에까지 수출시장을 다변화하지 않으면 안 되었다.

이러한 취지에 따라 1968년 12월 31일 법률 제2063호로 수출보험법을 제정 · 공포하였으며, 1969년 2월 18일부터 대한재해보험공사는 정부대행기관으로서 수출보험업무를 개시하였다.

그 후 한국수출입은행이 1977년 1월 1일부터 수출보험업무를 수행해 왔으나 보다 적극적이고 효율적인 수출지원체제를 구축하기 위해 1982년 7월 7일자로 한국수출보험공사를 설립하여 수출보험업무를 전담 취급하게 되었다.

2) 기능

(1) 수출거래상의 불안제거기능

수출보험은 수출거래에 따른 수출업자의 위험부담을 해소함으로써 수출거래의 환경 및 조건을 국내상거래의 경우와 동일한 정도로 유리하게 조성하여 수출업자가 안심하고 수출활동을 할 수 있도록 한다.

(2) 금융보완적 기능

수출보험에 의해 수출대금회수가 보장되므로 금융기관은 수출업자에게 담보조건 등에서 보다 유리한 조건으로 선적 전·후 금융을 공여할 수 있게 되며 수입업자의 대금지급지체로 수출대금회수가 장기화되는 경우에 있어서 수출업자가 받게 되는 손실을 보상함으로써 기업자금의 유동성을 제고시켜 준다.

(3) 수출진흥 정책상의 기능

수출보험은 수출무역, 기타대외거래의 촉진 및 진흥을 위하여 정부의 지원하에 운영됨에 따라 보험료율을 정함에 있어 장기적 차원에서의 수지균형을 목표로 하여 가능한 한 저율로 책정하는 한편 수출업자에게 유리한 형태의 보상제도를 채택하는 등 수출경쟁력을 강화시키고 결과적으로 수출을 촉진시키는 역할을 하게 되는 수출진흥정책수단으로서의 기능을 갖는다.

(4) 신용조사기능

수출보험은 효율적인 인수 및 관리를 기하고 보험사고를 미연에 방지하기 위해 다각적으로 해외수입업자의 신용상태와 수입국의 정치·경제사정에 관한 조사활동을 하게 되므로 이러한 해외수입업자 및 수입국에 관한 신용정보를 제공하여 수출업자로 하여금 활용할 수 있도록 하여 수출업자의 신규수입선의 확보와 수출거래 확대로 기여함과 동시에 건전한 수출거래를 유도하는 부수적 기능을 갖는다.

(5) 무역관리제도로서의 기능

수출보험은 담보위험의 범위, 보상률 및 보험료 등 보험의 인수조건을 조작함으로써 수출자의 활동을 촉진하거나 제한할 수 있어 간접적인 무역통제방식으로 이용된다.

3) 특징

(1) 위험의 동시다발성

전쟁, 내란 및 환거래의 제한 또는 금지 등의 비상위험으로 인한 보험사고는 위험을 예측하기가 매우 어렵고 또한 다수의 수출거래에 대해 동시다발성으로 발생하게 된다.

(2) 거액의 보험사고 발생가능성

대형 보험 인수건에서 사고가 발생할 경우 보험자가 준비해야 할 보험금의 규모가 매우 크며 또한 비상위험에 의한 사고는 그 다발성으로 인해 일시에 보험금 청구가 집중되게 되어 이 경우에도 대규모의 보험금 지급이 불가피하게 된다.

(3) 비영리정책 보험

민간기업이 수출보험을 운영할 경우 수출지원정책 차원에서보다 이윤추구의 입장에서 채산에 맞는 위험 유형만을 선택 운영하게 되기 때문에 담보하는 위험의 범위가 극히 제한될 수밖에 없어 수출지원의 정책적 효과를 거두기가 매우 어렵다. 또한 수지균형을 위해 과다한 보험요율을 책정할 경우 수출원가의 직접적 상승효과로 작용하여 오히려 수출진흥에 역행하게 된다. 따라서 정부가 수출보험운영을 직접하게 되는 이유가 된다.

2. 수출보험의 담보위험

전술한 수출보험의 의의 및 기능에서 본 것과 같이 수출보험에서 담보하는 위험은 통상 민영보험에서 부보하는 것이 불가능한 신용위험, 비상위험, 경영위험이다.

1) 비상위험

비상위험이란『수입국 또는 수출계약당사자 이외의 제3자의 행위나 천재지변과 같이 수출계약당사자의 책임으로 귀속될 수 없는 불가항력적인 사유로 인해 발생하는 계약이행불능의 결과, 수출기업에 대해 수출불능, 수출대금회수불능을 초래함으로써 수출기업에게 발생할 수 있는 손해발생의 가능성』을 말한다. 이러한 위험은 그 발생원인에 따라 다음과 같이 구분한다.

① 수입국의 수입제한, 수입금지, 관세인상, 외환부족에 따른 결제의 지연 및 지급 유예(moratorium), 외환통제, 송금정지 등에 의한 경제적 위험.

② 수입국내에서의 동맹파업(strike), 폭동, 전쟁, 내란 등에 의한 좁은 의미에서의 비상위험

③ 수입국내에서의 천재지변에 따른 수입자의 사망, 실종 등에 의한 재해위험으로 구분할 수 있다.

2) 신용위험(commercial risk, credit risk)

신용위험이란 거래 당사자가 무역계약에 따라 당연히 행하여야 할 의무를 이행하지 않거나 태만히 함으로써 발생하는 손해발생의 가능성을 말한다. 신용위험은 수출거래 즉 수출계약체결, 신용장 래도, 운송, 화환어음매입 및 선적서류 송부, 대금회수, 클레임처리, 수출과정중, 수출대금회수 등의 단계에서 수입기업의 일방적 사유로 기인하여 수출기업이 수출대금을 회수할 수 없게 되는 위험이다. 신용위험은 다음과 같은 손해를 발생시킨다.

첫째, 지급불능위험(insolvency)이다. 이는 지급수단의 계속적인 부족으로 인하여 수입업자가 채무를 순조롭게 변제할 수 없는 상태를 말하며 수입자의 파산 등의 법률상의 지급불능과 강제관리 등 사실상의 지급불능으로 구분된다.

둘째, 지급거절위험(repudiation)이다. 수입자가 채무자체를 인정하지 않고 고의적으로 대금지급을 거절하는 것으로서 채무이행의 의무를 인정하지 않는다는 점에서 채무계약을 이행하지 못하거나 채무자의 의무를 수행하지 못할 때에 발생하는 지급지연위험과는 구별된다.

셋째, 지급지연위험(protracted-default)이다. 수입자가 상품을 인수한 후 대금지급을 지연하는 경우로서 지급지연은 약정된 대금결제기일로부터 6개월 이상 대금지급이 이루어지지 않는 경우를 말한다.

마지막으로 인수거절위험(non-acceptance)이다. 이는 일반적으로 어음은 만기일을 정하고 인수를 위한 제시를 하였는바 어음이 적법하게 제시되었음에도 불구하고 상관습상의 기일 내에 지급인으로부터 유효한 인수가 이루어지지 않는 것을 말한다.

3) 경영위험(management risk ; business risk)

경영위험(또는 기업위험)이란 『기업의 활동과정에서 발생하는 위험으로써 판매예측이 맞지 않았거나 또는 경영예측이 어긋남으로써 발생하는 위험』을 말한다. 이러한 경영위험은 무역절차에 따라 크게 두 가지로 분류해 볼 수 있다. 첫째, 무역협상 또는 계약체결 이전단계에 발생하는 경영위험이다. 이러한 경영위험으로는 가격, 품질, 수량 등의 교섭의 실패에 따른 판매부진위험이 있으며, 이는 수출보험의 시장개척보험에서 부보한다. 둘째, 협상의 완료 또는 계약체결 이후에 발생하는 위험이 있으며, 농수산물 수출보험에서 담보하는 가격변동위험이 대표적이다. 예를 들어 가격이 상승하리라고 판단해서 매입 또는 계약을 체결하였으나 하락하는 경우와 같은 가격변동위험 등이 있다.

이러한 위험들은 이익의 가능성과 손해가능성이 병존하는 투기적 위험이 대부분이다. 한편 이러한 경영위험을 회피하게 되면 상대적으로 수출은 줄어들게 되고 국민 경제적으로 바람직하지 못한 결과를 낳게 된다.

실제로 우리나라 수출보험에서 담보되고 있는 위험과 수출보험의 종류를 표로 나타내면 아래와 같다.

[표 9-1] 수출보험 담보위험

담보위험의 종류		한국의 수출보험
비상위험	수출불능위험	단기수출보험, 수출신용보증보험, 농수산물수출보험, 중장기수출보험, 해외공사보험, 해외투자보험(*), 수출어음보험(*), 수출보증보험(**)
	대금회수불능위험	
신용위험	지급불능위험	
	지급거절위험	
	지급지연위험	
	인수거절위험	
경영위험	판매부진위험	시장개척보험
	가격변동위험	농수산물수출보험

주) (*)는 대금회수불능위험만을 담보, (**)의 수출보증보험은 보증채무이행만을 담보

3. 수출보험 계약체결과 보험금지급 방식

1) 수출보험의 계약체결 방식

수출보험은 보험계약체결방식에 따라 개별보험 인수방식과 포괄보험 인수방식으로 구분할 수 있다.

① 개별보험계약체결방식

수출보험의 개별보험계약체결은 수출보험계약자가 목적에 따라 청약하면, 보험자는 내용을 심사하여 인수 또는 거절하는 방식이다. 개별보험계약체결에서 보험계약의 당사자는 보험부보와 보험인수에 있어 각기 선택할 수 있어서 수출자로서는 위험이 크다고 생각하는 거래만을 선택해서 부보할 수 있는 한편, 보험자로서도 담보위험이 크다고 판단되는 거래에 대하여는 인수를 거절할 수 있다.

② 포괄보험계약체결방식

수출보험의 포괄보험계약체결방식은 사전에 보험계약자와 보험자가 포괄보험계약을 체결하고 일정기간 동안의 특정상품 또는 결제조건

등의 수출거래를 의무적으로 포괄부보하고 보험자도 이를 자동적으로 포괄인수하는 방식이며 보험계약자에게 부보선택의 자유가 없다. 포괄보험은 보험자의 입장에서는 위험을 분산시킬 수 있게 되어 보험료의 할인혜택을 부여할 수 있고, 수출자의 경우에도 미리 체결된 특약에 따라 보험청약서만 제출하면 원칙적으로 인수가 보장되므로 보험자의 인수거절을 우려할 필요가 없어 안정적이고 적극적인 수출전략을 견지할 수 있을 뿐만 아니라 부보절차의 간편화로 인한 부대비용 절감 등의 이점이 있다. 따라서 포괄보험 인수방법에 의한 수출보험 계약체결시에는 보험료 할인의 혜택이 주어지는 것이 일반적이며, 현재 단기수출보험, 수출어음보험, 중장기수출보험 및 수출보증보험 등이 포괄보험으로 운영되고 있다.

2) 수출보험의 보험금지급방식

보험금(loss ; claim paid)은 사고발생시 수출보험공사의 실제지급액 즉 손해보상액을 말하며, 보험금액(sum insured)은 보험계약자가 보험에 든 금액으로 사고발생시 지급할 보험금의 최고 한도액이 된다. 보험가액(insurable value)은 피보험이익을 금전으로 평가(표시)한 금액 즉 사고가 발생한 경우에 피보험자가 입게 될 손해액은 최대한도액을 말한다. 통상의 수출보험에서 피보험가액은 원화로 환산한 수출금액이 된다.

수출보험의 보험금지급방식은 피보험이익 즉 보험금액과 보험가액의 관계에 따라 일부보험(under insurance)과 전부보험(full insurance)으로 분류할 수 있다. 피보험자가 실제손해를 보상받을 수 있는 가장 이상적인 형태는 전부보험이긴 하나 수출자가 채무 회수를 태만하게 되는 등의 도덕적 해이를 일으킬 수 있다. 따라서 현행 수출보험은 수출신용보증보험을 제외하면 보험금액을 보험가액의 90/100(중소기업은 95/100)의 한도로 제한하는 일부보험의 형태로 운영되고 있다.

제 2 절 수출보험의 종류

수출보험법의 제정과 더불어 우리나라는 일반수출보험, 수출금융보험, 수출어음보험, 중장기연불수출보험, 위탁판매수출보험의 5개 종목의 운영을 시작으로 수출의 급격한 신장과 거래형태의 변천에 따라 수출보험법의 계정을 근거로 1972년 해외투자보험, 1977년 해외건설공사보험, 1978년 수출보험법 제4차 계정으로 해외보증보험을 신설하였고, 1981년 제5차 개정으로 수출대금금융보험제도를 신설하였다. 1992년 11월 2일부터 수출신용보증제도를 신설하였으며, 1997년 말 현재 우리나라의 수출보험 운영종목은 상품수출 관련 보험 5개 종목(단기수출보험, 농수산물수출보험, 수출어음보험, 중장기수출보험, 시장개척보험), 해외공사보험 2개 종목(해외공사보험, 수출보증보험), 해외투자보험 1개 종목, 수출신용보증 1개 종목 등 총 9개 보험 종목으로 이루어져 있으며 이를 간략히 살펴보면 다음과 같다.

1. 단기수출보험

1) 개요

단기수출보험은 결제기간 2년 이내의 단기수출계약을 체결한 후 그 수출이 불가능하게 되거나 수출대금을 받을 수 없게 된 때에 입게 되는 손실을 보상하는 보험이다. 2년 이내의 대금결제조건으로 물품을 수출하게 되는 수출자는 이 보험에 부보함으로써 수입자의 신용위험과 수입국의 비상위험에 의한 손실을 보상받을 수 있으며, 수출금융의 수혜도 가능하다.

2) 대상거래

단기수출보험의 대상이 되는 거래는 결제기간 2년 이내인 일반수출, 위탁가공무역, 중계무역, 재판매거래 등의 거래형태를 담보한다.

[표 9-2] 단기수출보험의 대상거래

구 분	내 용
일 반 수 출	국내에서 생산·가공·집하된 물품을 수출하는 거래(연계무역방식의 구상무역, 대응구매 포함)
위탁가공무역	수출자가 국내에서 조달한 원부자재를 외국에 위탁·가공한 물품을 수출하거나, 수출자의 현지법인이 생산·가공한 물품을 수출하는 거래
중 계 무 역	수출자가 수출을 목적으로 물품을 수입한 후 이를 제 3국에 수출하는 거래
재판매거래	수출자의 해외지사(현지법인 포함)에 물품을 수출하고 동해외지사가 현지 또는 제3국에 제판매하는 거래

3) 담보위험

단기수출보험에서 담보하는 위험은 신용위험과 비상위험으로 인한 수출자의 수출불능위험(선적전)과 대금회수불능위험이다. 단기수출보험에서 담보하는 비상위험과 신용위험은 아래의 [표 9-3]과 같다.

(1) 수출불능위험(선적전 위험)

수출불능위험이란 수출자가 수출계약을 체결한 후에 수입국 또는 수입자의 사정에 의하여 이미 만들어 놓은 상품을 수출하지 못하게 되는 위험을 말한다. 단기수출보험에서 담보하는 수출불능위험 즉 선적적위험은 [표 9-3]의 비상위험의 ①~⑨까지의 사유에 의한 위험과 신용위험의 ③ 사유에 대한 신용위험이다.

(2) 대금회수불능위험(선적후 위험)

대금회수불능위험이란 선적하여 수출이 이루어지고 난 이후에 수입국 또는 수입자의 사정에 의하여 수출대금을 받을 수 없게 되는 위험을 말한다.

[표 9-3] 단기수출보험의 비상위험과 신용위험

구 분	내 용
비상위험	① 외국(수입국 및 지급국을 포함함)에서 실시되는 환거래의 제한 · 금지 ② 외국에서의 전쟁 · 혁명 · 내란 · 천재지변으로 인한 환거래의 불능 ③ 수입국에서 실시되는 수입의 제한 · 금지 ④ 수입국에서의 전쟁 · 혁명 · 내란 · 천재지변으로 인한 수출불능 ⑤ 대한민국 밖에서 발생한 사유로 인한 수입국으로의 수출불능 ⑥ 정부간 합의에 따른 채무상환연기협정 또는 지급국에 원인이 있는 외화 송금지연 ⑦ 기타 대한민국 밖에서 발생한 사유로서 수출계약당사자에게 책임이 없는 경우 ⑧ 대한민국 법령에 의한 수출의 제한 · 금지 ⑨ 공공수입자가 수출계약을 파기하거나 터무니없는 계약조건 변경이나 1년 이상의 선적 · 결제기일 연장으로 수출계약이 해제된 경우
신용위험	① 수출계약상대방의 파산 또는 이에 준하는 사유 ② 수출계약상대방에 의한 수출물품의 인수거절 또는 인수불능 ③ 수출계약상대방의 채무불이행

단기수출보험에서 담보하는 대금회수불능위험은 [표 9-3]의 비상위험의 ①~⑦까지의 사유에 의한 대금회수불능위험과 신용위험의 ①~③ 사유에 의한 대금회수불능위험이다.

2. 농수산물수출보험

1) 개요

농수산물 수출계약 체결후 수출이 불가능하게 되거나 수출대금을 받지 못하게 된 경우 또는 당해농수산물의 국내가격 변동으로 당해 수출계약의 이행에 따라 입게 되는 손실을 보상하는 보험이다. 이는 UR타결에 따른 농수산물시장 개방에 대응하기 위해 도입된 정책보험으로써 피보험자는 수출자가 된다.

2) 대상거래

농수산물수출보험의 적용대상 거래는 국내에 주소를 둔 수출자가 수출대금 결제기간이 선적후 또는 일람후 2년 이내인 수출계약에 따라 국내에서 생산·가공 또는 집하된 농수산물(임산물 및 축산물 포함)을 수출하는 거래이다.

이 보험은 수출불능위험과 대금회수불능 외에도 경영위험인 가격상승위험을 담보한다. 가격상승위험 담보시에는 수출계약 외에 국내물품공급계약이 있어야 하며 이 경우 수출계약 체결시점과 국내물품공급계약 체결시점의 선후관계는 제한이 없으나 가격상승위험의 특성 때문에 수출계약 체결 시점과 국내 공급계약 체결시점은 3월을 초과하지 않아야 한다. 국내 가격상승위험 담보대상 품목은 사과, 배, 밤, 버섯, 돼지고기, 닭고기, 굴, 김, 화훼류, 배추, 감귤 등 11개 품목이다.

3) 담보위험

농수산물수출보험은 선적전의 수출불능에 의한 손실 및 선적후 대금회수 불능에 의한 손실과 가격상승에 의한 손실을 보상하는 보험이다.

(1) 수출불능위험(선적전 위험)

수출자가 비상위험 또는 신용위험으로 수출계약에 따라 물품을 수출할 수 없어 입게 되는 손실로서 단기수출보험의 선적전 수출불능위험과 동일하다.

(2) 대금회수불능위험(선적후 위험)

수출자가 수출계약에 따라 물품을 수출한 후 비상위험 또는 신용위험발생으로 수입자로부터 수출대금을 받지 못하여 입게 될 손실로서 단기수출보험의 선적후 대금회수불능위험과 같다.

(3) 가격상승위험

수출물품의 국내가격 상승에 따른 생산농어가의 공급계약 파기로 수출물품의 국내 조달비용이 수출계약금액을 초과하는 경우로 수출이행에 따라 입게 되는 손실을 의미한다. 따라서 수출자가 농수산물수출보험(가격상승)을 이용하는 수출이행시점에서 수출농수산물의 수매가격이 상승하더라도 수출계약이행에 따른 손실을 보상받을 수 있다.

3. 수출어음보험

1) 개요

수출어음보험은 신용장방식의 거래는 물론 결제기간 2년 이내인 D/A, D/P 등 무신용장방식의 수출거래라 하더라도 수출대금회수에 확신을 가질 수 없는 위험지역 등의 수출거래에 수반되는 대금회수불능위험을 담보하기 위하여 제정된 보험으로 수출자가 선적한 후 발행한 수출화환어음을 외국환은행이 매입한 후 동 어음의 만기에 어음지급인(수입자 또는 L/C 개설은행)으로부터 어음금액을 지급받을 수 없게 되거나, 또는 재매입은행(renego)으로부터 소구를 받아 상환하게 됨으로써 입게 되는 손실을 보상으로써 수출자로 하여금 수출금융을 용이하게 수혜받을 수 있도록 하는 보험으로서 궁극적으로 수출자를 보호하기 위한 보험이다.

2) 대상거래

수출자가 대금회수를 위하여 발행한 환어음에 선하증권, 화물상환증, 항공화물수취증 등 어음상의 권리를 담보할 수 있는 증서가 첨부된 화환어음을 외국환은행이 매입한 경우에만 보험부보가 가능하다. 다라서 환어음을 발행하지 않은 거래는 원칙적으로 수출어음보험의 담보대상이 되지 않는다.

수출어음보험에서 담보하는 거래형태는 국내에서 생산, 가공, 집하된 물품을 수출하는 경우로서 환어음을 발행하는 수출거래이어야 하며 중계무역 및 위탁가공무역은 대상에서 제외된다.

수출어음보험에서 담보하는 결제방법은 무조건부취소불능신용장 및 무신용장방식(D/A, D/P)거래로서 결제기간이 선적후, 수출물품도착후 또는 일람후 2년 이내이어야 한다.

3) 담보위험

수출어음보험에서 담보하는 위험은 보험계약자인 매입은행이 어음금액을 지급받을 수 없게 되는 비상위험과 신용위험이다.

(1) 비상위험

① 수입국정부의 외환사정 악화에 따른 환거래 제한 조치

② 수입국에서의 전쟁, 내란, 혁명, 정변 등

③ 정부간 합의에 따른 리스케줄링, 외국에서의 전쟁, 혁명, 내란, 기타 이에 준하는 사유로 인한 대금회수 불능

(2) 신용위험

④ 어음지급인의 파산 등에 다른 지급불능

⑤ 어음지급인수입자)이 채무 자체를 인정하지 않고 고의적으로 대금 지급을 거절하거나, 수입자가 상품을 인수한 후 대금지급을 지체하는 경우(지급지체, 지급거절 등)

⑥ 어음이 적법하게 제시되었음에도 불구하고 상관습상 기간내에 지급인으로부터 유효한 인수가 이루어지지 않는 인수거절 또는 인수불능

4. 중장기수출보험

1) 개요

중장기수출보험은 수출대금의 결제기간이 2년을 초과하는 중장기수출계약을 체결한 후 수출이 불가능하게 되거나 수출대금을 받을 수 없게 된 경우 또는 수출 대금금융계약을 체결한 후 대출원리금을 받을 수 없게 됨으로써 입게 되는 손실을 보상하는 보험이다. 이 보험은 성격상 수출계약금액이 거액이고 수출대금의 결제가 장기간에 걸쳐서 이루어지는 선박, 플랜트 등 자본재 거래를 중심으로 이용된다.

중장기 수출보험은 금융공여 방식에 따라 공급자신용제도와 구매자신용제도로 구분된다. 공급자신용제도란 수출자가 수출에 필요한 자금을 스스로 조달하여 수출물품을 제작・조달하여 수출하고, 수출대금은 수출계약에 정해진 바에 따라 장기간에 걸쳐 받는 형태로서 수출자가 수입자에게 신용을 제공했다는 의미에서 공급자신용이라 한다. 따라서 공급자신용제도에서는 수출자가 보험계약자가 된다.

구매자신용이란 수출자가 수입자간의 수출물품 공급계약과는 별도로 수출국의 금융기관이 수입자 또는 수입국 금융기관 등에게 당해 수출대금 결제를 위한 금융을 제공하고, 수입자는 금융지원을 받은 자금으로 수출물품의 선적시 일시불로 수출대금을 수출자에게 지급하고, 수출국 금융기관에게는 장기간에 걸쳐 상환하는 금융방식을 의미한다. 따라서 구매자신용제도에서는 금융을 제공한 금융기관이 보험계약자가 된다.

2) 대상거래

중장기수출보험의 대상거래는 결제기간이 2년을 초과하는 수출거래로서 수출품목에 대한 특별에는 제한은 없다. 다만 포괄보험에서는 다음의 자본재 수출거래로 품목을 제한하고 있다.

① 산업설비 : 대외무역법 제25조에 규정한 설비

② 선박 : HS 제89류의 품목. 다만 8908호의 품목은 제외

③ 철도차량 : HS 제86류의 품목. 다만 8608호의 품목은 제외

④ 기계류 및 전기제품 : HS 제84류 및 제85류의 품목. 다만 가정용, 사무용, 오락용의 품목은 제외

⑤ 철도용 이외의 차량 : HS 제87류의 품목. 다만 8711호 내지 8715호의 품목은 제외

⑥ 철도선로 : HS 제7302호 및 8608호의 품목중 철도선로용의 것에 한함

⑦ 기타 : 한국수출보험공사 사장이 필요하다고 인정하는 품목

3) 담보위험

중장기수출보험에서 담보하는 위험은 신용위험과 비상위험이다.

[표 9-4] 중장기수출보험의 담보하는 위험

구 분	공급자용신용(선적전)	공급자용신용(선적후) 및 구매자신용
비상위험	◦ 외국(수입국 또는 수출대금 지급국 포함) 정부가 외환부족 등의 사유로 환거래를 제한 또는 금지하는 경우 ◦ 외국에서의 전쟁, 내란, 혁명 등과 같은 사유로 인한 환거래의 불능 ◦ 수입국에서 실시되는 수입의 제한 또는 금지 ◦ 수입국에서의 전쟁, 혁명, 내란 또는 천재지변으로 인한 그 수입국의 수입불능 ◦ 대한민국 밖에서 발생한 사유로 인한 수입국으로의 수송불능 ◦ 정부간 합의에 따른 채무상환 연기협정 또는 지급국에 원인이 있는 외화 송금지연 ◦ 대한민국 밖에서 발생한 사유로서 수출자나 수입자에게 책임이 없는 경우 ◦ 대한민국 법령에 의한 수출의 제한 또는 금지 ◦ 공공수입자의 경우 선적전 계약파기	◦ 좌동
신용위험	◦ 수출계약 상대방의 파산 또는 이에 준하는 지급불능 사유의 발생	◦ 수출계약 상대방 또는 금융계약 상대방의 파산 ◦ 수출계약 상대방 또는 금융계약 상대방에 의한 6월 이상의 채무불이행(지급지체등)

5. 시장개척보험

1) 개요

시장개척보험은 보험계약자인 수출자가 수출증진을 목표로 무역전시회에 참가한 이후 회수기간내에 특정국가 또는 특정지역으로 물품을 수출하였으나 그 수출증가가 당초 목표에 미달함으로써 무역전시회 참가비용을 회수하지 못할 경우 입게 되는 손실을 보상하는 보험으로서 수출자의 무역전시회 참가계획을 그 담보대상으로 하는 보험이다.

2) 담보위험

시장개척보험은 무역전시회 참가 이후 보험계약자의 실제수출(취득금액)이 예상수출(최저수출금액)에 미달함으로써 발생할 수 있는 무역전시회 참가비용 회수불능위험을 담보하며, 수출대금회수불능위험을 담보하는 것은 아니다.

6. 해외공사보험

1) 개요

해외공사보험은 해외공사계약 체결후 그 공사에 필요한 물품의 수출이 불가능하게 되거나 그 공사의 대가를 받을 수 없게 된 경우 해외공사에 사용할 목적으로 공여된 장비에 대한 권리가 박탈됨으로써 입게 되는 손실을 보상하는 보험이다.

2) 대상거래

해외공사보험의 대상거래는 건설·엔지니어링과 장비로 구분된다. 건설·엔지니어링보험은 해외건설 촉진법에의 규정에 의한 해외건설공사 및 해외건설엔지니어링 또는 엔지니어링 기술 진흥법 규정에 의한 해외엔지니어링 활동을 대상으로 한다. 장비보험은 해외건설공사와 관련하여 사용하는 장비 또는 이에 대한 권리 등을 대상으로 한다.

3) 담보위험

해외공사보험에서의 담보위험은 해외공사를 행한 후 당해 해외공사의 대가를 회수할 수 없게 됨에 따라 입게 되는 위험(대금회수불능위험등) 및 당해공사에 필요한 장비가 반입된 후 외국정부 등에 의하여 수용되거나 전쟁 등에 의하여 사용불능이 됨에 따라 입게 되는 위험(장비수용위험 등)을 대상으로 하고 있다.

7. 수출보증보험

1) 개요

플랜트수출, 해외건설공사 등은 거래금액이 거액이고 완공시까지 오랜기간이 소요되기 때문에 해외발주자는 수출자 또는 공사수주자에게 제3의 신용 있는 금융기관 등이 발행하는 수출보증서의 제출을 요구하는 것이 일반적이다. 이 보증서를 일명 본드(bond)라고도 한다.

수출보증보험이란 수출 또는 해외공사계약과 관련하여 보증서를 발급한 금융기관이 해외수입자, 발주자로부터 보증채무의 이행청구를 받아 입게 되는 손실을 보상하여 줌으로써 보증채무이행 부담에 따른 금융기관의 위험부담을 경감시켜 수출자나 해외건설업자가 용이하게 보증서를 발급받을 수 있도록 하여 궁극적으로 수출 및 해외공사수주를 촉진시키기 위한 제도이다.

2) 대상거래

수출보증보험의 부보대상이 되는 보증 즉 본드(bond)의 종류는 입찰본드(bid bond), 계약이행본드(performance bond), 선수금본드(advance payment bond), 유보금환급본드(retention payment bond), 하자보수본드(maintenance bond) 등 5종류가 있으며, 여기에는 보증신용장(stand-by L/C)에 의한 수출보증도 포함된다.

3) 담보위험

보험계약자(금융기관) 및 보험금수취인 또는 이들의 대리인이나 사용인의 고의 또는 중대한 과실로 인해 발생한 손실 이외의 사유로 보험계약자가 수출보증상대방으로부터 보증채무의 이행을 청구받아 그 보증조건에 따라 보증채무를 이행함으로써 입게 되는 보증채무이행위험을 담보한다.

8. 해외투자보험

1) 개요

한국경제의 대외경제활동의 건전한 발전과 장기적인 안정성장을 추구하기 위해서는 수출유발효과가 큰 해외투자의 적극적인 추진이 필요함에도 불구하고 해외투자는 불가항력적인 위험이 많기 때문에 투자의욕이 감소된다.

해외투자보험이란 해외투자를 한 후 투자상대국 정부에 의한 투자재산의 몰수, 외환사정 악화에 따른 투자원금 등을 본국으로 송금하는 것이 불가능하거나 전쟁, 내란, 혁명 등에 의한 사업계속불능으로 발생한 손실을 보상하는 보험이다.

2) 대상거래

해외투자보험은 부보대상의 종류에 따라 주식등보험, 사채등보험, 부동산에 관한 권리등보험, 보증채무보험으로 구분된다.

(1) 주식등보험

주식등보험은 현지법인의 설립, 기설립된 법인의 인수(일부 지분의 참여 포함) 또는 증자에 따른 증권취득 등에 의한 투자를 대상으로 한다.

(2) 사채등보험

사채등보험은 현지법인에 대한 운영자금의 대부, 합작사업의 공동출자자에 대한 주식취득자금의 대부 등에 의한 투자를 대상으로 한다.

(3) 부동산에 관한 권리등보험

부동산에 관한 권리등보험은 해외사업용 부동산 또는 설비에 관한 권리, 광업권, 공업소유권 등을 취득하는 방법의 투자를 대상으로 한다.

(4) 보증채무보험

보증채무보험은 현지법인의 장기차입금, 합작투자자의 주식취득 또는 출자용 장기차입금에 대한 보증채무부담에 의한 투자를 대상으로 한다.

3) 담보위험

해외투자보험에서 담보하는 위험은 해외투자자의 귀책사유가 될 수 없는 불가항력적인 위험 즉 비상위험인 수용위험, 전쟁위험, 송금위험이 된다.

구 분	내 용
수용위험	투자대상국 정부, 공공단체 등에 의한 투자재산의 몰수 · 박탈 또는 권리행사의 침해
전쟁위험	전쟁, 혁명, 내란 등 투자대상국에서의 정변으로 인한 투자사업의 불능 · 파산 및 6월 이상의 사업정지
송금위험	투자대상국 정부의 취득금 관리 또는 외환사정악화에 따라 실시되는 환거래의 제한 · 금지 등으로 인한 투자원금(배당금 · 이자포함)등의 본국 송금불능

9. 수출신용보증

1) 개요

수출신용보증은 수출계약과 관련하여 중소기업이 금융기관으로부터 어음할인을 포함한 대출을 받은 후 수출이 불가능하게 되거나 수출대금을 받지 못하게 됨으로써 중소기업이 금융기관에 대하여 부담하는 금전채무에 대한 연대보증이다.

2) 보증대상거래

(1) 선적전

선적전의 수출신용보증의 보증대상거래는 무조건부취소불능신용장(Master L/C) 거래이다.

(2) 선적후

선적후의 수출신용보증의 보증대상거래는 결제기간 2년 이내의 신용장 또는 무신용장방식의 일반수출 또는 위탁가공무역의 거래이다.

구 분	내 용
일 반 수 출	국내에서 생산·가공·집하된 물품을 수출하는 거래
위탁가공무역	수출자가 국내에서 조달한 원부자재를 외국에 위탁·가공하여 물품을 수출하거나 수출자의 현지 법인 생산·가공한 물품을 수출하는 거래

제 10 장

수출입대금결제와 선적서류

제 1 절　수출대금회수와 선적서류

1. 수출대금회수의 의의

수출자는 수입자와 수출입계약에 따른 목적화물을 계약조건에 따라 선적후 선박회사로부터 선하증권을 발급받으면 제반 선적서류를 첨부한 수출환어음을 발행하여 거래외국환은행에 매입 또는 추심을 의뢰하여 수출대금을 회수하게 된다.

1) 수출환어음의 매입절차

(1) 수출환어음의 접수

매입은행은 수출자와 신규로 수출환어음의 매입거래를 개시하기 위해서는 은행여신거래 기본약정서를 교부하고 수출자로부터 매입에 따르는 제반사항을 약정하는 수출거래약정서를 포함한 기본서류를 제출받아 이를 검인하게 된다.

수출자로부터 수출환어음의 추심 전 매입의뢰를 받은 매입은행은 다음의 구비서류를 접수한 후 제반 서류 등이 매입신청서의 기재내용, 신용장 및 선수출계약서 조건과 일치하는지를 확인하게 된다.

① 선적서류 매입신청서

② 수출신용장 원본 또는 수출신용장 통지서 원본

③ 수출환어음

④ 신용장 및 선수출계약서에서 요구하는 운송서류 전통(full set)

⑤ 수출면장(대금결제용)

⑥ 기타 필요한 서류

(2) 수출환어음 및 운송서류의 심사

수출환어음의 매입신청서를 받은 매입은행은 수출환어음 및 운송서류 등이 신용장조건과 일치하는지 또는 운송서류 상호간의 모순된 사항이 있는지 여부를 면밀히 검토하여야 한다.

운송서류를 심사한 후 선류상의 하자가 없으면 매입은행은 신용장 뒷면에 매입일자, 매입번호, 금액, 은행명 등을 기재한 후 수출자에게 이를 교부한다.

(3) 매입의 실행

수출환어음과 운송서류를 심사한 결과가 신용장조건에 합치되면 매입은행은 수출환어음을 매입한다. 매입금액은 고객의 요청에 따라 매입 당일의 전신환매입률(T/T, buying rate)로 환산한 원화에서 우편료·환가료(exchange commission), 무역금융 융자액 등을 공제한 잔액을 수출자에게 지급하게 된다.

수출환어음의 매입률을 살펴보면 다음과 같다.

① at sight L/C, D/P 방식 수출환어음 : 일람출급환어음매입률

전신환매입률 = 10 /360 × 연 환가요율 × 장부가액

ㄱ) 동남아지역의 표준우편일수 : 8일(8/360)

renego시 우편일수 : 12일(12/360)

ㄴ) 장부가격은 소숫점을 절사한 가격

② usance L/C, D/A 방식 수출환어음

ㄱ) ~days after sight

일람출급환어음매입률 = usance 기간 × 연 환가요율 × 장부가액

(4) 수출환어음의 발송

매입은행은 수출환어음의 매입대금을 추심하기 위하여 가능한 신속하게 매입대금의 지급은행으로 수출환어음 및 운송서류를 송달하고 그 대금을 상환청구하여 회수하게 된다. 매입은행이 징수한 환가료의 기간 이내에서 얼마나 신속하게 매입대금의 상환이 이루어지느냐 하는 것은 손익제고의 관건이 되므로 수출환어음의 신속한 대외발송이 요구된다.

2. 선적서류

1) 선적서류의 의의

선적서류(shipping documents)는 수출업자가 수입업자에게 제공하는 수출물품의 선적과 이와 관련되는 여러 가지 사실을 증명하는 서류들을 총칭하여 부르는 말이며, 신용장 거래의 경우 신용장에서 요구하는 서류들을 말한다.

2) 선적서류의 구분

(1) 기본서류

선적서류는 수출업자가 수출물품의 인도를 입증하는 계약상의 당연한 의무로서 서류를 준비하여야 한다. 특히 신용장으로 대금을 결제하는 경우에는 신용장은 본질적으로 독립 추상성에 의거한 서류거래이기 때문에 은행들은 수출업자가 제시하는 서류들만을 심사하여 대금의 지급여부를 결정하게 된다.

따라서 선적서류는 어떤 거래의 경우에도 꼭 필요한 기본서류와 기타서류로 구분되는데 기본서류는 상품의 명세를 나타내며 수출대금의 청구서개념을 지닌 상업송장(commercial invoice), 선하증권(bill of exchange)에 첨부되어 대금결제를 받게 되는 서류들은 일반적으로 가격조건에 따라 다르다. CIF 가격조건에서는 기본서류가 상업송장, 선하증권, 보험증권으로 구성되며 FOB 가격조건에서는 수입업자가 보험을 부보해야 되기 때문에 상업송장과 선하증권 등이 기본서류가 된다.

(2) 기타서류

기본서류 이외의 서류들로서 포장명세서(packing list), 영사송장(consular invoice), 세관송장(customs invoice), 검사증명서(inspection certificate), 중량증명서(weight certificate), 품질증명서(quality certificate) 등을 말한다.

기타서류들은 모든 거래에서 반드시 필요한 서류는 아니기 때문에 양당사자가 체결한 매매계약서 또는 신용장에서 요구하는 경우에만 이들 서류를 준비하면 된다.

이들 선적서류는 각각의 서류마다 통상 복수로 구성되는데 대개의 경우 계약서 또는 신용장에서 필요한 서류의 종류와 통수가 명시된다. 그러나 이러한 명시가 없을 경우에는 3통이 1조가 되는 선하증권을 제외하고는 보통 각 2통이 정본으로 필요하다.

제 2 절 수입대금지급과 선적서류

1. 선적서류 인수의 절차

1) 서류점검과 통지

매입은행으로부터 서류를 접수한 개설은행은 신용장통일규칙을 기준으로 선적서류가 신용장조건에 따라 합당하게 작성되었는지 여부와 매입은행의 지시대로 취급하였는지를 심사하게 된다. 심사결과 신용장조건과 일치하면 개설은행은 개설의뢰인에게 선적서류 도착통지(arrival notice of document)를 통지함과 동시에 전화 또는 전신 등 가장 빠른 방법으로 도착사실을 통지하게 된다.

통보를 접수한 개설의뢰인은 선적서류를 엄밀하게 점검하여 서류상 하자로 서류를 인수할 의사가 없거나 관계법규에 의하여 인수가 불가능할 경우에는 서류접수 후 3일 이내에 개설은행에 이를 통고하여 상대방 매입은행에 이의를 제기하여야 한다.

개설은행의 서류심사와 관련 책임한계와 주요 심사내용을 보면 다음과 같다.

(1) 개설은행의 서류심사의무와 면책사항

개설은행의 서류심사 의무	개설은행의 면책사항
• 서류가 문면상 신용장조건과 일치하는지 상당한 주의(reasonable care)를 기울여 심사 • 서류 상호간의 불일치는 신용장조건을 충족시키지 못하는 것으로 간주	• 서류 자체에 대한 면책(서류의 형식, 충분성, 정확성, 위조 여부) • 서류에 명시된 상품에 대한 면책(상품의 실존 여부, 수량 · 중량 · 품질 · 포장 · 인도 등) • 서류 관련 당사자에 대한 면책(발행자 또는 작성자의 성실성 · 행위 · 태만 · 자금능력 · 이행 · 신용상태 등)

(2) 주요 서류심사내용

① 추심의뢰서의 심사내용

ㄱ) 추심의뢰서에 첨부된 서류종류 및 부수의 신용장조건과의 일치 여부

ㄴ) 신용장번호, 환어음금액, 대금결제방법 등의 신용장조건과의 일치 여부

ㄷ) 신용장과의 불일치내용 및 지급거절시 선적서류 처리지시내용 기재 여부

ㄹ) 신용장상 특수조항의 존재 유무

② 환어음의 심사내용

ㄱ) 신용장의 수익자가 당해 신용장에 의거하여 발행했는지 여부

ㄴ) 신용장상에 기재한 것과 지급조건의 일치 여부

ㄷ) 금액의 상업송장과 일치 여부

ㄹ) 숫자 표기금액과 문자 표기금액의 일치 여부

ㅁ) 지시인의 정당한 배서 여부

③ 상업송장의 심사내용

ㄱ) 수익자가 작성했는지 여부

ㄴ) 개설의뢰인 앞으로 작성되었는지 여부

ㄷ) 송장상의 상품명세와 신용장상 상품명세와의 일치

ㄹ) 송장상의 금액이 신용장상의 한도 내에서 작성되었는지 여부

④ 보험서류의 심사내용

ㄱ) 신용장에 명시된 보험회사, 대리인 또는 보험인수업자에 의한 발행 또는 서명 여부

ㄴ) 보험금액이 CIF 또는 CIP 가격의 110%인지 여부

ㄷ) 부보상품과 운송선박명의 기재 여부

ㄹ) 신용장상에 기재된 모든 위험의 보험서류상 적절한 부보 여부

ㅁ) 보험서류가 형식상 양도 가능하며 사고발생시 수입국의 특정인에게 배상금을 지급하도록 규정하고 있고, 보상받을 사람 앞으로의 배서 여부

ㅂ) 부보일자가 운송서류 이전 또는 동일일자에 작성되었는지 여부

ㅅ) 보험과 신용장에서 사용된 통화의 일치여부

⑤ 선하증권의 심사내용

ㄱ) 신용장에서 요구한 선하증권인지 여부

ㄴ) 화인이나 송장에 기재된 상품내용과의 일치 여부

ㄷ) 선적일자, 수화인, 선적항, 약륙항, 도착통지인의 신용장과 일치 여부

ㄹ) 신용장상 별도 명시가 없는 한 본선적재의 표시 여부

ㅁ) 하수인의 명칭 및 배서의 신용장조건과의 일치 여부

ㅂ) 선하증권의 선박회사 또는 그 대리인의 정당한 서명 여부

ㅅ) 신용장상 운임의 지급 여부가 가격조건에 일치하는지 여부

ㅇ) 사고선하증권(foul B/L) 또는 stale B/L 여부

ㅈ) 선하증권의 발행통수가 전통(full set)인지 여부

⑥ 기타 서류의 심사내용

신용장에서 요구하는 기타 서류는 지시대로 작성되었으며 다른 서류와 일치하는지 여부

2) 불일치서류의 처리

매입은행으로부터 내도한 선적서류의 심사결과 신용장조건과 불일치한 내용이 있는 경우에는 개설은행은 일단 개설의뢰인에게 하자 있는 선적서류를 인수할지 여부를 문의하게 된다. 서류상 하자가 있더라도 개설의뢰인이 수리할 것을 동의한 경우에는 하자내용이 관계법규가 허용하는 범위 내에서 인도할 수 있다.

그러나 하자를 이유로 선적서류 인수를 거절할 경우에는 서류접수 후 늦어도 7일 이내에 전신(cable) 등에 의한 방법으로 인수거절사유 및 서류의 행방(보관 또는 반송중) 등을 명시하여 매입은행에 통지하여야 한다.

개설은행이 클레임 제기시에는 다음 사항을 이행하여야 한다.

① 클레임 제기사실을 지체 없이 전신 또는 기타 신속한 방법으로 서류 송부은행 또는 수익자에게 통지

② 클레임 이유를 전신 등에 명시

③ 서류의 행방 통보

개설은행이 위에 열거한 의무를 준수하지 못한 경우 개설은행은 서류가 신용장조건에 일치하지 않는데 대한 클레임 제기권리가 박탈되게 된다.

3) 수입어음의 결제

신용장방식에 의한 수입어음의 결제는 일람불어음신용장(at sight credit)의 결제와 기한부어음신용장(usance credit)의 결제로 구분된다.

(1) 일람불어음신용장의 결제

신용장개설은행은 제시된 어음과 선적서류가 신용장조건과 일치하거나 일치하지 않는 경우 개설의뢰인이 결제에 동의하게 되면 수입대금 및 수수료를 징수하고 선적서류를 인도하게 된다. 은행은 개설의뢰인이 수입금융을 받아 대금을 결제할 경우에는 수입화물대도(trust receipt ;T/R)에 의하여 인도하게 된다.

① 수입어음의 결제기간

수입자는 외국환은행의 선적서류 또는 차기(借記)통지서의 접수일로부터 7일 이내에 결제하여야 한다. 이 때 도착일로부터 7일째가 공휴일인 경우에는 다음 영업일까지 연장되나 결제기간 중 결제가 이루어지지 못하면 8일째에 은행이 대지급처리하게 된다.

② 수입어음의 결제

선적서류가 개설은행에 도착하면 즉시 어음대금을 지급하여야 하나 수입자가 수입금융 등 결제자금 준비 등으로 어음결제가 지연되는 경우 지연되는 기간 동안 개설은행은 자금부담을 보전하기 위하여 수입어음 결제이자를 징수하게 된다. 이 때 3일까지는 지급유예기간(grace date)으로 이자가 면제되나, 4일째부터 결제일까지는 지연일수에 해당하는 환가료를 추가로 지급하여야 한다.

대금결제금액 = 수입어음금액 × 결제 당일 대고객전신환매도율 - (적립수입보증금액 × 수입어음금액/수입신용장금액)

(2) 기한부어음신용장의 결제

일람불어음신용장이 선적서류의 인도와 동시에 어음의 결제가 이루어지는 반면 기한부어음신용장은 어음의 인수행위로서 선적서류를 인도한 후 만기일에 가서 수입대금을 결제하는 것을 말한다.

신용장에 의해 발행되는 어음이 기한부어음(time draft, term draft)인 경우를 usance credit라 한다. 기한부어음의 인수형태는 지급유예의 주체에 따라 banker's usance(buyer's usance)와 shipper's usance(seller's usance)로 구분된다.

① 기한부어음의 인수형태

가) banker's usance(buyer's usance)

banker's usance란 어음인수은행이 usance기간 동안 신용을 공여하는 형태로서 개설은행이 자기의 거래은행(환거래은행으로서 신용을 공여하는 은행)을 인수은행으로 지정하고 인수은행으로 하여금 수출자가 발행한 기한부어음을 인수 할인하게 하여 어음금액 전액을 매입은행을 통하여 수출자에게 지급하고, 인수수수료와 할인료는 개설은행에 청구함으로써 수출자는 일람불어음신용장과 마찬가지로 결제대금을 수령하며 수입자는 usance기간 동안의 이자만 선지급하고 결제은행으로부터 송부되어 온 선적서류를 인수 후 해당 수입화물을 찾고 원금은 만기일에 가서 개설은행을 통하여 지불하는 것을 말한다.

나) shipper's usance(seller's usance)

shipper's usance기간 동안 신용공여를 수출자가 수입자에게 하는 것으로 수입자가 수출자와의 계약에 의하여 원리금을 어음기일에 지급하는 형태이며 shipper's usance는 원리금을 신용장 금액에 포함하여 개설한다. 운송서류 송부시 수입자는 운송서류를 인수하고 만기일에 운송서류 송부시에 지시된 대로 수출자에 대금을 지급하는 점에서 banker's usance와 차이가 있다.

② 수입어음의 인수

선적서류가 도착하면 은행은 개설의뢰인으로 하여금 인수 여부를 결정하도록 한다. 만기일의 확정은 해외에서 인수하도록 수권된 banker's usance의 경우 인수은행의 통지에 따르며, shipper's usance의 경우에는 개설은행에 의하여 만기일을 결정하게 된다.

2. 수입화물선취보증서

1) 수입화물선취보증서의 개념

수입화물을 선박회사로부터 수령하기 위해서는 선하증권 원본을 제시하여야 한다. 그러나 우편의 지연 또는 선적서류 작성 및 은행이 매입하는 관정에서 시간이 걸리기 때문에 화물은 도착되었으나 선적서류가 내도하지 않는 경우가 있다. 이러한 경우 운송서류가 도착되기 이전에 수입업체와 신용장개설은행이 연대하여 보증하에 서류를 운송회사에 선하증권 대신에 제출하여 수입화물을 인도받을 수 있도록 하는 서류가 수입화물선취보증서(L/G: letter of guarantee)이다.

수입화물선취보증서는 선하증권 원본이 신용장발행은행에 도착하면 선박회사에 원본 전통을 제출하겠다는 것과 이로 인한 위험과 책임 및 비용(미납부운임, 창고료, 양륙비 등)은 신청인이 부담하겠다는 내용으로 되어있다.

신용장방식에 의한 수입화물선취보증서가 발행되면 추후 내도된 선적서류상에 하자가 있더라도 클레임을 제기할 수 없게 된다.

2) 수입화물선취보증서 발급신청

(1) 해상화물운송

수입화물선취보증서가 선하증권에 의한 수입거래에서 수입화물의 선취를 위하여 발행되는 것으로 수입화물선취보증서를 신청하려면 일반적인 경우 다음과 같은 서류를 신용장 개설은행에 제출하여야 한다.

ㄱ) 수입화물선취보증서

ㄴ) 신용장에서 요구한 선적서류 사본 일체

ㄷ) 상업송장 사본

ㄹ) 기타 필요한 서류

그러나 외국 수출자가 거래하는 환어음매입은행으로부터 환어음매입사실통보를 받았거나 또는 수입물품에 대하여 특별한 보호조치를 취할 필요가 없고 부패·변질 등의 우려가 있는 물품으로서 상대은행으로부터 선적사실에 대한 통보를 받은 경우에는 선하증권 사본 및 상업송장 등의 서류가 없어도 수입화물선취보증서를 발급받을 수 있다.

(2) 항공화물운송장에 의한 특례인도

해상선하증권이 물권적 권리를 나타내는 유가증권이며 유통증권인데 반하여 항공화물운송장은 항공운송사실을 증명하는 단순한 증거증권이며 유통증권으로서 기명식으로 발행되는 특징이 있다.

항공화물운송장은 통상 3통(송화인용 · 수화인용 · 운송회사용)이 발행되며 이 중 수화인(consignee)용은 화물과 함께 수출지로부터 수입국으로 직접 발송되게 된다.

수입화물은 매입은행으로부터 선적서류 원본이 도착하기 전에 수입지에 도착하게 되므로 수입자가 화물을 항공회사로부터 인도받기 위해서는 개설은행으로부터 수입화물에 대한 인도승낙을 받아 화물을 찾게 된다.

항공운송장은 배서에 의한 양도가 허용되지 않으므로 수입화물선취보증서의 발급이 허용되지 않는 것이 원칙이나 항공운송장(airwaybill) 또는 항공우편수취증(air parcel receipt)에 대하여 개설은행으로부터 별도의 인도승낙서를 발급받음으로써 수입화물선취보증서와 동일한 효과를 거둘 수 있다.

ㄱ) 항공화물운송장에 의한 수입화물인도승낙(신청)서

ㄴ) 신용장에서 요구하는 선적서류 사본

ㄷ) 선적서류 인도시에 받는 인수증

ㄹ) 기타 필요한 서류

3. 수입화물대도

1) 수입화물대도의 의의

기한부신용장(usance L/C)거래에 의한 수입의 경우 수입자는 환어음을 인수함으로써 운송서류를 은행으로부터 인도받아 수입화물을 매각하여 그 판매대전으로 어음만기일에 수입대금을 결제하게 된다. 그러나 일람불신용장(at sight L/C)거래에 의한 수입의 경우에는 수입대금을 결제하여 야만 운송서류를 인도받을 수 있다.

수입화물대도(trust receipt : T/R)는 일람불신용장거래, 추심결제방식의 D /P거래에서 수입자가 지불능력이 없을 경우 수입화물대도만 제공하고 선적서류를 인도받은 후 화물을 처분하는 즉시 대금을 은행에 지불하도록 편의를 제공하는 제도이다.

즉 대금결제기간이 일람출급방식인 경우에도 불구하고 수입자는 개설은행에 수입물품을 대도하여 줄 것을 요청하고 대도신청을 받을 개설은행은 자기 소유권하에 있는 수입물품을 수입자에게 대도하여 적기에 물품을 처분할 수 있도록 한 후 처분대금으로 수입대금을 결제할 수 있도록 양해하는 은행을 신탁공여자(trustor)로 하고 개설은행을 수탁자(trustee)로 하는 신탁계약(trust contract)을 말한다.

수입화물대도는 은행입장에서 볼 때 수입자가 수입화물을 처분할 후 그 대전을 수입결제대전으로 사용하지 않고 다른 용도로 사용하거나 파산하는 경우 등에 있어서는 금전적 손실을 수반하므로 수입자가 은행기여도 등 특별한 신용을 갖추고 있는 경우가 아니면 이루어지기 어렵다.

수입자가 대도를 받기 위해서는 개설은행이 요구하는 책임을 부담할 것을 보증하여야 하며 이러한 보증은 신용 정도에 따라 다음과 같은 방법이 있다.

① 당해 화물 이외에 상당한 담보를 제공하는 방법
② 다른 은행이나 신용이 충분한 제3자를 보증인으로 세우는 방법
③ 담보와 보증인을 세우는 방법

2) 수입화물대도의 종류

(1) 수출용 원자재거래시 발생하는 수입화물대도

수출용 원자재를 수입하기 위하여 일람출급화환신용장을 개설하여도 선적서류대도시 일부 자기자금과 무역금융으로 수입대금을 결제하게 되므로 수입화물대도가 발생한다.

(2) 인수금융에 따른 수입화물대도

인수금융에는 무역인수·해외은행인수·국내은행인수가 있다. 무역인수는 수출자가 유전스 기간 동안 수입자에게 신용을 공여하는 것으로 만기에 개설은행이 대금지급을 보증하므로 선적서류인도시 개설은행이 보증채무를 부담하게 된다.

해외은행인수는 해외은행이 수출자에게 대금을 지급하고 개설은행은 수입자에게 신용을 공여하게 된다. 국내은행인수는 국내의 개설은행이 신용을 공여하는 것을 말한다.

(3) 분할지급수입에 따른 수입화물제도

수입자의 수입대금을 선적서류 인수 후 일정기간 내에 분할상환하는 신용공여를 말한다.

(4) 외화대출 및 차관금융에 의하여 결제되는 경우 발생하는 신용공여를 말한다.

3) 수입화물대도의 발급신청

수입화물대도를 신청하는 경우 은행에 제출하는 서류는 다음과 같다.

① 수입화물대도신청서

② 수입담보화물처분약정서(확정 일부)

③ 선하증권 사본

④ 상업송장 사본

⑤ 포장명세서 사본

⑥ 기타 은행이 요구하는 서류

수입화물선취보증신청서

(Application For Letter of Guarantee)

담당	결재

한빛은행 앞

선박회사명 (Shipping Co.)		신용장 (계약서) 번호 (L /C NO.)	L /G 번호 (L /G NO.)
		선하증권번호 (B /L NO.)	
송하인 (Shipper)		선박명 (Vessel Name)	
		도착(예정)일 (Arrival Date)	
		항해번호 (Voyage No)	
상업송장금액 (Invoice value)		선적항 (Port of Loading)	
		도착항 (Port of Discharge)	
화물표시 및 번호 (Nos. & Marks)	포장수 (Packages)	상품명세 (Description of Goods)	

본인은 위 신용장 등에 의한 관계선적서류가 귀행에 도착하기 전에 수입화물을 인도받기 위해 수입화물 선취보증을 신청하며 본인이 따로 제출한 수입화물 선취보증서(LETTER OF GUARANTEE)에 귀행이 서명함에 있어 다음 사항에 따를 것을 확약합니다.

1. 귀행이 수입화물 선취보증서에 서명함으로써 발생하는 위험과 책임 및 비용은 모두 본인이 부담하겠습니다.
2. 본인은 위 수입화물에 대하여는 귀행에 소유권이 있음을 확인하며 귀행이 수입화물 선취보증서에 따른 보증채무를 이행하여야 할 것이 예상될 경우 또는 본인에 대하여 은행여신거래 기본약관 제7조의 사유가 발생한 경우에는 귀행의 청구를 받는 즉시 위 수입화물을 귀행에 인도하겠으며, 수입화물의 인도가 불가능할 경우에는 위 수입화물에 상당하는 대금으로 상환하겠습니다.
3. 본인은 위 수입화물에 대한 관계선적서류를 제3자에게 담보로 제공하지 않았음을 확인하며, 또한 귀행의 서면 동의없이 이를 담보로 제공하지 않겠습니다.
4. 본인은 위 수입화물에 관한 관계 선적서류가 도착할 때는 신용장 조건과의 불일치 등 어떠한 흠에도 불구하고 이들 서류를 반드시 인수하겠습니다.

년 월 일

신청인 (인)

주 소

□선 적 서 류 수 령 증
□수입물품 대도(T/R) 신청서

주식회사 우리은행 앞

□본인은 아래 신용장에 의한 선적서류를 정히 수령하였습니다.

□본인은 아래 신용장의 수입물품을 대도신청함에 있어 따로 제출한 외국환거래약정서 및 양도담보계약서의 모든 조항에 따를 것을 확약합니다.

<table>
<tr><td colspan="2">신용장 번호</td><td colspan="9"></td></tr>
<tr><td rowspan="3">선적서류</td><td rowspan="2">종류</td><td rowspan="2">선하증권</td><td rowspan="2">항공화물운송장</td><td rowspan="2">상업송장</td><td rowspan="2">보험서류</td><td rowspan="2">포장명세서</td><td rowspan="2">검사증명서</td><td colspan="3">기 타</td></tr>
<tr><td></td><td></td><td></td></tr>
<tr><td>통수</td><td></td><td></td><td></td><td></td><td></td><td></td><td></td><td></td><td></td></tr>
<tr><td colspan="2" rowspan="4">대도(T/R)</td><td colspan="2">선하증권
(항공화물
운송장)</td><td colspan="2">번호</td><td></td><td></td><td></td><td></td><td></td></tr>
<tr><td colspan="2" rowspan="2">상업
송장</td><td colspan="2">번호</td><td></td><td></td><td></td><td></td><td></td></tr>
<tr><td colspan="2">번호</td><td></td><td></td><td></td><td></td><td></td></tr>
<tr><td colspan="4">대 도 금 액</td><td></td><td></td><td></td><td></td><td></td></tr>
</table>

년 월 일

본 인 (인)

주 소

우리은행

제4부

무역계약의 종료

제 11 장

무역클레임과 상사중재

제 1 절 무역클레임

1. 무역클레임의 의의

무역클레임은 무역계약 당사자의 일방이 계약의 내용을 성실히 이행하지 않아서 입은 손해의 배상을 청구하거나 계약이행을 촉구하는 불평이나 경고, 그리고 분쟁 등을 통틀어서 말한다. 그러나 협의의 무역클레임은 수출입거래에서 발생한 물품이나 기회비용 등의 손해를 구체적으로 배상할 것을 청구하는 것을 말한다.

무역거래에 있어서 매매당사자 사이의 계약은 계약의 성립에서부터 물품의 인도와 대금지급이 완료될 때까지 많은 시일이 소요될 뿐만 아니라 장소의 간격도 있으므로 물품 그 자체에 품질이나 가격상의 변화가 일어난다. 상이한 언어, 관습, 법률 및 통화를 가지는 국가간의 거래이므로 국내상거래에 비하여 각종의 상사분쟁이 발생하기가 쉽다. 따라서 손해를 입은 당사자가 그 상대방에 대하여 불평, 분쟁, 경고등이 발생하여 권리의 회복을 요구하거나 손해의 배상을 청구하면 무역클레임이 된다.

무역클레임은 양 당사자 중 어느 누구라도 상대방에 대하여 제기할 수 있으나, 대개 수업업자가 수출업자에게 제기하는 것이 일반적이다. 그러나 매도인인 수출업자가 제기하는 클레임은 주로 대금결제에 관한 클레임으로 매도인의 클레임(seller's claim)이라 하고, 매수인이 제기하는 클레임은 주로 상품에 관한 하자, 계약의 지연, 계약불이행에 관한 클레임으로 매수인의 클레임(buyer's claim)이라 한다.

어느 누가 클레임을 제기하든지 양 당사자 모두 클레임에 따른 각종 비용, 시간낭비, 신용악화 및 손해배상 등의 손해를 입는 것은 사실이다. 따라서 가능한 한 클레임이 제기되지 않도록 사전에 세심한 주의가 필요하며, 클레임이 제기된 후에도 신속하고 결제적인 해결책을 강구하는 것이 바람직하다.

2. 무역클레임의 종류

무역클레임은 국제상거래에서 발생하는 품질불량, 수량부족, 규격상위, 포장불량, 선적불이행, 선적지연, 수수료미납 및 기타 모든 분쟁인데, 주로 다음과 같은 클레임이 있다.

1) 품질에 관한 클레임

품질에 관한 클레임은 견본과 현품과의 상위, 주문서 및 계약서의 기재사항과 도착화물과의 내용상위, 품질불량, 변색, 변질, 변형 특히 상품의 화학적 변화, 품명과 상표의 표시와 현품의 품질과의 상위 등을 들 수 있다.

2) 수량에 관한 클레임

수량에 관한 클레임은 계약된 상품의 수량과 실제로 도착한 상품의 수량이 부족한 경우의 클레임이며 중량의 부족이나 용적의 부족 등도 수량에 관한 클레임이다.

3) 포장에 관한 클레임

포장에 관한 클레임은 불완전한 포장으로 인하여 발생하는 파손, 마모, 발효, 발화, 누손과 화인불량 기타 지정기호의 오기 또는 탈루로 인한 손해로 클레임이 발생한다.

4) 운송 및 하역에 관한 클레임

운송 및 하역에 관한 클레임은 선적기한의 위반, 난폭한 화물취급으로 인한 파손, 누손, 마모 등과 같이 상품취급 부주의로 인한 건조, 습기, 동결 기타 손해 등으로 인한 클레임이다.

5) 결제에 관한 클레임

결제에 관한 클레임은 신용장과 선적서류의 불일치, 신용장 기한과 선적 서류의 불일치 등으로 매수인이 제기하는 클레임과 신용장발행 지연 등으로 인하여 매도인이 제기하는 클레임을 들 수 있다.

6) 마켓 클레임

마켓 클레임은 무역계약이 성립한 후 시황의 불황으로 상품가격이 하락하여 손해가 발생할 염려가 있을 경우에 매수인이 자기가 입을 손실을 보충하기 위해서 여러 가지 트집을 잡아 가격인하를 요구하거나 상품의 인수를 거부하는 등의 의도적인 클레임을 말한다.

7) 계획적 클레임

계획적 클레임은 매매당사자의 고의에 의한 클레임으로 매수인이 처음부터 교묘한 방법으로 매도인으로 하여금 계약이행에 지장을 주게 하여 제기하는 클레임이다. 이러한 클레임은 신용도가 낮은 악질적인 수출입업자에 의하여 제기되므로 주의하여야 한다.

3. 무역클레임의 예방대책

무역클레임을 예방하기 위해서는 그 원인과 발생형태를 정확하게 알고 준비하는 것이 최선의 방법이다.

1) 철저한 신용조사

무역클레임을 방지하기 위해서는 거래상대방의 신의·성실의 원칙에 의하여 계약이행을 할 수 있는지의 여부이므로 거래상대방을 신용있는 우수한 업체로 선정함과 동시에 신용조사를 철저히 하여야 한다. 일반적으로 원거리에 있는 외국의 상대방에 대한 신용조사는 쉽지도 않으며 또한 신용상태가 시일이 경과함에 따라 변하는 것이 보통이므로 믿을 수 있는 전문 조사기관에 의뢰하여 제정상태, 거래능력, 도의심, Country Risk, 안정적인 통화 등을 조사하는 것이 바람직하다.

2) 무역계약서의 완비

일반적으로 계약은 당사자 일방의 청약에 대하여 청약의 유효기간내에 상대방이 무조건 승낙이 있으면 성립하므로 계약서를 작성하지 않아도 된다. 그러나 청약조건을 충분히 검토하여 이행가능성을 검토함은 물론 후일의 분쟁을 방지하기 위하여 무역계약서나 일반거래 조건협정서 등을 작성하여 상호교환하는 것이 바람직하다. 즉 모든 계약 체결할 때는 반드시 구두가 아닌 서면으로 작성하고, 유리한 조건으로 계약의 내용을 결정하여야 한다.

무역거래는 계약이 체결되어 종료될 때까지 항상 분쟁의 발생가능성을 내포하고 있기 때문에 언제 발생할지도 모르는 분쟁을 사전에 예방할 수 있는 방안을 강구하기 위해서는 계약을 체결할 때 계약서는 정확, 명료, 간결하며 문체는 가능한 한 짧은 문장으로 하고, 계약서에 클레임의 제기기한, 해결방법 및 비용부담 등을 명기해 두는 것이 바람직하다.

3) 국제상관습 및 무역실무 지식의 완비

국제무역법규와 국제상관습에 대한 충분한 이해와 적용의 한계 등을 엄밀히 파악하여 클레임의 소지를 사전에 제거하여야 한다. 국제무역은 상이한 언어, 관습, 법률을 가지는 국가간의 거래이므로 관념의 차이 등으로 상대방의 입장을 충분히 이해하지 못하여 클레임이 발생할 소지가 많기 때문이다. 즉 무역실무는 복잡하고, 그 절차 또한 번잡하다. 따라서 제조업자, 무역회사, 은행, 보험회사, 무역관계기관 등의 사무절차가 불충분하여 계약이행이 저해되는 경우 이외에도 무역관리상의 허가(승인)가 순조롭게 진행되지 않아 클레임이 발생하기도 한다. 그러므로 국내는 물론 거래 상대국의 무역관리제도, 법규 및 무역정책에 대한 지식을 습득하고 국제거래 관습에 잘 숙지하고 있어야 한다.

4. 무역클레임의 해결방법

무역거래는 상이한 법적 영역 및 상관습을 가진 당사자간의 거래이므로 클레임이 발생하면 국내상거래처럼 간단하게 해결되지 않는다. 따라서 무역클레임이 발생하지 않도록 사전에 대책을 강구하는 것이 최선책이지만, 최선의 방지책은 없으므로 무역클레임의 발생을 완전히 방지할 수는 없는 것이다.

분쟁이 발생한 경우 구체적인 해결방법에 대해서는 매매계약의 체결과정에서 계약당사자간에 매매계약서나 일반거래조건협정서에 손해배상청구 및 중재조항을 삽입해 두는 것이 바람직하다. 이때 하자통지기한은 물론 중재 조항에서는 중재지와 중재방법 및 준거법에 관한 약정을 할 것이며, 소송단계에 이르지 않기 위하여 본 중재판정이 최종적인 것으로서 양 당사자가 중재판정에 구속된다는 문언을 기재하는 것이 바람직하다.

무역클레임을 해결하는 방법은 피해당사자의 권리회복을 실현시키는 절차적인 구제방법으로서 청구권의 포기, 당사자간의 타협에 의한 화해. 알선, 조정, 중재 및 소송 등이 있다. 이 경우 포기와 화해는 당사자간의 합의에 의하여 해결하는 방법이고, 나머지는 제3자가 개입시켜 해결하는 방법이다.

1) 포기

일반 당사자가 상대방으로부터 손해를 배상받을 수 있는 권리인 청구권을 행사하지 않는 것으로 상대방의 손해배상 제의를 통한 해결시 대체적으로 청구권의 포기가 이루어진다.

2) 화해

당사자가 직접 타협을 통하여 상호평등의 원칙하에 당사자가 납득할 수 있는 타협점을 찾는 방법으로서 가장 바람직한 해결방법이며 대부분의 클레임이 화해로서 해결되고 있다. 이러한 화해는 대체적으로 화해계약의 체결로 나타난다.

3) 알선

알선은 상공회의소, 대한상사중재원, 대사관, 영사관 등의 공정한 제3자적 기관이 당사자의 일방 또는 쌍방의 의뢰에 따라 사건에 개입하여 주로 원활한 타협이 되도록 협조하는 방법을 말한다. 알선은 당사자간의 협력을 필요로 하며 강제력은 없으나, 알선을 담당하는 공정한 수임기관이 당사자에게 강한 영향력을 가할 수 있는 경우에 성공하는 예가 많다. 제3자적 기관인 상사 중재원에서는 분쟁발생시 당사자간의 우호적 해결이 곤란한 경우 일방 당사자의 의뢰에 따라 클레임을 접수하여 신속·공정하게 처리하며 필요할 경우에는 클레임 당사자나 관계인으로부터 진술을 받거나 관계서류의 제출을 요구하고 사실조사를 한다. 이는 당사자간의 비밀을 보장하고 거래관계의 지속을 유지할 수 있는 장점이 있다.

4) 조정

당사자가 분쟁을 중재에 부탁한 경우 중재절차를 진행하기에 앞서 간편하게 해결하면서 효과를 중재판정과 동일하게 하는 조정이 있다.

조정은 양 당사자가 동의하는 제3자 즉 조정인에게 분쟁해결 방안을 제시해 줄 것을 부탁하고 그가 제시한 조정안에 동의함으로써 분쟁을 최종적으로 해결하는 방법이다. 따라서 조정은 중재를 신청한 당사자 쌍방의 신청이 있는 경우에만 행하여지는 것으로서 조정안이 성립되면 그 조정결정은 중재판정과 동일한 효력을 갖게 된다. 따라서 당사자간에는 법원의 확정판결과 동일한 효력을 발생한다. 그러나 일정기간 이내에 조정이 성립되지 못할 경우 조정절차는 자동적으로 폐기되면서 상사중재 규칙에 의하여 중재절차로 이행되게 된다.

5) 중재

중재는 분쟁 당사자간의 합의(중재합의)에 의하여 사법상의 권리 기타 법률관계에 관한 분쟁을 소송에 의하지 않고 사인인 제3자를 중재인으로 선정하여 그 분쟁의 해결을 전적으로 중재인의 판결에 맡기는 동시에 최종적으로 그 판정에 복종함으로써 해결하는 것을 말한다.

조정과 마찬가지로 중재도 쌍방이 합의해야 하지만 조정의 경우에는 조정안의 수락여부가 자유의사인데 반해, 중재의 경우에는 쌍방이 중재판정을 거부할 수 없으며 중재판정은 법률적 구속력이 있기 때문에 무조건 수락해야 한다.

6) 소송

클레임해결의 최후수단으로서의 소송은 사인간의 분쟁을 국가기관인 재판소의 판결에 의하여 강제적으로 해결하는 제도이다. 이것은 분쟁해결에 장시간을 요하며 많은 경비가 소요될 뿐만 아니라 법을 달리하는 국가간의 판결을 상대국에 미치지 못한다는 장애가 있다.

[표 11-1]　무역클레임 해결방법의 비교

구분	요 건	효력(구속력)	비 용	심판자
알선	당사자간의 합의 또는 일방의 의뢰	강제력이 없다 (구속력이 없다)	절차 간단 우호적 해결	제3자(기관 등)
조정	당사자간의 합의 필요	조정성립불가시 조정은 자동 폐기됨(구속력 취약)	절차 간단 우호적 해결	조정인(중재전 단계는 중재인 등)
중재	당사자간의 합의 필요	법원의 확정판결과 동일 효력 판결결과는 당사자를 구속	절차간단(단심제) 중재비용만 지출로 경제적	중재인(전문가)
소송	당사자간의 합의 불필요 (단, 당해법원이 관할권을 가질 것)	구속력과 집행력이 있다.	절차 복잡 (3심제) 변호사보수 등 비경제적	법관

제 2 절　상사중재제도

1. 상사중재의 의의

일반적으로 중재는 소송보다 좋은 방안이며, 조정은 중재보다 좋고, 분쟁의 방지는 조정보다 나은 것이다. 따라서 많은 비용과 장기간을 요하는 소송보다는 신속하고, 비용이 적게 들며, 절차가 편리하고 비밀이 보장되면서도 공정하고 합리적인 분쟁해결 방법으로서 조정과 중재가 탄생한 것이다.

상사중재는 무역클레임의 내용이 복잡하여 당사자간에 직접 교섭으로는 해결이 곤란하거나 또는 불가능한 경우에 매매당사자간의 합의에 의하여 서로 신뢰할 수 있는 제3자를 중재인으로 선정하여 그 분쟁의 해결을 중재판정에 맡기는 동시에 그 판정에 복종함으로써 무역클레임을 해결하는 것을 말한다. 이러한 중재에 의하여 무역클레임을 해결하고자 할 경우에는 당사자간에 상호약정한 중재조항을 삽입하는 방식과 실제로 분쟁이 발생한 후에 중재에 부탁한다는 합의를 새로이 부탁계약을 체결하는 방식도 있다. 그러나 분쟁이 발생한 경우 불리한 쪽에서 중재부탁에 동의하지 않는 경우도 있기 때문에 사전에 중재조항에 합의하여 두는 것이 바람직하다.

또한 중재의 범위는 당사자가 처분할 수 있는 사법상의 법률관계에 있어서 현존 또는 장래에 발생할 분쟁의 전부 또는 일부의 최종 해결책을 당사자간에 합의하는 것이지만, 당사자가 자유로이 처분할 수 없는 형사사건, 가사심판사건 및 강제집행사건 등과 같은 법률관계에 대하여는 중재계약의 대상이 되지 않는다.

2. 상사중재의 종류

1) 국내중재와 국제중재

대한상사중재원의 상사중재 규칙에서는 상사중재를 국내중재와 국제중재로 구분하고, 국내중재는 국내에 주된 영업소나 주소를 두고 있는 당사자간의 중재를 말하며, 국제중재는 국내중재를 제외한 중재를 말한다고 규정하고 있다. 국내중재에 대하여는 중재절차를 간소화하는 동시에 중재요금에 있어서도 이를 삭감하고 있어 국제중재보다 국내중재의 경우에 대한 우대조치를 강구하고 있다.

2) 임시적 중재와 제도적 중재

분쟁이 발생하기 전에 미리 중재를 부탁할 중재기관을 당사자간에 합의·결정하여 두는 경우에는 제도적 중재(기관중재)가 되는 것이고, 분쟁이 발생한 후에 비로소 양 당사자간에 부탁할 중재인을 그때마다 개별적 또는 임시적으로 결정함으로써 중재절차에 들어가는 것은 임시적 중재(임의중재)가 되는 것이다.

이때 제도적 중재의 경우에는 미리 상설되어 있는 특정 중재기관과 동기관의 표준중재조항을 지정함으로써 그 후 언제 분쟁사건이 발생한다 하더라도 중재지 또는 중재절차 등에 대한 당사자간의 이의를 제기할 여지가 없게 되는 것이다. 그러나 임시적 중재의 경우에는 중재의 합의가 분쟁발생 후에 성립되는 것인 만큼 중재인의 선정방법, 그 절차, 부탁사항의 조건이나 범위에 이르기까지 모든 문제들의 해결 자체가 또 하나의 분쟁이 될 수도 있다.

3) 품질중재, 특수중재 및 혼합중재

분쟁이 오직 사실문제, 즉 물품이 견본 또는 종류증명에 합치하는 것이냐의 여부에 관계되는 것일 경우의 중재를 품질중재라고 한다. 동일한 업종의 주요조합이나 협회의 중재규칙에 의하여 중재가 진행되기로 합의되는 경우에는 매우 신속하고 또 저렴한 비용으로 분쟁이 처리된다는 특징이 있다.

그러나 분쟁이 성질상 순전히 법률문제에만 관계되는 경우를 특수중재라고 해서, 당사자는 상호합의에 따라 중재절차를 포기하고 바로 상사재판소(영국의 상사사건에 관한 고등법원)에 직소할 수 있다.

또한 분쟁의 내용이 법률문제와 사실문제를 모두 포함하고 있는 경우에는 이를 혼합중재라고 한다.

4) 법정중재

영국법상 특수법이 정하는 바에 따라 특정한 법정사유에 해당하는 분쟁에 대하여 특정한 중재기관과 특정한 중재절차에 의하여 중재하는 방식으로 최종결정하기로 되어 있는 것인데 그런 법정사유에 의한 중재를 법정중재라 한다.

3. 상사중재절차

중재절차는 당사자간의 중재계약으로 정할 수 있으나, 만약 당사자들이 절차에 관하여 합의를 하지 아니하였거나 또는 절차에 관한 당사자들의 의사가 분명하지 아니할 때에는 상사중재 규칙에 따라 다음과 같이 중재절차가 개시된다.

1) 중재계약

중재에 의하여 분쟁을 해결할 경우 당사자간에 중재계약이 반드시 선행되어야 한다. 중재계약은 당사자가 중재를 합의한 서면에 기명날인한 것이거나 계약서에 중재조항이 게재되어 있거나 또는 교환된 서신전보에 중재 합의의 의사가 명시되어 있으면 된다.

2) 중재의 신청

대한상사중재원에 중재를 신청하고자 할 경우에는 다음과 같은 서류를 사무국에 제출하여야 한다.

① 중재신청서
② 중재계약을 증명하는 서류(중재합의서)의 원본 또는 사본
③ 청구의 근거를 입증하는 서류의 원본 또는 사본
④ 대리인이 신청하는 경우에는 그 위임장의 원본
⑤ 중재요금, 비용 및 중재인의 보수의 예납

3) 중재인의 선정

당사자의 합의로 중재판정을 내리는 권한이 부여된 제3자로서의 중재인은 중재에 있어서 가장 중요한 역할을 담당하게 된다. 따라서 중재인의 선정은 신중을 기해야 하며, 일차적으로는 당사자가 선정하도록 하고 있으며 원칙적으로 중재인의 자격에는 제한이 없으므로 당사

자가 자유롭게 선정하면 된다. 그러나 특약이 있는 경우에는 중재기관의 사무국이 선정한다. 중재기관에서는 신뢰할 수 있는 중재인의 명부를 비치하여 두고 당사자로 하여금 후보자를 선정토록 하고 당사자가 희망한 중재인을 근거로 하여 중재인을 1명 또는 3명을 최종적으로 선임한다. 그러나 당사자의 일방이 외국인인 경우에 이의 요구가 있으면 단독중재인이나 의장중재인은 당사자의 어느 편에도 속하지 아니하는 제3국인 중에서 선정해야 한다.

4) 중재심문

중재심문은 중재사안의 파악 및 공정한 판정을 위하여 당사자의 심문, 증거조사, 검증 등의 방법으로 당사자가 중재인 앞에 출석하여 자신에게 유리한 모든 사실을 제시하고 설명하며 상대방의 주장에 대하여도 항변하는 절차를 말한다. 중재심문의 순서, 일시 및 장소 등에 대하여도 중재판정여부가 결정하며 그 준비기간을 위하여 당사자에게 심문개시 5일 이전에 통지하게 된다.

한편 심문절차는 비공개로 하고 중재인이 다수인인 경우에는 심문에 따른 모든 결정은 그 과반수의 찬성으로 하며 중재인은 심문을 종결하고 30일 이내에 중재판정을 하여야 한다.

5) 중재판정

중재판정은 중재인이 내리는 최종적인 결정으로서 중재인들의 다수결의 결정에 의하여 결정된다. 일단 판정이 절차상으로 확정되면 법원의 확정판결과 동일한 효력을 지니기 때문에 중재계약에 의한 당사자들은 이 판정에 구속을 받게 된다. 즉 중재판정이 결정되면 중재인은 자기가 결정한 중재판정을 철회하거나 변경할 수 없다. 다만 중재판정문에서 숫자계산의 착오나 서기 또는 타자원의 과실 기타 이와 유사한 사유로 인하여 발생한 명백한 오자 또는 오류를 결정으로 이를 정정할 수 있다. 이때 중재판정이 강제집행을 위하여서는 그 절차의 기본이 되는 채무명의를 얻어야 하며, 이를 위하서 법원의 집행판결로 그 적법함을 선고받아야 한다.

한편, 중재인은 판정을 함에 있어 중재계약의 범위 내에서 해야 하며 그 범위를 벗어난 판정은 효력이 인정되지 않는다. 그러나 그 범위 안에서는 계약의 현실이행 뿐만 아니라 공정하고 정당한 배상이나 기타의 구제 등에 관하여 명할 수 있으며, 중재인은 판정에서 책임있는 당사자에게 중재에 소요된 제비용의 부담을 명하여야 한다.

4. 상사중재의 장단점

1) 상사중재의 장점

중재제도는 다른 분쟁해결 제도에 비해 다음과 같은 장점을 가지고 있기 때문에 오늘날 국제간상거래 분쟁의 대부분은 상사중재제도에 의존하고 있다.

첫째, 중재는 신속한 분쟁해결을 가능하게 해준다. 소송은 3심제이며 재판에 시간이 소요된다. 반면에 중재는 단심제로 신속한 분쟁해결을 가능하게 해준다.

둘째, 중재는 저렴한 물적비용이 소요된다. 소송은 변호사 비용 등 물적비용이 많이 소요되지만 반면에 중재는 저렴한 중재비용만이 필요하다.

셋째, 중재는 합리적 판정이 가능하다. 소송은 법관이 법률에 의한 획일적 판단을 함으로써 국제적 상관습과는 동떨어질 수 있으나, 중재는 각 분야별 실무전문가가 중재판정에 참여함으로써 상거래 현실을 반영한 합리적 판정이 가능하다.

넷째, 중재판정 효력은 국제적이다. 소송은 당사국과의 2국간의 협정이나 특정의 법률관계 등이 없을 경우에는 판정결과를 집행하기가 불가능하다. 반면에 중재는 뉴욕협약 등에 의해 대부분의 국가에서 집행이 가능하다.

다섯째, 중재판정은 기업의 기밀누설을 방지해 준다. 소송은 공개를 원칙으로 하고 있으나 중재판정은 거래의 기밀보장을 위해 비공개로 진행된다.

2) 단점

중재제도는 다른 분쟁해결방법에 비해 많은 장점을 가지고 있으나 다음과 같은 단점으로 인해 완벽한 분쟁해결방안이 될 수 있는 것은 아니다.

첫째, 중재제도는 법률안정성이 결여되어 있다. 중재제도는 법률전문가가 아닌 사람으로서 판정부가 구성될 때는 법률문제에 불완전성이 있을 수 있다. 이를 방지하기 위해서는 중재판정부의 구성에 유의해야 한다.

둘째, 중재제도는 단심제로 인해 절차상 문제가 발생할 수 있다. 특정의 사안에 대해 전문가들의 의견이 대립되고 있는 경우에 중재인의 자의성이 개입될 수 있으며, 단심제로 이를 대립되는 의견이 반영이 어렵게 된다.

[표 11-2] 상사중재의 장 · 단점 비교

장 점	단 점
○분쟁의 신속한 분쟁 해결 ○저렴한 비용 ○합리적 판정 가능 (중재인의 전문성 확보) ○판정결과는 국제적 효력 ○비공개로 인한 기업기밀누설 방지	○법적 안정성 결여 ○단심제로 인한 절차상문제발생가능

인코텀스(Incoterms) 2020

부 록

1. 인코텀스의 이해
2. 인코텀스 2020 원문

인코텀스(Incoterms) 2020

1. 인코텀스의 이해

인코텀스란 International Commercial Terms 의 약칭으로서 "무역거래조건의 해석에 관한 국제규칙(International Rules for the Interpretation of Trade Terms)"을 말한다. 프랑스 파리에 본부를 두고 있는 국제상업회의소(ICC: International Chamber of Commerce)가 중심이 되어 1936년 제정되었으며 2010년까지 모두 7차례 개정이 이루어졌다. 10년 단위로 한 번씩 개정된다.

종전의 인코텀스는 위험 및 비용의 분기점이 물품의 본선 난간을 통과할 시점이 되는 FOB, CIF, CFR(흔히 C&F라고 말하는데, C&F는 ICC규정에 없다)등에 집중하였으나, 국제무역이 복합운송체제가 됨에 따라 INCOTERMS 2020은 위험 및 비용의 분기점이 매도인이 물품을 매수인이 지정한 장소 및 지정 운송인에게 인도하는 조건인 FCA, CPT, CIP에 집중하였고, 적재 및 하역 의무에 대하여 분명히 명시하였다. 따라서 INCOTERMS 2020을 사용할 때에는 다음과 같이 인도장소 및 "Incoterms 2020"을 명확히 부기하여야 한다.

즉, 인코텀스에 의하면 FOB는 FOB Inchon하는 식으로 선적항을 기재하며, 매도인은 선적항에서 매수인이 지시한 선박에 물건을 실을 때 즉 물건이 선박의 난간을 넘어갈 때까지 위험 및 비용을 지는 조건이다. 상업송장 또는 그에 상당하는 전자 메시지(EDI)도 매도인이 제공하고 수출에 필요한 당국의 승인, 통관 등은 매도인의 책임이지만 운송, 보험계약의 체결에 대해서는 매도인에게 의무가 없다. 목적지에 도착한 후의 수입허가, 통관에 필요한 조치는 매수인의 책임이다.

1) 인코텀스의 목적

인코텀스는 외국과의 무역거래에서 가장 일반적으로 사용되는 무역거래조건의 해석에 관하여 일련의 국제규칙을 제공하자는 것에 그 목적이 있다. 정형화된 인코텀스를 매매계약시 원용함으로써 무역거래조건 해석에 따른 불확실성을 제거, 상거래 분쟁을 감소시키는 장점이 있으며 총 11가지의 정형거래 조건이 있다. 인코텀스는 당사자간의 소유권의 이전에 대하여는 다루고 있지 않으며, 무형재(전자적 무체물, 용역, 기술, 컴퓨터 소프트웨어 등)도 다루고 있지 않다.

2) 인코텀스의 용어정리

① "화주"(shipper)라는 용어는 운송을 위하여 물품을 교부하는 자와 운송계약을 체결하는 자가 서로 다를 수 있지만, 이들을 모두 하나로 사용하였다.

② "인도"(delivery)라는 용어는 매도인의 인도의무를 완수하는 시점을 결정할 경우와 매수인의 인도수령 또는 승낙의무에 관계할 경우에는 서로 다른 의미로 사용되고 있다. 특히 "C"조건에서 "인도의 승낙"이라고 할 경우에, 이는 물품이 계약과 일치함을 승낙한다는 것이 아니라 운송계약에 따른 물품의 교부의무를 이행함을 승낙한다는 의미일 뿐이다.

③ 일부 거래조건에서는 당사자의 의무와 관련하여 "합리적"(reasonable) 이라는 문언보다 "통상적"(usual)이라는 문언으로 이를 표현하였다. 왜냐하면 전자가 법률적인 해석을 요하는 반면에, 후자는 관습을 중시하는 무역업계에 훨씬 더 명확한 지침이 될 수 있기 때문이다.

④ 수출 또는 수입통관에 있어서 "부과금"(charge)이라는 용어를 사용하면서 "공적"(official)이라는 수식어를 삭제하였다. 그렇다고 하여 통관업무에 필수적으로 관련되지 아니하고 사적인 당사자에 의하여 부과되는 비용(보관료 등)도 그러한 부과금에 포함

된다는 것은 아니다.

⑤ 인도장소와 관련하여 "항구"(ports), "장소"(places), "지점"(points) 및 "영업장 구내"(premises)를 구분하여 사용하였다. 즉, 해상인도조건에서는 "항구", 기타 모든 조건에서는 "장소"를 사용하고, 그 장소 내에서도 구체적인 인도장소를 지칭할 때 "지점"이라는 표현을 사용하고, 특히 이것이 매도인의 장소인 경우 "매도인의 영업장 구내"라는 표현을 사용하였다.

⑥ 해상인도조건에서 "본선"(ship)과 "선박"(vessel)이라는 표현은 동의어로 사용하고, 특히 전통적인 표현에서 "본선"이라는 문언을 사용하였다.

⑦ "점검"(checking)과 "검사"(inspection)는 동의어지만, 매도인의 인도의무와 관련할 때는 전자를, 선적 전 검사와 관련할 때는 후자를 각각 사용하였다.

3) 인코텀스의 구성

인코텀스 2020에 규정되어 있는 거래조건은 모두 11가지로 구성되어 있으며, 11개의 거래조건은 네 가지 그룹, 즉 Group E, F, C, D로 분류할 수 있다.

① Group E(출하지 인도)

- 매도인이 주운송비를 부담하지 않고 자신의 영업장에서 물품을 인도하는 조건
- EXW

② Group F(주운송비 미지급)

- 매도인이 주운송비를 지급하지 않고 선적지에서 물품을 인도하는 조건
- FCA, FAS, FOB 등
- 목적지까지 운송계약을 맺고 운임을 지급할 의무가 매수인에게 있으며, 매도인은 지정된 운송인이나 운송수단에 물품을 인도할

때 물품에 대한 위험부담이 면제되어, 이 시점에서 위험부담이 매수인에게 이전

③ Group C(주운송비 지급)

- 매도인이 주운송비를 지급하고 선적지에서 물품을 인도하는 조건
- CFR, CIF, CPT, CIP 등
- 매도인이 자기비용으로 합의된 목적지까지의 운송계약을 체결하나 이는 결코 도착지 인도조건이 아니며, Group F 조건과 마찬가지로 선적지 인도조건에 들어가므로 수출국의 지정장소(본선 또는 최초의 운송인)에서 물품에 대한 위험부담이 매수인에게 이전되고 그 이후 발생되는 사고와 관련한 책임은 매수인에게 있음

④ Group D(도착지 인도)

- 매도인이 목적지까지 물품을 운송하는데 따른 모든 위험과 비용을 부담하고 인도하는 조건
- DAP, DPU, DDP 등
- DAP, DPU는 수입통관절차수행의 의무가 매수인에게 있지만, DDP는 매도인이 수입통관절차의 수행은 물론 수입관세도 납부
- DDP 조건은 매도인이 수입통관 절차를 책임질 수 있을 때 사용가능

4) 거래조건

(1) 출발지인도조건군(Departure Group)

① EXW(Ex Works, 지정장소 공장인도조건)

매도인이 물품을 수출통관하지 않은 채 운송차량 등에 적재하지 않고 자신의 영업장 구내 또는 그 밖의 지정된 장소에서 매수인이 인수할 수 있도록 조치하는 조건으로서 매도인이 최소한의 의무를 지는 조건이다. 즉, 매수인은 매도인의 영업장 구내로부터 물품을 수령하는데 따르는 모든 비용과 위험을 부담하는 조건을 말한다.

매수인이 직접 또는 간접적으로 수출절차를 이행할 수 없을 경우에

는 EXW조건을 사용할 수 없으므로 그 대신 FCA조건을 사용해야 한다.

〈EXW의 핵심〉

- 수출자에게 가장 작은 부담을 주는 조건
- 무역거래에 익숙하지 않은 수출업자가 이용하기에 편리한 조건

※ "공장인도"라 함은 매도인이 물품을 수출통관 하지 아니하고 어떤 집화차량(collection vehicle)에 적재하지 아니한 상태로 구내(premise) 또는 기타 지정된 장소(예컨대 작업장, 공장, 창고 등)에서 매수인의 임의처분상태로 둘 때 인도하는 것을 의미함

② FCA (Free carrier, 지정장소 운송인 인도조건)

매수인이 수출통관한 물품을 지정장소 또는 지정지점에서 매수인이 지명한 운송인 등에게 인도하는 조건으로, 매도인의 영업장 구내에서 물품을 인도할 때는 매도인이 적재책임을 지고, 다른 모든 장소에서 인도할 때는 매도인이 양하책임을 지지 않는다. 이 조건은 복합운송을 포함안 모든 운송방식에 사용할 수 있다. 운송인(carrier)이란 운송계약에서 철도, 도로, 항공, 해상, 내수로 또는 이들의 복합방식으로 운송하는 모든 업체 또는 그 운송대리인을 말하며, 매수인이 운송인이 아닌 사람(운송주선인, 매수인의 지사 등)에게 물품을 인도하도록 통지했을 때는 물품을 그 지정인에게 인도했을 때 물품 인도의무가 완료된다.

이는 개정미국무역정의상의 FOB조건 중에서 FOB(named inland carrier at named inland point of departure)와 유사하다. FCA조건이 EXW조건과 두드러지게 다른 점은 운송수단(형태)의 여하를 불문하고 공통적으로 이용할 수 있다는 것과 특약이 없는 한 물품인수도 장소를 매수인이 지정하며, 물품을 매수인이나 그 대리인에게 직접 인도하는 것이 아니라 운송인(carrier)에게 인도해야 한다는 것이다.

〈FCA의 핵심〉

- EXW + 인도장소까지의 운송비용 +수출통관비
- 매도인이 물품을 수출토관하고, 지정된 장소에서 매수인에 의하여 지정된 운송인에게 인도하는 것
- 인도장소의 선택은 그 장소에서의 물품의 적재 및 양화의무에 영향을 미친다.
- 인도가 그 밖의 장소에서 이루어지는 경우, 매도인은 양하의 책임을 부담하지 않는다.

③ FAS(Free Alongside Ship, 지정선적항 선측인도조건)

물품을 지정된 선적항의 부두 또는 부선으로 본선의 선측에 인도하는 조건으로, 본선의 선측이란 본선이 사용하는 양하기, 양하도구 등 선적도구가 도달할 수 있는 장소를 말한다. 이 조건에서는 매도인이 물품을 수출통관하여야 한다. 또한 해상운송이나 내수로 운송에만 사용할 수 있으며, 주로 원목, 곡물, 광석 등 적재비용이 많이 드는 대량화물을 거래하는데 많이 사용된다.

이러한 FAS 조건은 일반화물의 운송에는 그다지 이용되지 않으며 화물의 종류에 따라 선박의 형태가 결정되는 운송에 많이 사용되고, 이는 FOB와 마찬가지로 선박지정(nomination)이 매수인에 의하여 이루어진다.

〈FAS의 핵심〉

- EXW + 수출통관비 + 항구까지의 내륙운임, 선측까지의 부두운임
- 물품이 지정된 선적항에서 본선의 선측에 둘 때 매도인이 인도하는 것
- 이는 매수인이 그 지점으로부터 물품에 대한 모든 비용과 멸실 또는 손상의 위험을 부담하여야 한다는 것을 의미

▪ 해상 또는 내수로 운송에만 사용

④ FOB(Free On Board, 지정선적항 본선인도조건)

물품이 지정된 선적항에서 본선의 난간(ship's rail)을 통과할 때 매도인의 인도의무가 완수되는 조건으로, 물품이 본선의 난간을 통과할 때 매수인이 물품에 대한 모든 위험과 비용을 부담한다. 이 조건은 매도인이 물품을 수출통관해야 하며, 해상운송이나 내수로 운송에만 사용할 수 있다. 항공운송과 같은 다른 운송방식이나 복합운송방식에는 FCA조건을 사용해야 한다. 위험과 비용분담 측면에서 본선의 난간을 기준으로 물품을 인도할 필요가 없는 경우에도 FCA조건을 사용해야 한다.

〈FOB의 핵심〉

▪ 물품이 지정된 선적항에서 본선의 난간(ship's rail)을 통과하는 때에 매도인이 인도하는 것을 말함
▪ 이는 매수인이 그 지점으로부터 물품에 대한 모든 비용과 멸실 또는 손상의 위험을 부담하여야 한다는 것을 의미
▪ 본선인도 조건은 매도인이 물품의 수출통관을 이행할 것을 요구하고 있음
▪ 해상 또는 내수로 운송에만 사용
▪ 당사자들이 본선의 난간을 교차하여 물품을 인도할 의도가 없는 경우에는, 운송인인도조건(FCA) 사용

※ 개정미국무역정의상(Revised American Foreign Trade Definition)의 FOB 조건

미국은 Incoterms와는 달리 FOB를 사용하여 Incoterms와 유사한 독자적인 거래정형조건을 사용한다.

㉠ FOB (named inland carrier at named inland point of departure)
FOB (출발지의 지정내륙지점에서 지정된 내륙운송인)
⇒ 인코텀스2000의 FCA와 유사

㉡ FOB (named inland carrier at named inland point of departure) FREIGHT PREPAID TO (named point of exportation)
FOB (출발지의 지정내륙지점에서 지정된 내륙운송인) (지정수출지까지) 운임선금

㉢ FOB (named inland carrier at named inland point of departure)
FOB (지정출발지에서 지정내륙운송인)

㉣ FOB (named inland carrier at named inland point of exportation)
FOB (지정수출지에서 지정내륙운송인) - 인코텀스2000의 EXW와 유사

㉤ FOB Vessel (named port of shipment)
FOB 선박 (지정선적항) - 인코텀스2000의 FOB와 유사

㉥ FOB (named inland point in country of importation)
FOB (수입국의 지정내륙지점) - 인코텀스2000의 DDP와 유사

⑤ CFR(Cost and Freight, 지정목적항 운임포함인도조건)

매도인이 지정된 목적항까지 물품을 운반하는데 필요한 비용 및 운임을 지급하되 물품이 선적항에서 본선의 난간을 통과한 때부터 그 물품에 대한 모든 위험과 추가비용은 매수인이 부담하는 거래조건이다. CFR조건은 매도인이 수출품을 통관하여야 하며, 해상운송이나 내수로 운송에만 사용할 수 있다. 항공운송이나 복합운송, 또는 계약 당사자들이 본선의 난간을 기준으로 물품을 인도할 의도가 없을 때에는 CPT 조건을 사용해야 한다. 종전에 CNF/C&F 조건이 인코텀스 1990부터 CFR로 개정되었다.

〈CFR의 핵심〉

- 물품이 지정된 선적항에서 본선의 난간(ship's rail)을 통과하는 때에 매도인이 인도하는 것
- 매도인은 지정된 목적항까지 물품을 운반하는데 필요한 비용 및 운임을 지급하여야 하지만 인도시기 이후에 발생하는 사건에 기인하는 모든 추가적인 비용뿐만 아니라 물품의 멸실 또는 손상의 위험은 매도인으로부터 매수인에게 이전
- 해상 및 내수로 운송에만 사용
- 당사자들이 본선의 난간을 교차하여 물품을 인도가 없는 경우에는, 운송비지급인도(CPT) 조건 사용

⑥ CIF(Cost, Insurance and Freight, 지정목적항 운임보험료포함 인도조건)

매도인이 물품을 선적항에서 본선의 갑판위에 인도할 때까지 모든 비용과 지정된 목적항까지 운임, 해상보험료를 부담하되, 물품이 선적항에서 본선의 난간을 통과할 때 그 물품의 멸실 또는 손상의 위험에 대한 부담이 매수인에게 이전되고 물품이 본선의 갑판위에 인도된 때부터 발생하는 모든 추가비용을 매수인이 부담하는 거래조건이다.

매도인은 운송계약을 체결하고 운임과 목적항까지의 기타 비용을 지급할 뿐만 아니라 해상보험계약을 체결하고 보험료를 지급하여야 한다. 매도인은 최소한의 담보조건[ICC(c) 또는 FPA]으로 해상보험을 부보하면 되며, 매수인이 더 큰 담보조건을 필요로 할 때는 매도인과 별도의 합의를 하거나 또는 스스로 별도의 보험계약을 체결해야 한다.

이 조건은 매도인이 수출품을 통관하여야 하며 해상운송이나 내수로 운송에만 사용할 수 있다. 복합운송이나 항공운송과 같이 본선의 난간을 기준으로 물품을 인도할 수 없는 거래나 거래 당사자들이 본선의 난간을 기준으로 물품을 인도할 의무가 없을 때에는 CIP 조건을 사용해야 한다.

〈CIF의 핵심〉

- CFR + 목적항까지의 해상운임 + 해상보험료
- 물품이 선적항에서 본선의 난간을 통과하는 때에 매도인이 인도하는 조건
- 매도인은 지정된 목적항까지 물품을 운반하는데 필요한 비용 및 운임을 지급하여야 하지만 인도된 이후에 발생하는 사건에 기인하는 모든 추가적인 비용뿐만 아니라 물품의 멸실 또는 손상의 위험은 매도인으로부터 매수인에게 이전
- 매수인은 운임보험료포함 인도조건하에서 매도인이 오직 최소의 담보조건을 부보할 것을 요구하고 있다는 사실에 유의
- 해상 및 내수로 운송에만 사용
- CIF 조건에서 당사자간에 보험조건에 관한 아무런 약정이 없었다면 ICC(C) 조건 또는 F.P.A 조건으로 매도인이 부보하는 것이 원칙이다.

〈변형 CIF〉

CIF & C	CIF + Commission(수수료)
CIF & E	CIF 조건에 국내외의 중개무역상 또는 대리점, 위탁판매인에게 지급할 수수료를 더한 조건
CIF & I	CIF + Interest(화환어음 할인비용 또는 이자)
CIF & C. I.	CIF + Exchange(외환수수료 또는 외환비용의 부담 추가)
CIF Cleared	CIF + 수입통관비용(매도인이 수입국의 수입통관비용을 부담하는 조건)

⑦ CPT(Carriage paid to…, 지정목적지 운임지급 인도조건)

매도인이 스스로 선택한 운송인에게 지정된 목적지까지 운송비를 지급하고 물품을 인도하는 거래조건이다. 물품이 운송인에게 인도된 이후 물품의 멸실, 손상 등 모든 위험과 모든 추가비용은 매수인이 부담한다. 합의된 목적지까지 여러 명의 운송인이 사용되는 경우에 위험

부담은 최초의 운송인에게 물품이 인도되었을 때 매수인에게 이전된다. 매도인은 물품을 수출통관해야 하며, 이 조건은 복합운송을 포함한 모든 운송방식에 사용될 수 있다.

〈CPT의 핵심〉

- 매도인이 스스로 지정한 운송인에게 물품을 인도하되, 다만 지정된 목적지까지 물품을 운반하는데 필요한 운송비를 추가로 지급하여야 한다는 것을 의미
- 물품이 그렇게 인도된 이후에 발생하는 모든 위험과 기타 모든 비용은 매수인 부담
- 합의된 목적지까지의 운송을 위하여 후속되는 운송인이 사용되는 경우에는, 위험은 물품이 최초의 운송인에게 인도되었을 때에 이전
- 매도인이 물품의 수출통관을 이행할 것을 요구
- 복합운송을 포함하여 운송방식에 관계없이 사용 가능

⑧ CIP(Carriage and insurance paid to …, 지정목적지 운임보험료지급 인도조건)

매도인이 스스로 선택한 운송인에게 지정된 목적지까지 운송비와 운송도중 물품의 멸실 또는 손상위험에 대한 보험료를 지급하고 물품을 인도하는 거래조건이다. 매수인은 물품이 운송인에게 인도된 이후 물품의 멸실, 손상 등 모든 위험과 모든 추가비용을 부담한다. 합의된 목적지까지 여러 명의 운송인이 사용되는 경우에 위험부담은 최초의 운송인에게 물품이 인도되었을 때 매수인에게 이전된다. 매도인은 물품을 수출통관해야 하며 이 조건은 복합운송을 포함한 모든 운송방식에 사용될 수 있다. 매도인은 운송도중 물품의 멸실, 손상 위험에 대비한 보험계약을 체결하고 보험료를 지급하여야 한다.

〈CIP의 핵심〉

- 매도인이 스스로 지정한 운송인에게 물품을 인도하되, 다만 지정된 목적지까지 물품을 운반하는데 필요한 운송비를 추가로 지급하여야 한다는 것을 의미
- 물품이 인도된 이후에 발생하는 모든 위험과 추가적인 비용은 매수인 부담
- 매도인은 또한 운송 중 매수인이 부담할 물품의 멸실 또는 손상의 위험에 대한 보험 주선
- 결과적으로, 매도인은 보험계약을 체결하고 보험료 지급
- 매수인은 매도인이 오직 최소의 담보조건으로 부보할 것을 요구하고 있다는 사실에 유의
- 복합운송을 포함하여 운송방식에 관계없이 사용

(2) 도착지인도조건군(Arrival Group)

① DAP : Delivered At Place(도착지인도조건)

- 물품이 지정된 목적지에서 도착운송수단에 실어둔 채 양하 준비된 상태로 매수인의 처분에 놓인 때 인도되는 규칙이다.
- 매도인은 물품을 지정목적지까지 가져가는 데 수반되는 모든 위험과 비용(수입통관비용 제외)을 부담한다.
- 본 규칙은 운송방식에 상관없이 사용할 수 있으며, 복수의 운송방식이 사용되는 경우에도 사용할 수 있다.
- 본 규칙은 목적지에서 위험이 매수인에게 이전되므로 가급적 명확하게 목적지점을 명시하는 것이 좋다.
- 목적지 전의 비용은 매도인이 부담하고 그 후의 비용은 매수인이 부담한다.
- 매도인은 합의된 목적지까지 운송하는 계약을 체결하거나 운송을 마련하여야 한다.
- 매도인은 도착운송수단으로부터 물품을 양하(unload)할 필요는 없으나 운송계약에 의거 목적지에서 발생한 양하 비용을 부담한

경우에 당사자 간에 달리 합의되지 않는 한 그러한 비용을 매수인으로부터 별도로 상환 받을 권리가 없다.

- DAP에서는 매도인이 수출통관을 해야 하지만 수입통관, 수입관세를 납부하거나 수입통관절차를 수행할 의무가 없다.

비용의 분기점	지정된 목적지에 물품이 도착하였을 때
위험의 분기점	지정된 목적지에 물품이 도착하였을 때
운송계약	매도인
보험계약	매도인
수출통관	매도인
수입통관	매수인
표기방법	DAP + 지정된 목적지

② DPU : Delivered At Place Unloaded(도착지양하조건)

- 물품이 지정된 목적지에서 도착운송수단으로부터 양하된 상태로 매수인의 처분에 놓인 때 인도되고 위험이 이전되는 규칙 이다.
- 매도인은 물품을 지정목적지까지 가져가서 양하될 때까지 수반되는 모든 위험과 비용(수입통관비용 제외)을 부담한다.
- 매도인이 양하의 위험과 비용을 부담하는 것을 원하지 않는 경우에는 DPU를 피하고 DAP를 사용하여야 한다.
- 본 규칙은 운송방식에 상관없이 사용할 수 있으며, 복수의 운송방식이 사용되는 경우에도 사용할 수 있다.
- 본 규칙은 목적지에서 위험이 매수인에게 이전되므로 가급적 명확하게 목적지점을 명시하는 것이 좋다.
- 목적지 전의 비용은 매도인이 부담하고 그 후의 비용은 매수인이 부담한다. 매도인은 합의된 목적지까지 운송하는 계약을 체결하거나 운송을 마련하여야 한다.
- DPU에서는 매도인이 수출통관을 해야 하지만 수입통관, 수입관세를 납부하거나 수입통관절차를 수행할 의무가 없다.

비용의 분기점	지정된 목적지에 물품이 도착하여 내려졌을 때
위험의 분기점	지정된 목적지에 물품이 도착하여 내려졌을 때
운송계약	매도인
보험계약	매도인
수출통관	매도인
수입통관	매수인

③ DDP(Delivered Duty Paid, 지정목적지 관세지급 인도조건)

매도인이 물품을 수입통관하여 지정된 목적지에 도착한 운송수단에서 양하하지 않고 매수인에게 인도하는 거래조건이다. 매도인은 목적지 국가에서 수입통관비용과 관세 등을 포함하여 목적지까지 물품을 운송하는데 따른 모든 비용과 위험을 부담해야 한다. 그리고 이 조건은 매도인이 직접 또는 간접적으로 수입허가와 수입통관을 수행할 수 없을 때에는 사용할 수 없으며, 매수인이 수입통관절차를 수행하고 그에 따른 위험과 비용을 부담할 것을 원할 때는 DDU조건을 사용해야 한다. 이 조건은 모든 운송방식에 사용할 수 있으나, 물품을 목적항의 본선 갑판 위나 부두 위에서 인도하고자 할 때는 DES, DEQ조건을 사용해야 한다.

〈DDP의 핵심〉

- 매도인이 물품을 수입통관하고, 지정된 목적지에 도착하는 모든 운송수단으로부터 양화되지 아니한 상태로 매수인에게 인도
- 매도인은 적용 가능한 경우 목적지의 국가에서의 수입을 위한 모든 "관세"를 포함하여 목적지까지 물품을 운반하는데 수반되는 모든 비용과 위험을 부담
- EXW조건이 매도인에 대한 최소의무를 나타내는 반면에, DDP조건은 최대의무를 나타냄
- 운송방식에 관계없이 사용

〈인코텀스 11가지 거래조건 중 출발지 인도조건군〉

구 분 거래조건	위 험 이 전	비 용 이 전	비 고
EXW(EX Works) (지정장소 공장인도조건)	매도인의 영업장 구내에서 매수인이 임의처분할 수 있도록 물품을 인도하였을 때	매도인은 인도할 때까지 모든 비용 부담	매수인이 수출통관
FCA(Free CArrier) (지정장소 운송인인도조건)	매도인이 지정장소에서 매수인이 지정한 운송인에게 수출통관된 물품을 인도하였을 때	〃	매도인이 수출통관
FAS(Free Alongside Ship) (지정선적항 선측인도조건)	물품이 지정선적항의 부두에 혹은 부선으로 선측에 인도되었을 때	〃	매도인이 수출통관
FOB (Free on Board) (지정선적항 본선인도조건)	물품이 지정선적항에서 본선의 난간을 통과할 때	매도인은 인도할 때까지 모든 비용 부담	매도인이 수출통관
CFR(Cost and FREight) (지정목적항 운임포함 인도조건)	〃	매도인은 적재시까지의 모든 비용과 목적항까지의 운임, 정기선의 경우 양하비 부담	〃
CIF(Cost, Insurance and Freight) (지정목적항 운임보험료 포함 인도조건)	〃	매도인은 적재시까지의 모든 비용과 목적항까지의 운임, 보험료, 정기선의 경우 양하비 부담	〃
CPT (Carriage Paid To) (지정목적지 운임 지급 인도조건)	물품이 지정목적지까지 운송할 운송인의 보관하에 또는 복합운송의 경우 최초의 운송인에게 물품인도 되었을 때	매도인은 물품이 인도될 때까지 모든 비용과 지정된 목적지까지 운임 부담	〃
CIP(Carriage and Insurance Paid to) (지정목적지 운임보험료 지급 인도조건)	〃	매도인은 물품이 인도될 때까지 모든 비용과 지정된 목적지까지 운임, 보험료 부담	〃

〈인코텀스 11가지 거래조건 중 도착지 인도조건군〉

구 분 거래조건	위 험 이 전	비 용 이 전	비 고
DAP(Delivered At Place) (도착지인도조건)	물품이 지정된 목적지에 도착했을 때	물품이 지정된 목적지에 도착했을 때	매도인이 운송계약, 보험계약, 수출통관 매수인이 수입통관
DPU(Delivered At Place Unloaded) (도착지양하인도조건)	물품이 지정된 목적지에 도착하여 물품이 내려졌을 때	물품이 지정된 목적지에 도착하여 물품이 내려졌을 때	매도인이 운송계약, 보험계약, 수출통관 매수인이 수입통관
DDP(DeliveredDuty Paid) (지정목적지 관세 지급 인도조건)	물품이 수입통관되어 수입국내 지정목적지에서 양하하지 않고 매수인의 임의처분하에 인도되었을 때	매도인은 물품이 인도될 때까지 모든 비용, 수입통관비용, 관세, 조세, 부과금 부담	매도인이 수출통관 및 수입통관

2. 인코텀스 2020 원문

1) 서문(Introduction)

▌Purpose and scope of Incoterms(인코텀스의 목적과 범위)

The purpose of "Incoterms" is to provide a set of international rules for the interpretation of the most commonly used trade terms in foreign trade. Thus, the uncertainties of different interpretations of such terms in different countries can be avoided or at least reduced to a considerable degree.

> 인코텀스의 목적은 대외무역에서 가장 일반적으로 사용되는 무역조건의 해석에 관한 일련의 국제규칙을 제공하는 것이다. 따라서 서론 다른 국가 간에 이들 무역조건에 대한 해석을 달리하는 불확실성을 피할 수 있거나 최소한 상당히 감소시킬 수 있다.

2) Inconterms 2020의 각 조건

① Ex Works (EXW : 공장인도조건)

"Ex works" means that the seller delivers when he places the goods the disposal of the buyer at the seller's premises or another named place(i.e.works, factory, warehouse, etc.) not cleared for export and not loaded on any collecting vehicle. This terms thus represents the minimum obligation for the seller, and the buyer has to bear all costs and risks involved in taking the goods from the seller's premises.

However, if the parties wish the seller to be responsible for the loading of the goods on departure and to bear the risks and all the costs of such loading, this should be made clear by adding explicit wording to this effect in the contract of sale.

This term should not be used when the buyer cannot carry out the export formalities directly or indirectly. In such circumstances, the FCA term should be used, provided the seller agrees that he will load at his cost and risk.

> "공장인도" 조건은 매도인이 수출통관을 하지 않고, 또 수취용 차량에 적재하지 않고 자신의 시설 또는 기타 지정된 장소(즉 작업장, 공장, 창고 등)에서 물품을 매수인의 처분에 맡긴 때에 인도의무를 다한 것을 의미한다. 따라서 이 조건은 매도인에 대한 최소의무를 나타내며, 매수인은 매도인의 시설로부터 물품을 수령하는 데 관련되는 모든 비용과 위험을 부담해야 한다.
> 그러나 당사자가 매도인이 출발시의 물품적재에 대한 책임을 지고 그러한 적재의 위험과 모든 비용을 부담하기를 원하는 경우에는, 매매계약에 이러한 취지의 명시적인 문언을 추가함으로써 이를 명확히 하여야 한다.
> 이 조건은 매수인이 직접 또는 간접적으로 수출절차를 이행할 수 없는 경우에는 사용되어서는 안 된다. 이러한 상황하에서는 매도인이 자신의 비용과 위험으로 적재할 것을 동의한다면, FCA조건을 사용하여야 한다.

② Free Carrier (FCA : 운송인인도조건)

"Free Carrier" means that the seller delivers the goods, cleared for export, to the carrier nominated by the buyer at the named place. It should be noted that the chosen place of delivery has an impact on the obligations of loading and unloading the goods at that place. If delivery occurs at any other place, the seller is not responsible for unloading.

This term may be used irrespective of the mode of transport, including multimodal transport.

"Carrier" means any persons who, in a contract of carriage, undertakes to perform or to procure the performance of carriage by rail, road, air, sea, inland waterway or by a combination of such modes.

If the buyer nominates a person other than a carrier to receive the goods, the seller is deemed to have fulfilled his obligation to deliver the goods when they are delivered to that person.

"운송인인도" 조건은 매도인이 지정된 장소에서 매수인이 지명한 운송인에게 수출통관된 물품을 인도하는 것을 의미한다. 인도장소의 선택은 그 장소에서 물품의 적재 및 양하의무에 영향을 미친다는 것에 주의하여야 한다. 인도가 매도인의 시설에서 행해지는 경우에는, 매도인은 적재에 대한 책임을 진다. 인도가 다른 장소에서 행해지는 경우에는, 매도인은 양하에 대한 책임을 지지 않는다.
이 조건은 복합운송을 포함하여 운송방식에 관계없이 사용될 수 있다.
"운송인"은 운송계약에서 철도, 도로, 항공, 해상, 내륙수로 또는 이들의 복합방식에 의한 운송을 이행하거나 또는 그 이행을 주선할 것을 약정하는 자를 의미한다.
매수인이 물품을 수령하기 위해 운송인 이외의 자를 지명한 경우에는, 매도인은 물품이 그 자에게 인도된 때 인도의무를 이행한 것으로 간주된다.

③ Free Alongside Ship (FAS: 선측인도조건)

"Free Alongside Ship" means that the seller delivers when the goods are placed alongside the vessel at the named port of shipment. This means that the buyer has to bear all costs and risks of loss of or damage th the goods from that moment.

The FAS term requires the seller to clear the goods for export.

THIS IS A REVERSAL FROM PREVIOUS INCOTERMS VERSIONS WHICH REQUIRED THE BUYER TO ARRANGE FOR EXPORT CLEARANCE.

However, If the parties wish the buyer to clear the goods for export, this should be made clear by adding explicit wording to this effect in the contract of sale.

This term can be used only for sea or inland waterway transport.

"선측인도" 조건은 물품이 지정선적항에서 본선의 선측에 놓여진 때 매도인이 인도의무를 다하는 것을 의미한다. 이는 매수인이 그 때부터 물품에 대한 모든 비용과 멸실 또는 손상의 위험을 부담해야 한다는 것을 의미한다.
FAS조건은 매도인이 물품의 수출통관을 할 것을 요구하고 있다.
이는 매수인이 수출통관을 이행할 것을 요구한 이전의 인코텀스판과는 반대되는 것이다.
그러나 당사자가 매도인이 물품의 수출통관을 하기를 원하는 경우에는, 매매계약에 이러한 취지의 명시적인 문언을 추가함으로써 이를 명확히 하여야 한다.
이 조건은 해상운송 또는 내륙수로운송에만 사용될 수 있다.

④ Free on Board (FOB: 본선인도조건)

"Free on Board" means that the seller delivers when the goods pass the ship's rail at the named port of shipment. This means that the buyer has to bear all costs and risks of loss of or damage to the goods from that point. The FOB term requires the seller to clear the goods for export. This terms can only be used for sea or inland waterway transport. If the parties do not intend to deliver the goods across the ship's rail, the FCA terms should be used.

"본선인도" 조건은 물품이 지정선적항에서 본선의 난간을 통과한 때 매도인이 인도의무를 다하는 것을 의미한다. 이는 매수인이 그 시점부터 물품에 대한 모든 비용이 멸실 또는 손상의 위험을 부담해야 하는 것을 의미한다. FOB 조건은 매도인이 물품을 수출통관할 것을 요구하고 있다. 이 조건은 해상운송 또는 내륙수로운송에만 사용될 수 있다. 당사자들이 본선의 난간을 가로질러 물품을 인도할 의도가 없는 경우에는, FCA 조건을 사용하여야 한다.

⑤ Cost and Freight (CFR: 운임포함조건)

"Cost and Freight" means that the seller delivers when the goods pass the ship's rail in the port of shipment.

The seller must pay the costs and freight necessary to bring the goods to the named port of destination. But the risk of loss of or damage to the goods, as well as any additional costs due to events occurring after the time of delivery, are transferred from the seller to the buyer.

The CFR term requires the seller to clear the goods for export.

This term can be used only for sea and inland waterway transport. If the parties to not intend to deliver the goods across the ship's rail, the CPT term should be used.

"운임포함" 조건은 물품이 선적항에서 본선의 난간을 통과한 때 매도인이 인도의무를 다하는 것을 의미한다. 매도인이 물품의 선적까지의 비용과 물품을 지정목적항까지 운송하기 위해 필요한 운임을 지급하여야 하지만, 물품의 멸실 또는 손상의 위험 및 인도 이후에 발생하는 사건에 의한 추가비용은 매도인으로부터 매수인에게 이전된다. CFR조건은 매도인이 물품을 수출통관할 것을 요구하고 있다. 이 조건은 해상운송 또는 내륙수로운송에만 사용될 수 있다. 당사자들이 본선의 난간을 가로질러 물품을 인도할 의도가 없는 경우에는, CPT 조건을 사용하여야 한다.

⑥ Cost, Insurance and Freight (CIF: 운임·보험료 포함조건)

"Cost, Insurance and Freight" means that the seller delivers when the goods pass the ship's rail in the port of shipment.

The seller must pay the costs and freight necessary to bring the goods to the named port of destination. But the risk of loss of or damage to the goods, as well as any additional costs due to events occurring after the time of delivery, are tranferred from the seller to the buyer. However, in CIF the seller also has to procure marine insurance against the buyer's risk of loss of or damage to the goods during the carriage.

Consequently, the seller contracts for insurance and pays the insurance premium. The buyer should note that under the CIF term the seller is required to obtain insurance only on minimum cover. Should the buyer wish to have the protection of greater cover, he would either need to agree as much expressly with the seller or to make his own extra insurance arrangement.

The CIF term requires the seller to clear the goods for export.

This term can be used any for sea and inland waterway transport. If the parties do not intend to deliver the goods across the ship's rail, the CIP term should be used.

> "운임 · 보험료포함" 조건은 물품이 선적항에서 본선의 난간을 통과한 때 매도인이 인도의무를 다하는 것을 의미한다.
> 매도인이 물품의 선적까지의 비용과 물품을 지정목적항까지 운송하기 위해 필요한 운임을 지급하여야 하지만, 물품의 멸실 또는 손상의 위험 및 인도 이후에 발생하는 사건에 의한 추가비용은 매도인으로부터 매수인에게 이전된다. 그러나 CIF조건에서 매도인은 또한 운송 중의 멸실 또는 손상에 관한 매수인의 위험에 대해 해상보험을 취득해야 한다.
> 따라서 매도인은 보험계약을 체결하고 보험료를 지급한다. 매수인은 CIF조건하에서 매도인에게는 최소담보의 보험만을 취득하는 것이 요구된다는 것에 주의해야 한다. 매수인보다 광범위한 담보로 보호받기를 원하는 경우에는, 그는 매도인과 명시적으로 담보의 정도를 합의하거나 또는 자기 자신이 별도의 보험을 수배할 필요가 있다.
> CIF조건은 매도인이 물품을 수출통관할 것을 요구하고 있다.
> 이 조건은 해상운송 또는 내륙수로운상에만 사용될 수 있다. 당사자들이 본선의 난간을 가로질러 물품을 인도할 의도가 없는 경우에는, CIF조건을 사용하여야 한다.

⑦ Carriage Paid To (CPT : 운송비지급조건)

"Carriage paid to…" means that the seller delivers the goods to the carrier nominated by him but the seller must in addition pay the cost of carriage necessary to bring the goods to the named destination. This means that the buyer bears all risks and any other costs occurring after the goods have been so delivered.

"Carrier" means any person who, in a contract of carriage, undertakes to perform or to procure the performance of transport, by rail, road, air, sea, inland waterway or by a combination of such modes.

If subsequent carriers are used for the carriage to the agreed destination, the risk passed when the goods have been delivered to the first carrier.

The CPT term requires the seller to clear the goods for export.

This term may be used irrespective of the mode of transport including multimodal transport.

"운송비지급"조건은 매도인이 자신이 지명한 운송인에게 물품을 인도하지만, 나아가 물품을 지정목적지까지 운송하기 위해 필요한 운송비를 지급해야 하는 것을 의미한다. 이는 물품이 그렇게 인도된 이후에 발행하는 모든 위험과 기타 모든 비용을 매수인이 부담하는 것을 의미한다.
"운송인"이란 운송계약에서 철도, 도로, 항공, 해상, 내륙수로 또는 이들의 복합방식에 의한 운송을 이행하거나 또는 그 이해의 주선을 약정하는 모든 자를 의미한다.
만일 합의된 목적지까지 운송을 위해 여러 운송인이 이용되는 경우에는, 위험은 물품이 최초의 운송인에게 인도된 때 이전된다.
CPT조건은 매도인이 물품을 수출통관할 것을 요구하고 있다.
이 조건은 복합운송을 포함하여 모든 운송방식에 사용될 수 있다.

⑧ Carriage and Insurance Paid To (CIP : 운송비 · 보험료 지급조건)

"Carriage and insurance paid to…" means that the seller delivers the goods to the carrier nominated by him but the seller must in addition pay the cost of carriage necessary to bring the goods to the named destination. This means that the buyer bears all risks and any additional costs occurring after the goods have been so delivered. However, in CIP the seller also has to procure insurance against the buyer's risk of loss of or damage to the goods during the carriage.

Consequently, the seller contract for insurance and pays the insurance premium.

The buyer should note that under the CIP terms the seller is required to obtain insurance only on minimum cover.

Should the buyer wish to have the protection of greater cover, he would either need to agree as much expressly with the seller or to make his own extra insurance arrangements.

"Carrier" means any person who, in a contract of carriage, undertakes to perform or to procure the performance of transport, by rail, road, air, sea, inland waterway or by a combination of such modes.

If subsequent carriers are used for the carriage to the agreed destination, the risk passes when the goods have been delivered to the first carrier.

The CIP term requires the seller to clear the goods for export.

This term may be used irrespective of the mode of transport including multimodal transport.

“운송비 · 보험료지급” 조건은 매도인이 자신이 지명한 운송인에게 물품을 인도하지만, 나아가 물품을 지정목적지까지 운송하기 위한 필요한 운송비를 지급해야 하는 것을 의미한다. 이는 물품이 그렇게 인도된 이후에 발생하는 모든 위험과 기타 추가비용을 매수인이 부담하는 것을 의미한다. 그러나 CIP에서는 매도인은 또한 운송중의 멸실 또는 손상에 관한 매수인의 위험에 대해 보험을 취득해야 한다. 따라서 매도인은 보험계약을 체결하고 보험료를 지급한다. 매수인은 CIP조건하에서 매도인에게는 최소담보의 보험만을 취득하는 것이 요구된다는 것에 주의하여야 한다. 매수인이 보다 광범위한 담보로 보호받기를 원하는 경우에는, 그는 매도인과 명시적으로 담보의 정도를 합의하거나 또는 자기 자신이 별도의 보험을 수배할 필요가 있다. “운송인”은 운송계약에서 철도, 도로, 항공, 해상, 내륙수로 또는 이들의 복합방식에 의한 운송을 이행하거나 또는 그 이행을 주선할 것을 약정하는 자를 의미한다. 만일 합의된 목적지까지 운송을 위해 여러 운송인이 이용되는 경우에는, 위험은 물품이 최초의 운송인에게 인도될 때 이전된다. CIP조건은 매도인이 물품을 수출통관할 것을 요구하고 있다. 이 조건은 복합운송을 포함하여 모든 운송방식에 사용될 수 있다.

⑨ Delivered At Place(DAP : 도착지인도조건)

Implementing the DAP Incoterms rule means that the goods must be delivered at the named place. The seller is responsible for delivering the goods to the agreed place at the agreed time, while the buyer is responsible for unloading the goods.

Insurance of goods on the terms of Incoterms 2020 DAP

Both parties are not obliged to make a contract of insurance, but it is recommended.

Incoterms 2020 DAP in transport

DAP Incoterms rule is used for all types of transport. It can also be implemented using multimodal transport, i.e. combining several types of transport.

DAP and other Incoterms rules

The DAP rule is universal as it can be applied to any type of mode of transport.

Unlike as it is stated in the Incoterms 2010 DAP, from 2020 the seller is not obliged to provide information at the buyer's request for obtaining insurance.

> 물품이 지정된 목적지에서 도착운송수단에 실어둔 채 양하준비된 상태로 매수인의 처분에 놓인 때 인도되는 규칙이다. 매도인은 물품을 지정목적지까지 가져가는 데 수반되는 모든 위험과 비용(수입통관비용 제외)을 부담한다.
> 본 규칙은 운송방식에 상관없이 사용할 수 있으며, 복수의 운송방식이 사용되는 경우에도 사용할 수 있다.
> 본 규칙은 목적지에서 위험이 매수인에게 이전되므로 가급적 명확하게 목적지점을 명시하는 것이 좋다. 목적지 전의 비용은 매도인이 부담하고 그 후의 비용은 매수인이 부담한다. 매도인은 합의된 목적지까지 운송하는 계약을 체결하거나 운송을 마련하여야 한다.
> 매도인은 도착운송수단으로부터 물품을 양하(unload)할 필요는 없으나 운송계약에 의거 목적지에서 발생한 양하 비용을 부담한 경우에 당사자간에 달리 합의되지 않는 한 그러한 비용을 매수인으로부터 별도로 상환받을 권리가 없다.
> DAP에서는 매도인이 수출통관을 해야 하지만 수입통관, 수입 관세를 납부하거나 수입통관절차를 수행할 의무가 없다.

⑩ Delivered At Place Unloaded (DPU : 도착지양하조건)

Incoterms rules help the seller and the buyer to determine the allocations of risk and costs at various stages of transport in international trade. Due to mistakes in the interpretation of the DAT (Delivered at Terminal) rule, the word "terminal" has been replaced by Incoterms 2020 DPU (Delivery at Place Unloaded). This article describes what the change means.

Delivery of goods

"Delivered at Place Unloaded" means that the seller delivers the goods, and at the same time, the risk and costs transfer to the buyer when the goods are unloaded from the arriving means of transport and handed over to the buyer. The place of delivery takes place at the destination indicated in the contract or at an agreed point. In this case, the place or point of delivery and destination mean the same place. DPU is the only Incoterms rule that requires the seller to unload goods at the place of delivery. For this reason, the seller should ensure that he is able to organize unloading at the place specified in the contract.

Insurance of goods on the terms of Incoterms 2020 DPU

In the case of DPU Incoterms, there is no obligation to make a contract of insurance.

Incoterms 2020 DPU in transport

The DPU rule can be used regardless of the type of transport used. This also applies to the use of more than one mode of transport.

DPU and other Incoterms rules

Due to problems in the interpretation of the term "terminal" in the DAT Incoterms 2010 (Delivered at Terminal) rule, the DPU rule was created. It is because the destination terminal was confused with the customs terminal. In DPU Incoterms, the seller should ensure that he can organize unloading at the named place. If the parties intend the seller not to bear the risk and cost of unloading, it is recommended to avoid the DPU rule and use a DAP (Delivered at Place) instead.

> 물품이 지정된 목적지에서 도착운송수단으로부터 양하된 상태로 매수인의 처분에 놓인 때 인도되고 위험이 이전되는 규칙이다. 매도인은 물품을 지정목적지까지 가져가서 양하될 때까지 수반되는 모든 위험과 비용(수입통관비용 제외)을 부담한다. 매도인이 양하의 위험과 비용을 부담하는 것을 원하지 않는 경우에는 DPU를 피하고 DAP를 사용하여야 한다.
> 본 규칙은 운송방식에 상관없이 사용할 수 있으며, 복수의 운 송방식이 사용되는 경우에도 사용할 수 있다.
> 본 규칙은 목적지에서 위험이 매수인에게 이전되므로 가급적 명확하게 목적지점을 명시하는 것이 좋다. 목적지 전의 비용은 매도인이 부담하고 그 후의 비용은 매수인이 부담한다. 매도인은 합의된 목적지까지 운송하는 계약을 체결하거나 운송을 마련하여야 한다.
> 여기서 '조달한다(procure)'고 규정한 것은 특히 일차상품거래(commodity trades)에서 일반적인 수차에 걸쳐 연속적으로 이루어지는 연속매매(string sale)에 적용하기 위함이다.
> DPU에서는 매도인이 수출통관을 해야 하지만 수입통관, 수입관세를 납부하거나 수입통관절차를 수행할 의무가 없다.

⑪ Delivered Duty Paid (DDP : 관세지급 인도조건)

"Delivered duty paid" means that the seller delivers the goods to the buyer, cleared for import, and not unloaded from any arriving means of transport at the named place of destination. The seller has to bear all the costs and risks involved in bringing the goods thereto including, where applicable, any "duty"(which term includes the responsibility for and the risks of the carrying out of customs formalities and the payment of formalities, customs duties, taxes and other charges) for import in the country of destination.

While the EXW term represents the minimum obligation for the seller, DDP represents the maximum obligation.

This term should not be used if the seller is unable directly or indirectly to obtain the import licence.

However, if the parties wish to exclude from the seller's

obligations some of the costs payable upon import of the goods (such as value-added tax : VAT), this should be made clear by adding explicit wording to this effect in the contract of safe.

"관세지급 인도" 조건은 매도인이 지정목적지에서 수입통관을 하고, 또한 도착한 운송수단으로부터 양하되지 않은 상태로 매수인에게 물품을 인도하는 것을 의미한다. 매도인은 적용가능한 경우 목적지 국가에서 수입을 위한 모든 "관세"(이 용어는 통관절차를 이행하는 책임과 위험 및 절차비용, 관세, 조세 및 기타 비용의 지급을 포함한다.)를 포함하여, 그 곳까지 물품을 운송하는데 관련된 모든 비용과 위험을 부담하여야 한다.
EXW조건이 매도인의 최소의무를 나타내는 반면에, DDP조건은 매도인의 최대의무를 나타낸다.
이 조건은 매도인이 직접 또는 간접적으로 수입허가를 취득할 수 없는 경우에는 사용되어서는 안 된다.
그러나 당사자가 물품의 수입시에 지급해야 하는 비용의 일부(예를 들면 부가가치세 : VAT)를 매도인의 의무에서 제외하기를 원하는 경우에는, 매매계약에 이러한 취지의 명시적인 문언을 추가함으로써 이를 명확히 하여야 한다.

참고문헌

《국내 문헌》

강진석, 『무역실무연습』(개정판), 학문사, 1997.
______, 『무역학개론』(개정판), 청목출판사, 1998.
강원진, 『신용장론』(증보판), 박영사, 1998.
______, 『무역계약론』(개정판), 박영사, 2000.
구종순, 『무역실무』, 박영사, 1999.
김병술, 『무역업의 창업과 경영』, 두남, 1998.
김용복, 『무역실무』, 박영사, 1997.
남풍우, 『무역상무론』, 두남, 1998.
______, 『무역결제론』, 두남, 1998.
박대위, 『무역실무』, (제7전정판), 법문사, 1999.
______, 『신용장』, 법문사, 1996.
신동수, 『무역실무』, 법경사, 1996.
양영환 · 서정두, 『신용장례연구』, 삼영사, 1995.
양영환 · 오원석, 『무역상무론』, 법문사, 2004.
오세창, 『무역상무론』, 삼영사, 2005.
______, 『무역실무론』, 박영사, 1986.
______, 『무역계약론』, 동성사, 1992
______, 『국제상거래계약법』, 학문사, 2004.
______, 『국제무역관습론』, 동성사, 1995.
오원석, 『국제운송론』, 박영사, 1994.
양영환 · 서정두, 『무역상무론』, 법문사, 2004.
이시환, 『최신무역실무강의』(개정판), 신양사, 1999.
이순우, 『상사중재론』, 법경사, 1998.
전순환, 『대외무역법』, 한올출판사, 1998.
전창원, 『표준무역실무』, 무역연구원, 1998.
한주섭, 『최신신용장론』(개정판), 동성사, 1998.
한국무역협회, 『무역실무매뉴얼』, 1998.
한국무역협회, 『수출입업무요람』, 1998.
한국수출보험공사, 『수출보험제도해설』, 1998.

《외국문헌》

Alexadrides, C., Export Marketing Management, New York : Praeger, 1997.
Brown, Robert H. Marine Insurance Principles & Basic Practice, London : Witherby & Co., Ltd, 1986.
Day, D. M., The Law of International Trade, London, Butterworths, 1993.
ICC, Guide to Incoterms 1990, Publication No. 461 /90, 1991.
Sassoon, David M., CIF and FOB Contracts, London, Stevens & Sons, 1984.
Schmitthoff C. M., Schmitthoffs Export Trade, London, Stevens & Sons, 1990.
Todd, Paul, Morden Bills of Lading, Collins, 1986.
Walker, A. G., Export Practice and Documentation, London : Butterworths, 1997..

찾아보기

(ㄷ)

(ㄹ), (ㅁ)

(ㅂ)

(ㅇ)

[저자 약력]

• 이상진

현 부산과학기술대학교 비즈니스 경영학과(경영학박사) 교수
한국경영실무학회 이사
㈜부산 스위스영사관 실무팀장 역임
한국인적자원관리학회 이사 역임
부산교수포럼 이사 역임
디디 인터내셔날 대표 역임

〈주요 저서 및 논문〉

- 『조직행동론』 (도서출판 대명, 2012)
- 『현대마케팅(공저)』 (청목출판사, 2018)
- 『무역개론(공저)』 (형지사, 2019)
- 기업브랜드 관리, ERP 시스템, 정보처리기술, 중국 유학생 유치방안에 관한 연구 외 다수
- 한국과 베트남의 유교 문화적 동질성에 관한 고찰(2021.2)

무역실무론

2021년 2월 15일 초판인쇄
2021년 2월 20일 초판발행

저 자 이 상 진
발행인 유 성 열
발행처 청목출판사
서울특별시 영등포구 신길로 40길 20
전화 (02) 849-6157(代) · 2820 / 833-6091
FAX (02) 849-0817
등록 제318-1994-000090호

파본은 바꾸어 드립니다. 값 20,000원

http : //www.chongmok.co.kr

ISBN 978-89-5565-794-4